DURCH STARTEN

SPANISCH

1

1. Lernjahr

ÜBUNGSBUCH LÖSUNGSHEFT

¡OLE!

VERITAS

1

1. Nuria tiene un amigo. **2.** Su amigo se llama Michael. **3.** Michael quiere aprender español. **4.** Este idioma se llama también "castellano". **5.** Muchos alemanes hablan español. **6.** España es una península. **7.** En España se hablan cuatro lenguas. **8.** Los españoles son muy simpáticos. **9.** Nuria es estudiante. **10.** El cantante se llama Julio. **11.** Los taxistas son de Madrid. **12.** Michael habla alemán y francés. **13.** Vive en un piso moderno. **14.** Madrid es la capital de España. **15.** Muchos turistas van a Andalucía.

2

1. Usted es Nuria. **2.** Usted es un alumno trabajador. **3.** Usted es español. **4.** Usted estudia español. **5.** Yo soy Nuria. **6.** Yo soy español. **7.** Michael es un alumno trabajador. **8.** Michael es español. **9.** Michael estudia español. **10.** Carmen y Carlos trabajan. **11.** Trabaja en Moscú. **12.** Trabaja en Madrid. **13.** Trabaja en un restaurante. **14.** Vive en Moscú. **15.** Vive en Madrid. **16.** Aprende español. **17.** Son de Moscú. **18.** Son de Madrid. **19.** Soy Nuria. **20.** Soy un alumno trabajador. **21.** Soy español. **22.** Es Nuria. **23.** Es un alumno trabajador. **24.** Es español. **25.** Es Moscú. **26.** Es Madrid. **27.** Es un restaurante. **28.** Estudia español.

3

1. ¿De dónde son estos chicos? **2.** ¿Quiénes son los estudiantes austríacos? **3.** ¿En qué ciudad vives? **4.** ¿Cómo se llama ese señor? **5.** ¿Cuánto cuesta la chaqueta? **6.** ¿Qué haces? **7.** ¿Cuándo empieza la película? **8.** ¿Por qué no estudias español? **9.** ¿Adónde vas? **10.** ¿Cómo se escribe? **11.** ¿Qué significa esta palabra? **12.** ¿Cuál es tu número de teléfono? **13.** ¿Dónde está el museo? **14.** ¿Cómo se pronuncia este verbo? **15.** ¿De quién estás hablando? **16.** ¿Cómo funciona el móvil? **17.** ¿A qué hora sales del trabajo?

4

1. cómo; **2.** de dónde; **3.** en qué; **4.** qué; **5.** cómo; **6.** quiénes; **7.** cuántos; **8.** cuándo; **9.** dónde; **10.** cómo; **11.** qué **12.** cuántas

5

A: Hola, Miguel. ¡Bienvenido a España! ¿Qué tal? **B:** Bien, gracias. **A:** ¿Qué tal el viaje? ¿Y la comida? **B:** ¿Cómo? Viaje, comida – no entiendo.

6

1. ¿Cuántos años tienes? **2.** ¿Dónde está Quito? **3.** ¿En qué calle vive(s)? ¿Dónde vive(s)? **4.** ¿Quién es argentino? **5.** ¿Qué escribe Nuria? **6.** ¿Quién está en la cocina? **7.** ¿Dónde está nuestro perro? **8.** ¿Cómo va(s) a la escuela? **9.** ¿De qué trabaja? **10.** ¿Cómo se llaman? **11.** ¿Adónde va(s) mañana? **12.** ¿A qué se dedica? **13.** ¿Adónde vais? ¿Adónde van ustedes? **14.** ¿De dónde son? **15.** ¿Cuándo vienen? **16.** ¿Cuántos hermanos tiene? **17.** ¿Por qué aprende español? **18.** ¿Qué hace? **19.** ¿Cuál es tu teléfono? **20.** ¿Cómo va Paloma?

7

1. ¿Quién es? **2.** ¿Dónde vive? **3.** ¿Quién es Michael? **4.** ¿De dónde es Michael? **5.** ¿Qué estudia? **6.** ¿Cuándo van a Andalucía? **7.** ¿Cómo van? **8.** ¿Por qué van allí? **9.** ¿Cuántas horas tarda el viaje? **10.** ¿Cómo es el tren?

8

1. El tren se llama Tren de Cervantes. **2.** Estos viajes son únicos. **3.** Miguel de Cervantes es un escritor. **4.** Su ciudad natal se llama Alcalá de Henares. **5.** Puedo ir los sábados y domingos a las 11 de la mañana, del 18 de marzo al 10 de diciembre. **6.** Los trenes salen de la estación de Madrid-Atocha. **7.** Puedo comprar los billetes en una agencia de viajes o en la estación de Renfe. **8.** Los niños pagan 12 euros. **9.** El número de teléfono es el 902 24 02 02.

9

1. Mi familia no vive en el campo. **2.** No me levanto a las 8 de la mañana. **3.** Viajar en autobús no es muy cómodo. **4.** Los sábados mi mujer no suele ir de compras. **5.** No voy en tren a la escuela. **6.** No trabajo de bibliotecario. **7.** Navegar en Internet no me gusta. **8.** Los alumnos no estudian mucho. **9.** No van a ir a España en otoño. **10.** Nuria no tiene coche nuevo. **11.** Michael no quiere compartir piso. **12.** Mañana no celebra su cumpleaños.

10

1. No, no soy español. **2.** No, no trabajo en una oficina. **3.** No, no hacemos las tareas. **4.** No, no nos gusta la música latinoamericana. **5.** No, no voy a viajar en avión. **6.** No, en España no se hablan cinco lenguas. **7.** No, Barcelona no es la capital de España. **8.** No, Austria no limita con Francia. **9.** No, compramos las entradas. **10.** No, no vamos a la biblioteca. **11.** No, no me llamo Domingo. **12.** No, no vivo en esta casa. **13.** No, no es mi equipaje.

11

1. No es mi equipaje. **2.** No puedo ir a la fiesta de cumpleaños. **3.** Normalmente no me levanto a las 6. **4.** No tengo hambre. **5.** No voy en tren. **6.** No entiendo nada. **7.** No hablo francés. **8.** No tengo dinero.

12

1. No comen nunca chocolate con churros. **2.** No tomamos nada por la mañana. **3.** ¿Vosotros no tenéis ningún libro español? **4.** Michael todavía no conoce a nadie en Madrid. **5.** Estos chicos no comprenden nada. **6.** La pronunciación española no es difícil. **7.** ¿No conoces a Michael y Nuria? **8.** No compro esta chaqueta porque no me gusta nada. **9.** Por aquí no hay ninguna cabina de teléfono. **10.** No venden nunca alcohol a menores de dieciséis años. **11.** Ellas no tienen mucho dinero. **12.** No me duermo nunca en el teatro.

14

1. a – ere – ge – e – ene – te – i – ene – a; **2.** be – o – ele – i – uve – i – a; **3.** che – i – ele – e; **4.** ce – o – ele – o – eme – b – i – a; **5.** ce – o – ese – te – a – erre – i – ce – a; **6.** ce – u – be – a; **7.** erre – e – pe – u con acento – be – ele – i – ce – a – de – o – eme – i – ene – i – ce – a – ene – a; **8.** e – ce – u – a – de – o – ere; **9.** e – ele – ese – a – ele – uve – a – de – o – ere; **10.** e – ese – pe – a – eñe – a; **11.** ge – u – a – te – e – eme – a – ele – a; **12.** ge – u – i – ene – e – a – e – ce – u – a – te – o – ere – i – a – ele; **13.** hache – o – ene – de – u – ere – a – ese; **14.** eme – e con acento – equis – i – ce – o; **15.** ene – i – ce – a – erre – a – ge – u – a; **16.** pe – a – ene – a – eme – a con acento; **17.** pe – a – ere – a – ge – u – a – i griega; **18.** pe – e – ere – u con acento; **19.** pe – u – e – ere – te – o; erre – i – ce – o; **20.** u – ere – u – ge – u – a – i griega; **21.** uve – e – ene – e – zeta – u – e – ele – a

15

En Europa se habla español. En América se habla español. En Africa se habla español. En Asia se habla español. Si tú también hablas español, tienes cuatro continentes para elegir y más de veinte países. Cada uno de estos países te va a ofrecer cosas fantásticas. El mundo del español es inmenso. ¡Descúbrelo!

16

La práctica hace al maestro.

17

1. Michael; **2.** Nuria; **3.** Paloma; **4.** Diablo; **5.** Carlos; **6.** Juana

18

vorletzte Silbe	letzte Silbe	drittletzte Silbe
fiesta, frontera, economía, reina, departamento, jefa, alumno, señorita, pizarra, problema, compañera, silla, paella, llamada, reportero, escáner, móvil, oficina, trabajo, supermercado, inteligente, teatro, cine, tiempo, familia	capital, ciudad, hotel, español, hablar, sofá, sillón, televisión, ordenador, internacional, escribir, Gibraltar, Jesús, real, información, francés, café, canción	semáforo, autónomo, teléfono, periódico, catálogo, Córdoba, Mediterráneo, página, austríaca, político, exámenes, músico

19

Wörter mit Akzent: únicos, mágico, través, época, más, además, podrás, más, Alcalá, sábados, estación, estación, teléfono

20

Männlich: bar, capital, viernes, café, helado, restaurante, puerto, abuelo, ajedrez, día, armario, televisor, señor, bolígrafo, bizcocho, caramelo, coche, periódico, centro, colegio, momento, dentista, problema, turista, punto, detective, cuento, domingo, ejercicio, elefante, padre, cuñado, dulce, examen, escritor, francés, jamón, jefe, mayo, octubre, taxi, policía, profesor, sofá, tomate, tren, avión, tigre, chico, vino, zumo, vestigo, volcán, zapato, saludo, monumento, grupo, hijo, dormitorio, cortado, favor, médico, balcón, marido, mensaje, sobrino, sombrero, programador, salón, cuarto de baño, piano, perro, ojo, país, pan, limón, lunes, escritorio, diccionario, chocolate, beso, cibercafé, champán, agente, metro, muchacho, fin de semana, estudiante, reloj, rey, precio, palacio, pueblo, poema, pollo
Weiblich: terraza, capital, tarta, mañana, manzana, noche, adivinanza, bandera, bicicleta, cabeza, ciudad, comparación, cita, cerveza, dama, flor, dentista, turista, edad, discusión, madre, hermana, ensalada, escuela, farmacia, fiesta, forma, guerra, niebla, nariz, oficina, policía, postal, razón, revista, tortuga, rosa, seda, guitarra, hamburguesa, magdalena, música, exposición, cena, excursión, pera, invitación, serpiente, pregunta, novela, papelería, maleta, falda, foto, curiosidad, descripción, discusión, cocina, bebida, botella, agente, almendra, barba, chica, felicidad, nevera, estudiante, oportunidad, ostra, pluma, política, ventana, solución, suerte, verdulería, tienda, oliva, pestaña

21

Männlich: los bares, los capitales, los viernes, los cafés, los helados, los restaurantes, los puertos, los abuelos, [ajedrez bildet keinen Plural], los días, los armarios, los televisores, los señores, los bolígrafos, los bizcochos, los caramelos, los coches, los periódicos, los centros, los colegios, los momentos, los dentistas, los problemas, los turistas, los puntos, los detectives, los cuentos, los domingos, los ejercicios, los elefantes, los padres, los cuñados, los dulces, los exámenes, los escritores, los franceses, los jamones, los jefes, los mayos, los octubres, los taxis, los policías, los profesores, los sofás, los tomates, los trenes, los aviones, los tigres, los chicos, los vinos, los zumos, los vestidos, los volcanes, los zapatos, los saludos, los monumentos, los grupos, los hijos, los dormitorios, los cortados, los favores, los médicos, los balcones, los maridos, los mensajes, los sobrinos, los sombreros, los programadores, los salones, los cuartos de baño, los pianos, los perros, los ojos, los países, los panes, los limones, los lunes, los escritorios, los diccionarios, los chocolates, los besos, los cibercafés, los champanes, los agentes, los metros, los muchachos, los fines de semana, los estudiantes, los relojes, los reyes, los precios, los palacios, los pueblos, los poemas, los pollos
Weiblich: las terrazas, las capitales, las tartas, las mañanas, las manzanas, las noches, las adivinanzas, las banderas, las bicicletas, las cabezas, las ciudades, las comparaciones, las citas, las cervezas, las damas, las flores, las dentistas, las turistas, las edades, las discusiones, las madres, las hermanas, las ensaladas, las escuelas, las farmacias, las fiestas, las formas, las guerras, las nieblas, las narices, las oficinas, las policías, las postales, las razones, las revistas, las tortugas, las rosas, las sedas, las guitarras, las hamburguesas, las magdalenas, las músicas, las exposiciones, las cenas, las excursiones, las peras, las invitaciones, las serpientes, las preguntas, las novelas, las papelerías, las maletas, las faldas, las fotos, las curiosidades, las descripciones, las discusiones, las cocinas, las bebidas, las botellas, las agentes, las almendras, las barbas, las chicas, las felicidades, las neveras, las estudiantes, las oportunidades, las ostras, las plumas, las políticas, las ventanas, las soluciones, las suertes, las verdulerías, las tiendas, las olivas, las pestañas

22

1. la joven; **2.** el dentista; **3.** la francesa; **4.** la camarera; **5.** la abuela; **6.** el hijo; **7.** la médica; **8.** la empleada; **9.** el detective; **10.** la cocinera; **11.** la inglesa; **12.** la mecánica; **13.** el limpiabotas; **14.** la electricista; **15.** la abogada; **16.** la pastora; **17.** la fotógrafa; **18.** el bibliotecario; **19.** la intérprete; **20.** la enfermera

23

1. los; **2.** la; **3.** los; **4.** los; **5.** el; **6.** el; **7.** la; **8.** los; **9.** la; **10.** la; **11.** el; **12.** los; **13.** la; **14.** la; **15.** el; **16.** el/los; **17.** la; **18.** los; **19.** las; **20.** las; **21.** las

24

1. unos; **2.** una; **3.** unas; **4.** un; **5.** un; **6.** un/unos; **7.** un; **8.** unas; **9.** un; **10.** un; **11.** un; **12.** un/unos; **13.** unas; **14.** una; **15.** un; **16.** unos; **17.** unos; **18.** un; **19.** una; **20.** unos; **21.** una

25

1. el lunes; **2.** la cruz; **3.** un árbol; **4.** el caballo; **5.** una luz; **6.** el reloj; **7.** la reina; **8.** una actriz; **9.** la princesa; **10.** el examen; **11.** el paraguas; **12.** la noticia; **13.** un momento; **14.** el padre

26

1. el león; **2.** el mono; **3.** el perro; **4.** el burro; **5.** el elefante; **6.** el conejo; **7.** el toro; **8.** el lobo; **9.** el oso; **10.** el gato; **11.** el gallo; **12.** el ciervo

27

1. los; **2.** la; **3.** el; **4.** el; **5.** el (del); **6.** los; **7.** las; **8.** los; **9.** la; **10.** las; **11.** las; **12.** las; **13.** el; **14.** la; **15.** la; **16.** el (del); **17.** las; **18.** el (al); **19.** las; **20.** el; **21.** el (al); **22.** los; **23.** el (del); **24.** el; **25.** las; **26.** la

28

1. la; **2.** un; **3.** una – un; **4.** el – los; **5.** una; **6.** una; **7.** una; **8.** la – la; **9.** una; **10.** un; **11.** un; **12.** una

29

1. c; **2.** l; **3.** e; **4.** d; **5.** g; **6.** j; **7.** i; **8.** f; **9.** h; **10.** k; **11.** a; **12.** b

30

männlich	weiblich	männlich	weiblich
1. libre	libre	**21.** enorme	enorme
2. bonito	bonita	**22.** oscuro	oscura
3. largo	larga	**23.** rico	rica
4. corto	corta	**24.** rizado	rizada
5. pequeño	pequeña	**25.** rubio	rubia
6. tímido	tímida	**26.** bajo	baja
7. alto	alta	**27.** delgado	delgada
8. claro	clara	**28.** gordo	gorda
9. trabajador	trabajadora	**29.** pelirrojo	pelirroja
10. formal	formal	**30.** sucio	sucia
11. nuevo	nueva	**31.** guapo	guapa
12. elegante	elegante	**32.** rápido	rápida
13. pesimista	pesimista	**33.** positivo	positiva
14. interesante	interesante	**34.** antiguo	antigua
15. hermoso	hermosa	**35.** moderno	moderna
16. espectacular	espectacular	**36.** simpático	simpática
17. joven	joven	**37.** tonto	tonta
18. fijo	fija	**38.** vago	vaga
19. hablador	habladora	**39.** antipático	antipática
20. inteligente	inteligente	**40.** negativo	negativa

31

Chico: famoso, inteligente, bajo, grande, guapo, moderno, gordo, aburrido, pequeño, pelirrojo, alto, serio, simpático, peligroso, maravilloso, tranquilo, moreno, optimista, feo, activo, trabajador, bueno, fantástico, vago, pobre, tonto
Ciudades: famosas, limpias, grandes, antiguas, turísticas, sucias, bonitas, modernas, aburridas, pequeñas, baratas, maravillosas, nuevas, tranquilas, feas, fantásticas, pobres
Playa: famosa, limpia, grande, turística, sucia, bonita, pequeña, larga, cómoda, maravillosa, nueva, tranquila, fea, fantástica
Libros: famosos, grandes, antiguos, bonitos, gordos, aburridos, pequeños, útiles, baratos, serios, maravillosos, nuevos, optimistas, fantásticos, tontos

32

1. una casa grande; **2.** unas clases aburridas; **3.** un libro caro; **4.** el mapa importante; **5.** la situación incómoda; **6.** los ojos claros; **7.** unas chicas guapas; **8.** el/la taxista amable; **9.** un juego divertido; **10.** los exámenes difíciles; **11.** unas actrices famosas; **12.** el/la intérprete curioso/a; **13.** una sopa rica; **14.** unas playas sucias; **15.** el árbol alto; **16.** un elefante fuerte; **17.** unos mensajes tontos; **18.** el restaurante caro; **19.** las profesoras habladoras; **20.** la capital tranquila; **21.** los trajes estrechos; **22.** la corbata elegante; **23.** un zorro inteligente; **24.** la pronunciación difícil; **25.** unos padres generosos; **26.** unos/unas deportistas delgados/as; **27.** unos países ricos; **28.** el idioma extranjero; **29.** un programa nuevo; **30.** unas motos caras

33

1. trabajadores; **2.** portátil – estropeado; **3.** rotos; **4.** gordo – bajo; **5.** delgado – alto; **6.** contenta; **7.** rubio; **8.** dulces; **9.** vagos; **10.** interesantes; **11.** incómodos; **12.** ricos; **13.** aburrida; **14.** gracioso; **15.** corta; **16.** simpáticas; **17.** fácil; **18.** bonita; **19.** simpáticos; **20.** nuevos; **21.** cómoda; **22.** vacía; **23.** difíciles; **24.** aburrido

34

Q	U	E	R	I	D	A	█	N	U	R	I	A	█	M	A	D	R	I	D	█	M	E	█	G	U	S	T	A	█
M	U	C	H	O	█	E	S	█	U	N	A	█	C	I	U	D	A	D	█	M	U	Y	█	I	N	T	E	R	E
S	A	N	T	E	█	E	S	█	G	R	A	N	D	E	█	P	E	R	O	█	N	O	█	E	S	█	E	N	O
R	M	E	█	L	A	█	C	I	U	D	A	D	█	T	I	E	N	E	█	P	A	R	Q	U	E	S	█	T	R
A	N	Q	U	I	L	O	S	█	T	A	M	B	I	É	N	█	H	A	Y	█	U	N	█	R	Í	O	█	P	E
Q	U	E	Ñ	O	█	E	N	█	M	A	D	R	I	D	█	H	A	Y	█	M	U	C	H	A	S	█	A	C	T
I	V	I	D	A	D	E	S	█	C	U	L	T	U	R	A	L	E	S	█	T	A	M	B	I	É	N	█	H	A
Y	█	M	U	C	H	O	S	█	B	A	R	E	S	█	F	A	N	T	Á	S	T	I	C	O	S	█	E	S	█
L	A	█	C	O	M	B	I	N	A	C	I	Ó	N	█	I	D	E	A	L	█	C	U	L	T	U	R	A	█	Y
█	B	A	R	E	S	█	L	A	█	G	E	N	T	E	█	A	Q	U	Í	█	E	S	█	M	U	Y	█	S	I
M	P	Á	T	I	C	A	█	P	O	R	█	Q	U	É	█	N	O	█	V	I	E	N	E	S	█	P	A	R	A
█	E	S	C	A	P	A	R	█	D	E	█	T	U	█	R	U	T	I	N	A	█	M	I	C	H	A	E	L	█

35

1. alegres; 2. estrecha; 3. negra; 4. sucia; 5. feo; 6. largos; 7. vieja; 8. divertida; 9. pequeños; 10. baja; 11. cara; 12. fea; 13. tranquilo; 14. fácil; 15. vago; 16. pesimista; 17. antipático; 18. pobre

36

N	E	S	P	A	L	D	A	M	█
A	R	B	O	C	A	O	J	A	E
R	A	R	C	A	R	A	A	N	S
I	T	A	O	L	L	I	B	O	T
Z	C	Z	I	L	E	P	E	L	O
O	J	O	C	I	N	I	T	O	M
R	U	R	O	D	G	E	N	H	A
E	D	E	D	O	U	R	E	C	G
A	P	J	O	R	A	N	I	E	O
C	C	A	B	E	Z	A	D	P	█

1. cabeza; 2. ojo; 3. oreja; 4. nariz; 5. brazo; 6. boca; 7. dedo; 8. codo; 9. pierna; 10. pie; 11. rodilla; 12. tobillo; 13. espalda; 14. mano; 15. pelo; 16. cara; 17. lengua; 18. pecho; 19. diente; 20. estómago

Lösung: Caperucita Roja

37

1. Alemania; 2. Suecia; 3. Portugal; 4. Rusia; 5. Estados Unidos (América); 6. Japón; 7. Inglaterra (Reino Unido, Gran Bretaña); 8. Italia; 9. Grecia; 10. Suiza; 11. Francia; 12. Australia; 13. Egipto; 14. Escocia; 15. India; 16. Perú; 17. Cuba; 18. Argentina; 19. México; 20. Brasil; 21. Israel; 22. Uruguay; 23. Austria; 24. Rumania

38

2. polacos, polacas; 3. húngaros, húngaras; 4. turcos, turcas; 5. griegos, griegas; 6. españoles, españolas; 7. ingleses, inglesas; 8. nicaragüenses; 9. suizos, suizas; 10. suecos, suecas; 11. chinos, chinas; 12. japoneses, japonesas

39

1. blanco; 2. azul; 3. rojo; 4. verde; 5. amarillo, marrón; 6. rojo; 7. gris; 8. verde

40

1. La bandera de Canadá es roja y blanca. Tiene una hoja roja. 2. La bandera de Bolivia es roja, amarilla y verde. 3. La bandera de Austria es roja, blanca y roja. 4. La bandera de Paraguay es roja, blanca y azul. 5. La bandera de Irlanda es verde, blanca y naranja. 6. La bandera de Bélgica es negra, amarilla y roja. 7. La bandera de Cuba se compone por cinco franjas, tres azules y dos blancas, y tiene un triángulo rojo que lleva en su centro una estrella blanca. 8. La bandera de México es verde, blanca y roja. En su centro lleva un escudo con águila. 9. La bandera de Ecuador es amarilla, azul y roja. 10. La bandera de España es roja, amarilla y roja. En su centro lleva el escudo real.

41

1. (azul) celeste; 2. rosa; 3. blanco

42

1. En nuestro mundo moderno hay muchos medios de comunicación. 2. Entre ellos Internet desempeña el papel más importante. 3. Con Internet podemos aprender muchas cosas nuevas. 4. Mucha gente suele tener un cuarto con ordenador personal. 5. Muchos alumnos utilizan la red para buscar información. 6. Internet nos permite también enviar cartas largas por correo electrónico. 7. En grupos de noticias podemos realizar debates sobre temas diferentes. 8. Pero Internet tiene también su parte negativa. 9. Navegar por Internet todo el día es una actividad peligrosa. 10. Muchos están adictos a la red. 11. Los ordenadores portátiles se venden en el tercer piso. 12. Es la primera vez que me compro un videojuego.

43

1. información; **2.** Internet; **3.** noticias; **4.** correo; **5.** navegar; **6.** desempeñar; **7.** electrónico; **8.** cartas; **9.** actividad. **Lösung:** ORDENADOR

44

1f; 2a; 3e; 4b; 5d; 6c

45

1. como; **2.** que; **3.** que; **4.** que; **5.** más; **6.** menos; **7.** tan; **8.** menos; **9.** más (menos); **10.** más (menos); **11.** más (menos); **12.** como; **13.** tan; **14.** que

46

1. los más; **2.** más – que; **3.** tan – como; **4.** caro/barato; **5.** más – que; **6.** la más; **7.** menos – que; **8.** caro/barato; **9.** baratos; **10.** tan – como

47

1. mejor; **2.** peor; **3.** menor; **4.** mayor; **5.** peores; **6.** mejor

48

1. Es mayor que su hermano. **2.** ¿En España el invierno es tan bonito como la primavera? **3.** El teatro es más interesante que la tele. **4.** ¿Tu/Vuestro país es tan grande como España? **5.** La música moderna es peor que la clásica. **6.** ¿Creéis que el agua es mejor que el vino? **7.** ¿La comida europea es mejor que la asiática? **8.** Mi madre es tan alta como mi padre. **9.** Aviones son más rápidos que coches. **10.** La vida en el campo es más divertida que la vida en la ciudad.

49

1.	grande	muy grande	grandísimo
2.	pequeño	muy pequeño	pequeñísimo
3.	barato	muy barato	baratísimo
4.	normal	muy normal	normalísimo
5.	enfadado	muy enfadado	enfadadísimo
6.	feo	muy feo	feísimo
7.	guapo	muy guapo	guapísimo
8.	inteligente	muy inteligente	inteligentísimo
9.	interesante	muy interesante	interesantísimo
10.	tonto	muy tonto	tontísimo
11.	nervioso	muy nervioso	nerviosísimo
12.	importante	muy importante	importantísimo
13.	difícil	muy difícil	dificilísimo
14.	bueno	muy bueno	buenísimo

50

1. este; **2.** este; **3.** esta; **4.** este; **5.** estos; **6.** este; **7.** estos; **8.** este; **9.** este; **10.** estas; **11.** estos; **12.** esta; **13.** esta; **14.** este; **15.** estos; **16.** estos; **17.** estas; **18.** esta; **19.** esta; **20.** este/esta; **21.** este; **22.** este/estos; **23.** estos; **24.** esta; **25.** estas; **26.** estos; **27.** este; **28.** estas; **29.** este; **30.** este; **31.** este; **32.** estos

51

1. esos profesores; **2.** esas directoras; **3.** esas clases; **4.** esos cuchillos; **5.** esos hombres; **6.** ese lápiz; **7.** esa nube; **8.** ese sillón; **9.** ese avión; **10.** esos móviles; **11.** esas mujeres; **12.** esa rosa

52

1. aquel lunes; **2.** aquella jirafa; **3.** aquella cruz; **4.** aquel pañuelo; **5.** aquel árbol; **6.** aquel reloj; **7.** aquel marroquí; **8.** aquella luz; **9.** aquel paraguas; **10.** aquel día; **11.** aquel caballo; **12.** aquella ventana

53

	estos chicos **(aquí)**	esos chicos **(ahí)**	aquellos chicos **(allí)**
1.	esta niña	esa niña	aquella niña
2.	estos elefantes	esos elefantes	aquellos elefantes
3.	este señor	ese señor	aquel señor
4.	esta manzana	esa manzana	aquella manzana
5.	estas casas	esas casas	aquellas casas
6.	estos árboles	esos árboles	aquellos árboles
7.	esta carta	esa carta	aquella carta
8.	este botón	ese botón	aquel botón
9.	estas flores	esas flores	aquellas flores
10.	esta dama	esa dama	aquella dama
11.	este jersey	ese jersey	aquel jersey
12.	este libro	ese libro	aquel libro
13.	estos productos	esos productos	aquellos productos
14.	estas jirafas	esas jirafas	aquellas jirafas
15.	esta vaca	esa vaca	aquella vaca
16.	estos ordenadores	esos ordenadores	aquellos ordenadores
17.	este reproductor MP3	ese reproductor MP3	aquel reproductor MP3
18.	este profesor	ese profesor	aquel profesor
19.	este chiringuito	ese chiringuito	aquel chiringuito
20.	estas tapas	esas tapas	aquellas tapas

54

1. En aquella ciudad no hay muchas tiendas. **2.** ¿En esa calle hay una oficina de Correos? **3.** En esta habitación/En este cuarto hay un ordenador. **4.** En aquella papelería no hay sellos. **5.** ¿En este pueblo hay una farmacia? **6.** La escuela no está lejos de aquella casa.

55

1. esas; **2.** éstas; **3.** esta; **4.** allí; **5.** aquella; **6.** aquellas; **7.** aquellas; **8.** esos; **9.** aquí; **10.** ahí; **11.** estos; **12.** esos

56

Richtig sind: 2, 3, 4, 7

57

1. mi; **2.** nuestro; **3.** vuestros; **4.** tus; **5.** sus; **6.** sus; **7.** su; **8.** sus

58

2. abuela; **3.** madre; **4.** mamá; **5.** madrina; **6.** mujer; **7.** hija; **8.** hermana; **9.** tía; **10.** prima; **11.** novia; **12.** suegra; **13.** nuera; **14.** nieta; **15.** sobrina

59

1. bisabuelo; **2.** abuelo; **3.** padre; **4.** papá; **5.** padrino; **6.** marido; **7.** hijo; **8.** hermano; **9.** tío; **10.** primo; **11.** novio; **12.** suegro; **13.** yerno; **14.** nieto; **15.** sobrino

60

1. abuelos; **2.** tíos; **3.** cuñada; **4.** primo; **5.** sobrinos; **6.** suegros; **7.** bisabuela; **8.** nietos

61

1. mía; **2.** la mía; **3.** las nuestras; **4.** los míos; **5.** suyo – mi; **6.** tu – mi; **7.** suya; **8.** los míos; **9.** (las) suyas; **10.** (la) mía

62

1. mi; **2.** su; **3.** mi; **4.** mi; **5.** mi; **6.** mi; **7.** mi; **8.** mi; **9.** mi; **10.** mi; **11.** mi; **12.** mi; **13.** mis; **14.** su; **15.** su; **16.** mi; **17.** mis; **18.** mis. Soy **Enrique Ariza Paniagua**

63

64

Mi "avatar" es muy joven, rubio y tiene grandes ojos azules. Lleva unas gafas pequeñas, no es muy alto, pero es bastante delgado. Tiene pelo largo y rizado. Tiene una nariz pequeña que siempre está roja. Siempre lleva vaqueros azules, una camisa blanca, una corbata verde, una chaqueta roja y calcetines cortos y amarillos. Tiene un bolso para ordenadores portátiles de color naranja y una gran maleta negra. Es muy simpático y cortés.

65

1. amablemente; **2.** abiertamente; **3.** directamente; **4.** seguramente; **5.** exactamente; **6.** fuertemente; **7.** generalmente; **8.** inteligentemente; **9.** lentamente; **10.** locamente; **11.** naturalmente; **12.** necesariamente; **13.** completamente; **14.** normalmente; **15.** nuevamente; **16.** pacientemente; **17.** perfectamente; **18.** rápidamente; **19.** suavemente; **20.** regularmente

66

1. a. Mi hija Nuria es muy poco charlatana. – Bueno, mi hija Carmen es tan poco charlatana como Nuria. **b.** Mi hija Carmen tiene muchísimos amigos. – No creas, mi hija Nuria tiene tantos amigos como Carmen. **2. a.** Mi hija Nuria es poco gastadora. – Bueno, mi hija Carmen es tan poco gastadora como Nuria. **b.** Mi hija Carmen juega muy bien al fútbol. – No creas, mi hija Nuria juega tan bien al fútbol como Carmen. **3. a.** Mi hija Nuria es muy simpática. – Bueno, mi hija Carmen es tan simpática como Nuria. **b.** Mi hija Carmen toca muy bien el violín. – No creas, mi hija Nuria toca tan bien el violín como Carmen. **4. a.** Mi hija Nuria es muy trabajadora. – Bueno, mi hija Carmen es tan trabajadora como Nuria. **b.** Mi hija Carmen sabe cocinar muy bien. – No creas, mi hija Nuria sabe cocinar tan bien como Carmen. **5. a.** Mi hija Nuria es inteligentísima. – Bueno, mi hija Carmen es tan inteligente como Nuria. **b.** Mi hija Carmen no se pelea mucho con sus hermanos. – No creas, mi hija Nuria se pelea tanto con sus hermanos como Carmen. **6. a.** Mi hija Nuria es muy servicial. – Bueno, mi hija Carmen es tan servicial como Nuria. **b.** Mi hija Carmen me hace muchísimos regalos. – No creas, mi hija Nuria me hace tantos regalos como Carmen. **7. a.** Mi hija Nuria es bastante razonable. – Bueno, mi hija Carmen es tan razonable como Nuria. **b.** Mi hija Carmen ve muy poco la tele. – No creas, mi hija Nuria ve tan poco la tele como Carmen. **8. a.** Mi hija Nuria es bastante delgada. – Bueno, mi hija Carmen es tan delgada como Nuria. **b.** Mi hija Carmen conduce muy bien mi coche. – No creas, mi hija Nuria conduce tan bien el coche como Carmen. **9. a.** Mi hija Nuria es muy amable. – Bueno, mi hija Carmen es tan amable como Nuria. **b.** Mi hija Carmen lee cinco libros a la semana. – No creas, mi hija Nuria lee tantos libros a la semana como Carmen. **10. a.** Mi hija Nuria es bastante dotada. – Bueno, mi hija Carmen es tan dotada como Nuria. **b.** Mi hija Carmen no sale mucho. – No creas, mi hija Nuria sale tanto como Carmen.

67

1. mucho; **2.** mucho; **3.** muy; **4.** mucho; **5.** muy; **6.** muy; **7.** muy; **8.** mucho – muy; **9.** muy; **10.** mucho; **11.** muy; **12.** muy

68

1. Sé cocinar muy bien/mal. **2.** La cocina austríaca es muy buena. **3.** Soy un/una alumno/alumna muy bueno/buena. **4.** Estoy muy bien/mal. **5.** Este chateo me gusta mucho. **6.** Todavia tengo que estudiar mucho. **7.** Todavía no hablo muy bien español. **8.** Hablo muy bien/mal francés. **9.** De momento en Austria hace buen/mal tiempo. **10.** Rara vez estoy mal. **11.** Mi hermana canta muy bien/mal. **12.** He sacado buenas/malas notas.

69

Richtig sind: 1, 4, 8, 9, 11

70

1. roja; **2.** roja; **3.** pequeña; **4.** grande; **5.** fresco; **6.** dulces; **7.** vieja; **8.** oscuro; **9.** roja; **10.** oscuro; **11.** malo; **12.** largo; **13.** enferma; **14.** malo; **15.** pequeña; **16.** antiguo; **17.** malo; **18.** baja; **19.** roja; **20.** buena; **21.** grandes; **22.** mejor; **23.** grandes; **24.** mejor; **25.** grandes; **26.** mejor; **27.** grande; **28.** mejor; **29.** malo; **30.** joven; **31.** bueno; **32.** nuevo; **33.** grande

71

1. mucha – los – los – pequeños; **2.** los; **3.** los – rápidos – seguros; **4.** las; **5.** los – buenos – los; **6.** aquella – roja; **7.** unas – pesadas – antipáticas; **8.** las – las; **9.** esta – aburrida; **10.** algunas – todas; **11.** mis – simpáticos – divertidos; **12.** esas – modernas – llamativas; **13.** las – románticas; **14.** unas – la; **15.** estas – bonitas; **16.** la – los – malos – mucha; **17.** los – las – norteamericanas – guapos; **18.** feos; **19.** los – negros – del; **20.** grande – mi – una – corta – muy – barato – unos – naranja – pantalones – unos – azules – otros – rojos

72

1. triste; **2.** caliente; **3.** cubanas; **4.** mayor; **5.** nervioso; **6.** últimos; **7.** optimista; **8.** buenas; **9.** norteamericano; **10.** simpático; **11.** generoso; **12.** deliciosos; **13.** bien; **14.** tímido; **15.** mucho; **16.** mucha; **17.** pesada; **18.** antipática; **19.** fuerte

73

1a; 2d; 3b; 4f; 5e; 6d; 7f; 8e; 9a; 10f; 11c

74

1. trabajo; **2.** hablamos; **3.** preguntan; **4.** vivís; **5.** compráis; **6.** ayudas; **7.** aprendemos; **8.** trabaja; **9.** escucho; **10.** comen

75

1. ayudo, leo, estudio, escucho, escribo; **2.** preguntas, comprendes, hablas, vives, viajas; **3.** bebe, pronuncia, abre, paga, cree; **4.** trabajamos, deseamos, aprendemos, escribimos, tomamos; **5.** abrís, creéis, vendéis, habláis, ayudáis; **6.** viajan, funcionan, sorprenden, discuten, contestan

76

1. bailamos; **2.** vendo; **3.** ayudáis; **4.** comprende; **5.** escuchan; **6.** trabajas; **7.** tomáis; **8.** deseo; **9.** escribís; **10.** comes

77

1. estudio – estudias; **2.** compran; **3.** trabajas – trabajo; **4.** tomas – tomo; **5.** desayunan – tomo; **6.** habla; **7.** escribimos; **8.** desea; **9.** comen; **10.** pasa – contestas; **11.** aprendemos; **12.** hablamos; **13.** trabaja; **14.** funciona; **15.** coméis – comemos; **16.** escuchas; **17.** bebemos; **18.** viajan; **19.** discutimos; **20.** esperan; **21.** trabaja – gana; **22.** pagas – pago; **23.** comprenden; **24.** tomamos; **25.** abre – creo; **26.** ayudan; **27.** preguntamos; **28.** lees – leo – escribo; **29.** vivo – vives; **30.** pronuncia

78

1. ¿Dónde vivís? **2.** ¿Qué lenguas hablas? **3.** ¿Dónde trabajas?/¿Dónde trabaja usted? **4.** ¿A qué hora llega el autobús? **5.** ¿Cómo paga usted?/¿Cómo pagas?/¿Cómo quiere pagar?

79

1. tú; **2.** usted; **3.** usted; **4.** tú; **5.** usted; **6.** usted; **7.** tú; **8.** usted; **9.** usted; **10.** tú

80

1. Miguel trabaja en una oficina. **2.** Mi hermana no habla muy bien inglés. **3.** ¿Vives en una casa o en un piso? **4.** ¿En qué calle vive usted? **5.** Mañana viajamos a Francia.

81

Lösungsvorschlag: 1. ¿Aprendes alemán en la escuela? **2.** Hablo inglés y algo (un poco) de español. **3.** ¿Dónde vive usted?/¿Cuál es su dirección? **4.** ¿A qué hora llega el tren? **5.** Tomo un helado de chocolate./Para mí, un helado de chocolate. **6.** Pago en efectivo.

82

1. hablan; **2.** aprendéis; **3.** ayudas; **4.** bebemos; **5.** escribimos; **6.** abre; **7.** escuchamos; **8.** vendes; **9.** viajamos; **10.** desea; **11.** trabaja; **12.** beben; **13.** bailan; **14.** preguntan; **15.** pronuncia; **16.** escribe; **17.** comemos; **18.** compramos; **19.** gano; **20.** pago

83

Infinitivo	yo	tú	él/ella/usted	nosotros/-as	vosotros/-as	ellos/-as/ustedes
pensar	pienso	piensas	piensa	pensamos	pensáis	piensan
querer	quiero	quieres	quiere	queremos	queréis	quieren
cerrar	cierro	cierras	cierra	cerramos	cerráis	cierran
poder	puedo	puedes	puede	podemos	podéis	pueden
preferir	prefiero	prefieres	prefiere	preferimos	preferís	prefieren
volver	vuelvo	vuelves	vuelve	volvemos	volvéis	vuelven

84

1. dormimos; **2.** entiendes; **3.** recomendáis; **4.** enciendo; **5.** jugamos; **6.** piensas; **7.** cuestan; **8.** duele; **9.** soñamos; **10.** cuentas

85

1. Quiero navegar por la red y no quiero hacer la tarea. **2.** Quiero ir al cine y no quiero estudiar la gramática. **3.** Quiero ver la tele y no quiero cocinar. **4.** Quiero jugar al fútbol con mis amigos y no quiero leer un libro aburrido. **5.** Quiero charlar con mi amiga y no quiero ayudar en la casa. **6.** Quiero salir con mis amigos y no quiero quedarme en casa. **7.** Quiero ir de compras y no quiero dar un paseo con la abuela.

86

Alternative Lösungsvorschläge: 1. Pues yo prefiero estudiar español./Yo prefiero estudiar inglés. **2.** Yo prefiero ir a la discoteca./Yo prefiero ir a un bar. **3.** Yo prefiero salir con el perro./Yo prefiero jugar con el gato. **4.** Yo prefiero viajar en avión./Yo prefiero viajar en tren. **5.** Yo prefiero tomar café./Yo prefiero tomar chocolate. **6.** Yo prefiero vivir en un pueblo. Yo prefiero vivir en la ciudad. **7.** Yo prefiero trabajar solo. Yo prefiero trabajar en grupo.

87

1. duermo; **2.** juego – prefiere; **3.** quieres; **4.** puedes; **5.** duele; **6.** encuentro; **7.** entendemos; **8.** cierras; **9.** cuenta; **10.** cuesta – cuesta; **11.** empieza – empieza; **12.** empezamos; **13.** recomienda – recomiendo; **14.** llueve – podemos; **15.** jugamos; **16.** prefieres; **17.** pruebo; **18.** probamos; **19.** siento – puedo; **20.** queréis; **21.** recuerdo; **22.** suena; **23.** duermen; **24.** puedes; **25.** cuestan; **26.** puede

88

1. frutería; **2.** agencia de viajes; **3.** hotel; **4.** zapatería; **5.** tienda de ropas; **6.** restaurante; **7.** bar; **8.** papelería; **9.** charcutería; **10.** estanco; **11.** verdulería; **12.** pastelería

89

1. ¿Puedo abrir la ventana? **2.** ¿Se pueden tomar/sacar fotos? **3.** ¿Puedo tomar el libro? **4.** ¿Puedo entrar? **5.** ¿Se puede fumar? **6.** ¿Puedo usar el ordenador? **7.** ¿Puedo ver la tele? **8.** ¿Se puede beber el agua? **9.** ¿Puedo comer un helado? **10.** ¿Puedo coger/tener el periódico? **11.** ¿Puedo probar la paella?

90

1. hablamos; **2.** pueden; **3.** tomo; **4.** puedes; **5.** venden; **6.** cuesta; **7.** llueve; **8.** quiero; **9.** entendemos/comprendemos; **10.** aprendéis; **11.** hablan; **12.** duerme; **13.** escribes; **14.** recomienda; **15.** jugáis; **16.** gana; **17.** viajo; **18.** comen; **19.** empezamos; **20.** bebes; **21.** cierran; **22.** compramos; **23.** ayudan; **24.** deseáis; **25.** juego; **26.** volvemos

91

1g; 2e; 3a; 4j; 5b; 6c; 7i; 8d; 9f; 10h

92

Infinitivo	yo	tú	él/ella/usted	nosotros/-as	vosotros/-as	ellos/-as/ustedes
repetir	repito	repites	repite	repetimos	repetís	repiten
reír	río	ríes	ríe	reímos	reís	ríen
servir	sirvo	sirves	sirve	servimos	servís	sirven
seguir	sigo	sigues	sigue	seguimos	seguís	siguen
elegir	elijo	eliges	elige	elegimos	elegís	eligen
sonreír	sonrío	sonríes	sonríe	sonreímos	sonreís	sonríen

93

1. Sigues todo recto. **2.** Giras la primera a la izquierda. **3.** Sigue usted todo recto y gira a la derecha.

94

1. Un lápiz sirve para escribir./Bleistift; **2.** Un i-Pod sirve para escuchar música./i-Pod; **3.** Un móvil sirve para escribir mensajes cortos./Handy; **4.** Un mando a distancia sirve para encender la tele./Fernbedienung; **5.** Un microondas sirve para cocinar./Mikrowellenherd; **6.** Una lavadora sirve para lavar ropa./Waschmaschine; **7.** Una impresora sirve para imprimir hojas./Drucker; **8.** Una cámara digital sirve para sacar fotos./Digitalkamera; **9.** Un mapa sirve para buscar el camino./Landkarte; **10.** Un cuaderno sirve para tomar notas./Heft.

95

1. sigue; **2.** corrige; **3.** reímos; **4.** sonríe; **5.** repetimos; **6.** pide; **7.** sirven; **8.** sigues; **9.** mide; **10.** piden

96

1. Sigues todo recto y giras a la derecha. **2.** Los diccionarios sirven para buscar palabras difíciles. **3.** En casa corrijo mi examen de español. **4.** Toma usted la primera calle a la izquierda y sigue recto. **5.** El profesor repite la gramática.

97

1. sé, hago, puedo, pongo, digo; **2.** eres, vas, vienes, vendes, sales; **3.** trae, lee, tiene, da, dice; **4.** oímos, estamos, hacemos, jugamos, somos; **5.** veis, venís, vivís, vendéis, vais; **6.** dicen, dan, caen, están, saben

98

1. tienes – tengo – tiene; **2.** sois – somos; **3.** hacéis – soy – es; **4.** tienes – tengo – tiene; **5.** hace – es; **6.** es – es – tiene – es – hace – tiene – es; **7.** tenéis

99

Lösungsvorschlag: 1. Mi tía es baja y tiene el pelo gris y corto. **2.** ¿Qué haces?/¿A qué te dedicas? **3.** ¿Tienes hermanos, Nuria? **4.** Mi amiga es alta y rubia y tiene los ojos azules. **5.** Mi profesor es un poco gordo (es gordito) y lleva barba y gafas. **6.** En Alemania hace mucho frío en invierno. **7.** Mi prima tiene 17 años y tiene el pelo largo y castaño (moreno). **8.** Nuria, ¿tienes sed? **9.** Paloma es muy guapa y elegante. **10.** ¿Qué haces esta tarde, Paloma?

100

1. Tengo que estudiar mucho. **2.** Mis padres no tienen que trabajar los sábados. **3.** Tienes que dormir un poco más. **4.** Tenemos que visitar a los abuelos el domingo. **5.** ¿Tenéis que leer este libro? **6.** Mis amigos tienen que ayudar a sus padres en el jardín. **7.** Tengo que cocinar para mi hermana menor. **8.** Nuestro profesor tiene que corregir muchos exámenes. **9.** Los políticos tienen que viajar mucho. **10.** Los alumnos tienen que hacer los deberes. **11.** Tienes que hacer más deporte. **12.** No tenemos que ir a la escuela la semana que viene. **13.** No tengo que pagar la cuenta. **14.** Tienen que comprar un coche. **15.** No tengo que salir esta tarde.

101

1. vas – voy – tomo – llueve; **2.** trae; **3.** pongo – quiero; **4.** cuestan – cuesta; **5.** tiene – son; **6.** vienen – vienen – llega; **7.** sabes – está – siento – sé – soy; **8.** haces – salgo – vamos – tomamos – vamos – bailamos – duermo – visito – doy; **9.** vais – tenemos – creo – hacemos; **10.** tiene – venden; **11.** veo – juego – jugamos; **12.** dice – es – tengo; **13.** hablan – hablan; **14.** estás – creo – tengo – duele – duelen – tengo; **15.** queremos – quieres

102

1. No tengo coche. **2.** Nuria quiere aprender alemán. **3.** ¿Cuánto cuesta la camisa verde? **4.** Hago la compra en el supermercado. **5.** Mi novio tiene que ir al médico hoy. **6.** ¿Venís a nuestra fiesta? **7.** Las clases empiezan a las ocho. **8.** ¿Vamos a tomar algo? **9.** Mis compañeros no estudian mucho. **10.** No soy suiza, soy alemana. **11.** Mi hermano tiene el pelo largo y rubio. **12.** Nuestro gato es muy vago. **13.** No puedo comer más. **14.** ¿Me trae usted más pan? **15.** ¿Abres otra botella de vino? **16.** Te invito a un café. **17.** Hoy hace mucho calor. **18.** La niña tiene los ojos azules. **19.** Soy mexicana, pero vivo en Madrid. **20.** Mi novio es profesor y trabaja en un instituto.

103

1. Es de Alemania. **2.** Es camarero. **3.** Vive en México. **4.** Aprende español. **5.** Hago la tarea de español. **6.** Vivo en Austria. **7.** Empieza a las nueve.

104

Lösungsvorschlag: Ana Sánchez Fernández es española. Es soltera y vive en Madrid, en la calle San Fernando, 34. Es secretaria y trabaja en la Oficina de Turismo en Madrid. Tiene el pelo castaño y los ojos marrones. Le gusta el tenis y le gusta ver la tele. (Sus aficiones son el tenis y la televisión.) Habla inglés, italiano y naturalmente español (que es su lengua materna). Tiene coche, un SEAT, y tiene tres animales, un perro y dos gatos.

105

1. salgo; **2.** vuelves; **3.** vamos; **4.** quieren; **5.** puede; **6.** traigo; **7.** dan; **8.** empieza; **9.** sé; **10.** venís; **11.** vemos; **12.** juegas; **13.** tienen; **14.** escribimos; **15.** creo; **16.** haces; **17.** vengo; **18.** digo; **19.** hablamos; **20.** pregunta; **21.** ponen; **22.** escucho/oigo

106

1. juegas – jugar; **2.** tocan; **3.** toca – toca; **4.** juega; **5.** jugamos; **6.** juego; **7.** tocas – toco, **8.** juega

107

Lösungsvorschlag:
V: Buenos días. ¿Qué **desea**?
C: Hola, ¿**tiene** manzanas verdes?
V: Sí, ¿cuántas **quiere/quería**?
C: Póngame dos kilos, por favor.
V: Sí, **son** muy buenas y jugosas. ¿**Desea** algo más?
C: ¿**Tiene** plátanos?
V: Sí, claro, ¿cuáles **prefiere**, estos grandes o los pequeños?
C: Cinco grandes, por favor.
V: Aquí **tiene.** ¿Algo más?
C: No, gracias. ¿Cuánto **es** en total?
V: **Son** tres euros con veinte.

108

1. ¿De dónde sois? **2.** ¿A quién le dices todo? **3.** ¿Qué le enviáis a Luis? **4.** ¿A qué hora salís? **5.** ¿Qué veis en la tele? **6.** ¿Cuándo volvéis? **7.** ¿De dónde vienes? **8.** ¿Qué sabes de memoria? **9.** ¿A qué hora llega el tren? **10.** ¿Cuántas hermanas tienes?

109

1. Quiero estudiar español en Madrid. **2.** ¿Cómo se va a la estación? **3.** ¿Me puedes hacer un favor? **4.** ¿Me pone medio kilo de tomates maduros? **5.** Ana tiene el pelo corto y rizado. **6.** Mi tío es alto y un poco gordo. **7.** Con mi hermano juego al fútbol en el jardín. **8.** Mi casa está cerca de un parque grande. **9.** ¿A qué hora cierran los bancos? **10.** Este fin de semana salgo con mis amigos.

110

Richtig sind: 3, 5, 6

111

2. preguntar; **3.** cerrar; **4.** olvidar; **5.** empezar; **6.** sacar; **7.** hablar; **8.** ganar; **9.** subir; **10.** ir; **11.** comprar; **12.** reír; **13.** recibir; **14.** salir; **15.** dar; **16.** encender

112

1. buscar – encuentro – vamos; **2.** volvéis; **3.** contesta – pregunta; **4.** envías – recibo; **5.** llora – pierde – ganar; **6.** compras – vender; **7.** enciendes; **8.** apagar; **9.** olvida – recuerda; **10.** subo – bajo; **11.** abre – abre – cierra; **12.** empiezas – empiezo – termino; **13.** entrar – salir; **14.** ríe; **15.** das – tomar; **16.** meter – sacar

113

Infinitivo	yo	tú	él/ella/usted	nosotros/-as	vosotros/-as	ellos/-as/ustedes
producir	produzco	produces	produce	producimos	producís	producen
conocer	conozco	conoces	conoce	conocemos	conocéis	conocen
crecer	crezco	creces	crece	crecemos	crecéis	crecen
ofrecer	ofrezco	ofreces	ofrece	ofrecemos	ofrecéis	ofrecen
obedecer	obedezco	obedeces	obedece	obedecemos	obedecéis	obedecen
conducir	conduzco	conduces	conduce	conducimos	conducís	conducen

114

1. conocéis – conozco – conoce; **2.** hablas – traduces; **3.** conduzco – conduce; **4.** agradezco – puedo – tengo; **5.** ofrece – parece – conozco – sé – son; **6.** es – obedece; **7.** crece – saben – ofrece; **8.** conoczo – hace – trabaja – produce – parece – conoce

115

1. sabes – sé – conozco; **2.** conoce – conocer; **3.** puedes; **4.** puedo; **5.** sabe; **6.** conozco – puedo; **7.** sabes – sé; **8.** sabe; **9.** conocemos; **10.** puedo; **11.** sé – sabes – puedo; **12.** conocéis – conozco; **13.** sabes – puedo; **14.** sabéis – sabemos – puedes; **15.** sé

116

1. conozco – puedes; **2.** produce; **3.** sé – empieza; **4.** tengo; **5.** traduzco; **6.** agradecemos; **7.** cierran; **8.** recomiendo – tiene; **9.** huele; **10.** volvemos; **11.** llueve; **12.** juegas; **13.** conduzco – nieva; **14.** dormimos

117

2. recomendación; **3.** mirada; **4.** oferta; **5.** llegada; **6.** pensamiento; **7.** comida; **8.** vuelta; **9.** vista; **10.** lluvia; **11.** ida; **12.** sabor; **13.** bebida; **14.** entrada; **15.** juego; **16.** traducción; **17.** conocimiento; **18.** dolor; **19.** salida; **20.** oído; **21.** risa; **22.** lectura

118

1. leemos – escuchamos; **2.** desayuna – come – duermen – salen; **3.** puedes – necesito – puedo – cierra – vas – llegas; **4.** quiero – vamos – queremos – dicen – es – están – tienen; **5.** tienen – siento – tengo – cuesta – quieren – cuesta; **6.** pongo – tenemos – es – quiere – tomo; **7.** veo – juego – visito – ayudo; **8.** tienes – tengo – tiene; **9.** es – conozco; **10.** sabes – voy – sé – puedes

119

Richtig sind: 1, 4, 8

120

Lösungsvorschlag: 1. Esta tarde tengo que estudiar (aprender) para un examen. **2.** Quiero (me gustaría/quería) ver el centro de la ciudad. **3.** Vivo en una ciudad pequeña. **4.** Nuria, ¿vas al cine conmigo? **5.** Todavía no conozco Toledo. **6.** ¿Tiene una habitación individual con ducha? **7.** Nuria, ¿cuántos años tienes? **8.** Nuria, ¿qué animales domésticos tienes? **9.** Blanca, ¿tienes hermanos? **10.** ¿Me trae otra Coca Cola, por favor? **11.** Quiero (quería) cinco sellos. **12.** No tengo coche. **13.** En mi tiempo libre leo libros, veo la tele y juego vídeojuegos./En mi tiempo libre me gusta leer, ver la tele y jugar vídeojuegos. **14.** Carlos, ¿juegas al fútbol? **15.** Hay una farmacia muy cerca de aquí; tiene que seguir todo recto y tomar la segunda calle a la derecha.

121

1. te; **2.** nos; **3.** me; **4.** os; **5.** me; **6.** se; **7.** te; **8.** me; **9.** te; **10.** nos; **11.** os; **12.** te; **13.** se; **14.** se; **15.** te; **16.** se; **17.** nos; **18.** se; **19.** nos; **20.** os; **21.** me; **22.** te; **23.** se; **24.** me

122

Infinitivo	yo	tú	él/ella/usted	nosotros/-as	vosotros/-as	ellos/-as/ustedes
llamarse	me llamo	te llamas	se llama	nos llamamos	os llamáis	se llaman
moverse	me muevo	te mueves	se mueve	nos movemos	os movéis	se mueven
despedirse	me despido	te despides	se despide	nos despedimos	os depedís	se despiden
casarse	me caso	te casas	se casa	nos casamos	os casáis	se casan
reírse	me río	te ríes	se ríe	nos reímos	os reís	se ríen
levantarse	me levanto	te levantas	se levanta	nos levantamos	os levantáis	se levantan

123

1. me levanto; **2.** nos duchamos; **3.** te mueves; **4.** se casan; **5.** te llamas – me llamo; **6.** se duerme; **7.** os acostáis – nos acostamos – me acuesto; **8.** te sientes; **9.** se despiertan; **10.** te vistes; **11.** nos despedimos – nos vamos; **12.** me aburro; **13.** se llaman; **14.** me lavo; **15.** te marchas; **16.** os calláis; **17.** nos reímos; **18.** se divierten; **19.** me quedo; **20.** nos movemos; **21.** me ducho; **22.** os sentáis; **23.** nos divertimos

124

1. me – me – me – me – Ø – Ø; **2.** Ø – Ø – nos – Ø; **3.** me; **4.** se – se – Ø; **5.** Ø – Ø; **6.** me – Ø – me; **7.** Ø – Ø; **8.** me – Ø – me; **9.** Ø – me; **10.** Ø – te

125

1. me despierto; **2.** me quedo; **3.** me levanto; **4.** me visto; **5.** desayuno; **6.** salgo; **7.** tomamos
Lösungswort: DOMINGO

126

1. Vamos a despedir**nos** **2.** Quiero acostar**me**. **4.** Tenemos que duchar**nos**. **5.** ¿Queréis sentar**os**? **6.** Tienes que mover**te** más. **7.** Tengo que peinar**me**. **9.** Queremos divertir**nos**. **10.** ¿Ya tenéis que marchar**os**? **11.** Todavía no quiero levantar**me**. **12.** No puedes sentar**te** aquí.

127

Lösungsvorschlag: 1. Normalmente me levanto a las siete. **2.** Nuria, ¿a qué hora te acuestas? **3.** Paloma, ¿quieres lavarte las manos?/Paloma, ¿te quieres lavar las manos? **4.** Quiero ducharme./Me quiero duchar. **5.** Carlos, ¿quieres sentarte?/Carlos, ¿te quieres sentar? **6.** ¿Os acordáis de la fiesta de cumpleaños de Michael? **7.** Me divierto mucho. **8.** Quiero despedirme./Me quiero despedir. **9.** Tengo que irme a casa./Me tengo que ir. **10.** Los domingos me acuesto a las once. **11.** ¿Puedo sentarme?/¿Me puedo sentar? **12.** Me visto antes del desayuno./Me visto antes de desayunar. **13.** Mi mejor amigo se casa en junio.

128

1. me llamo; **2.** trabajo; **3.** levantarnos; **4.** abre; **5.** me levanto; **6.** me ducho; **7.** me visto; **8.** voy; **9.** tomamos; **10.** vienen; **11.** trabaja; **12.** conozco; **13.** charlamos; **14.** leen; **15.** ven; **16.** vuelve; **17.** entienden; **18.** termino; **19.** vuelvo; **20.** salgo; **21.** veo; **22.** me acuesto

129

Lösungsvorschlag:
A: Hola. **¿Cómo te llamas**?
Carlitos: Me llamo Carlos Sánchez Nadal.
A: **¿Cuántos años tienes**?
Carlitos: Tengo 14 años.
A: **¿A qué hora empiezan tus clases**?
Carlitos: En mi colegio las clases empiezan a las ocho y media.
A: **¿A qué hora te levantas**?
Carlitos: Me levanto a las siete.
A: **¿A qué hora sales de casa**?
Carlitos: Salgo de casa a las ocho menos cuarto.
A: **¿Cómo vas al colegio**?
Carlitos: Voy en metro.
A: **¿Cuándo terminan las clases**?
Carlitos: Normalmente las clases terminan a las seis, pero tenemos una pausa al mediodía.
A: **¿Qué haces por la tarde**?
Carlitos: Por la tarde hago mis deberes o juego con mis amigos. Después de la cena suelo ver la tele.
A: **¿A qué hora te acuestas**?
Carlitos: A eso de las once o a las once y media.
A: Gracias, Carlos, hasta luego.

130

1. escuchando; **2.** comiendo; **3.** escribiendo; **4.** viajando; **5.** mirando; **6.** aprendiendo; **7.** estudiando; **8.** visitando; **9.** jugando; **10.** durmiendo; **11.** comprendiendo; **12.** creyendo; **13.** limpiando; **14.** viendo; **15.** llegando; **16.** haciendo; **17.** siguiendo; **18.** sirviendo; **19.** tomando; **20.** descando; **21.** dejando; **22.** vendiendo; **23.** comprando; **24.** muriendo; **25.** trayendo; **26.** llevando; **27.** vistiendo; **28.** terminando; **29.** bailando; **30.** volviendo; **31.** pidiendo; **32.** sintiendo; **33.** empezando; **34.** andando

131

1. Michael está aprendiendo español. **2.** Los niños ya están durmiendo. **3.** Carlitos está jugando al fútbol. **4.** El autobús para Becerril ya está saliendo de la estación. **5.** Allí están construyendo un nuevo puente. **6.** Los alumnos están navegando por la red. **7.** Mis padres están trabajando en el jardín. **8.** Carlos está sirviendo las bebidas a los clientes. **9.** Mis amigas y yo estamos tomando café en una terraza. **10.** Javier está duchándose (se está duchando). **11.** La gente está tomando el sol en la playa. **12.** Los invitados ya están viniendo. **13.** Estamos escribiendo correos electrónicos a nuestros amigos. **14.** Carlos y Paloma están bailando. **15.** Estás fumando un cigarrillo tras otro. **16.** Estoy vistiéndome (Me estoy vistiendo) para la entrevista laboral. **17.** ¿Qué estáis haciendo? **18.** Los turistas están sacando muchas fotos. **19.** Rápido, la película ya está empezando. **20.** Nuria está pensando en su novio. **21.** Estamos riéndonos (Nos estamos riendo) mucho con nuestros amigos.

132

1. ¿Qué estás haciendo? – estoy preparando la comida – estamos tomando café – estamos hablando de ti; **2.** estoy hablando con un cliente; **3.** estamos pasando un fin de semana – estoy visitando a mi madre; **4.** está duchándose (se está duchando) – están empezando; **5.** está haciendo la compra – está viendo la tele.

133

1. Es lunes. **2.** La gente está tomando café. Algunos están leyendo el periódico. **3.** Están revisando papeles o estudiando alguna cosa. **4.** La chica está escribiendo algo en su bloc y está desayunando. **5.** Los jóvenes están escuchando música. **6.** Porque muchos están hablando por su teléfono móvil y están gritando. **7.** Se puede ver el resumen de los partidos de fútbol de ayer. **8.** Hay dos camareros.

134

1. Nuria, ¿qué estás haciendo? **2.** Los niños están jugando al fútbol. **3.** Paloma está tocando el piano. **4.** Michael, ¿qué estás escribiendo? **5.** ¿Qué estáis leyendo? **6.** Mi amigo y yo estamos viendo un vídeo. **7.** El tren ya está llegando. **8.** La señora Molina está atendiendo a un cliente. **9.** ¿Qué estás cocinando? **10.** Estoy comiendo con una amiga. **11.** Estoy visitando la nueva exposición en el Museo de Arte Reina Sofía. **12.** Pablo no puede ponerse, es que todavía está durmiendo.

135

1. El abuelo está durmiendo. **2.** Estamos desayunando. **3.** Mis amigos **se** están bañando (están bañándo**se**) en el mar. **4.** ¿Qué estáis escuch**a**ndo?. **5.** Carlos **se** está lavando (está lavándo**se**) las manos. **6.** Estamos corrigiendo los exámenes. **7.** Estoy leyendo un libro muy aburrido. **8.** ¿Estáis v**i**endo una película divertida? **9.** El camarero está s**i**rviendo el menú. **10.** Mis compañeros siempre están charl**a**ndo en clase. **11.** Mucha gente está viv**i**endo en gran pobreza. **12.** Estoy com**i**endo un plato muy rico. **13.** Este chico no nos está d**i**ciendo la verdad. **14.** Ana ya está v**i**stiéndose para la boda. **15.** El pobre hombre se está m**u**riendo. **16.** Mi madre está prepar**a**ndo la cena.

136

1g; 2e; 3d; 4b; 5i; 6h; 7c; 8a; 9f

137

1. he hecho; **2.** han jugado; **3.** has entendido; **4.** ha seguido; **5.** hemos comprado; **6.** habéis vuelto; **7.** ha dormido; **8.** he conocido; **9.** has visto; **10.** he puesto; **11.** ha llovido; **12.** hemos ido; **13.** has tomado; **14.** ha sido; **15.** ha cerrado; **16.** he olvidado; **17.** hemos escuchado; **18.** ha subido; **19.** han empezado; **20.** ha venido; **21.** he visitado; **22.** habéis encontrado; **23.** ha servido; **24.** habéis hecho; **25.** han dicho; **26.** hemos celebrado; **27.** has comido; **28.** he perdido; **29.** he tenido; **30.** han podido

138

1. he olvidado; **2.** he perdido; **3.** me he dormido; **4.** he oído; **5.** ha arrancado; **6.** ha despertado; **7.** he tenido; **8.** ha roto; **9.** he podido – me he sentido; **10.** he hecho – he olvidado

1d; 2f; 3h; 4g; 5j; 6a; 7i; 8b; 9e; 10c

139

Lösungsvorschlag: 1. Perdone, es que he olvidado la carpeta. **2.** Lo siento, pero no he hecho la tarea (los deberes). **3.** He perdido el tren. **4.** Perdón, pero he olvidado mis libros. **5.** Ha habido un atasco. **6.** Lo siento, no he podido estudiar, es que se ha muerto mi hámster. **7.** No he recibido esta hoja. **8.** He tenido un accidente con la moto.

140

1. ha comprado; **2.** has arreglado – he tenido; **3.** ha llamado – hemos registrado; **4.** ha abierto; **5.** ha dicho – ha habido; **6.** he entendido; **7.** has reservado – he llamado – he reservado; **8.** has preparado – he hecho; **9.** he salido; **10.** ha gustado – ha sido; **11.** os habéis levantado; **12.** he trabajado; **13.** has probado; **14.** se ha muerto; **15.** se han acostado; **16.** hemos jugado; **17.** ha elegido; **18.** has perdido; **19.** ha ganado – ha ganado; **20.** habéis desayunado; **21.** ha dicho; **22.** se han divorciado; **23.** has puesto – he metido; **24.** has estado; **25.** habéis visto – hemos visitado; **26.** has conocido; **27.** has leído; **28.** he tenido; **29.** habéis ido; **30.** han subido; **31.** has olvidado – he olvidado – he podido; **32.** hemos estado; **33.** hemos comprendido; **34.** he hablado; **35.** has encontrado

141

1. No, todavía no los he limpiado. **2.** Sí, la he pasado. **3.** No, todavía no los hemos hecho. **4.** Sí, la he preparado. **5.** Sí, la hemos comido. **6.** No, todavía no lo he comprado. **7.** No, todavía no la hemos sacado. **8.** Sí, la he encontrado. **9.** No, todavía no lo he escrito. **10.** No, todavía no las he planchado. **11.** Sí, la hemos lavado. **12.** Sí, la he llamado. **13.** Sí, la hemos comprado. **14.** No, todavía no la he recogido. **15.** No, todavía no la hemos puesto. **16.** Sí, las he regado.

142

1. hemos llegado; **2.** hemos visitado; **3.** hemos visto; **4.** he probado; **5.** hemos conocido; **6.** han contado

143

Richtig sind: 4, 6, 9

144

1. estás – estoy; **2.** estamos; **3.** está; **4.** estás – estoy; **5.** estamos; **6.** estáis; **7.** están – están; **8.** está – está; **9.** está; **10.** estoy; **11.** están; **12.** está

145

1. hay; **2.** está; **3.** está; **4.** hay; **5.** está; **6.** hay; **7.** hay; **8.** están; **9.** está; **10.** hay; **11.** hay; **12.** está; **13.** hay; **14.** está; **15.** hay; **16.** están; **17.** hay; **18.** está; **19.** hay; **20.** están – están

146

1. En la Costa del Sol hay muchas playas bonitas. **2.** El Cine Princesa está en el centro de la ciudad. **3.** En la mesa hay un florero grande. **4.** Delante de la ventana hay una mesa pequeña. **5.** El restaurante "Miau" está enfrente de la Catedral. **6.** Mi mochila está debajo de la silla. **7.** Mis amigos no están en casa. **8.** En mi bolso hay muchos libros.

147

1. En una frutería hay fresas, manzanas, limones y naranjas. **2.** En una charcutería hay carne, jamón y chorizo. **3.** En una floristería hay plantas y flores. **4.** En una tienda de ropas hay pantalones y camisetas. **5.** En una pescadería hay sardinas, atún y gambas. **6.** En una panadería hay pan y magdalenas. **7.** En un estanco hay tabaco y sellos. **8.** En una verdulería hay tomates, lechuga y patatas. **9.** En una papelería hay bolígrafos, cuadernos y sobres. **10.** En una zapatería hay zapatos, sandalias y botas. **11.** En una cafetería hay tartas y café.

148

Lösungsvorschlag: 1. En mi ciudad no hay muchas tiendas. **2.** ¿Dónde hay una oficina de correos por aquí? **3.** ¿Dónde está la estación de trenes? **4.** En mi habitación hay un ordenador. **5.** En una papelería no hay sellos. **6.** ¿Hay una farmacia por aquí? **7.** Mi escuela (mi colegio) no está lejos de mi casa. **8.** ¿Hay una piscina en el hotel? **9.** ¿Dónde está el restaurante? **10.** ¿Dónde hay un supermercado? **11.** Perdón, ¿dónde están los servicios?/¿Dónde está el baño? **12.** Salzburgo está en Austria.

149

1. estás; **2.** estoy; **3.** está – está; **4.** es; **5.** son – son – son; **6.** está – es; **7.** estamos; **8.** son – son – están; **9.** está; **10.** estoy; **11.** es – es; **12.** están; **13.** estáis; **14.** es; **15.** estoy; **16.** están; **17.** es; **18.** es – está; **19.** están; **20.** están

150

1. cansados; **2.** cerradas; **3.** inteligente; **4.** rica; **5.** ricos; **6.** aburridas; **7.** divertida; **8.** listos; **9.** nerviosos; **10.** casada; **11.** alto; **12.** contentos; **13.** pequeña; **14.** enferma

151

1. está; **2.** es; **3.** hay; **4.** está; **5.** hay; **6.** está; **7.** hay; **8.** hay; **9.** es; **10.** es; **11.** son; **12.** hay; **13.** es; **14.** hay; **15.** son; **16.** es; **17.** estoy

152

Lösungsvorschlag: 1. En el frigorífico hay dos botellas de vino tinto. **2.** Está en el centro, cerca de la Plaza Mayor. Es muy bonito. **3.** Lo siento, pero la señora Martínez de momento no está en la oficina. **4.** Sí, está muy rico, me gusta muchísimo. **5.** Es el señor Sampere, el director de la escuela. **6.** Sí, es muy interesante, pero un poco difícil de leer. **7.** Hay un supermercado muy cerca, enfrente de la estación. **8.** Estoy bien, es que estoy un poco cansado/a.

153

1. ¿Cuánto **es**? **2.** ¿De dónde **son** Manolo y Pedro? **3.** En la playa **hay** siempre mucha gente. **4.** Mis padres **están** de vacaciones en Austria. **5.** Mis gafas de sol **están** en la mochila. **6.** Delante de la iglesia **hay** una plaza muy bonita. **7. Estoy** enfermo desde hace algunos días. **8.** Después de clase siempre **estamos** muy cansados. **9.** En nuestra oficina **hay** muchas plantas. **10.** Austria **es** un país muy pequeño en el centro de Europa. **11.** En mi pueblo no **hay** muchas tiendas. **12.** Todavía no **estamos** listos con los deberes. **13.** Encima de mi cama **hay** un cuadro muy grande.

154

1. En este museo hay muchos cuadros de Picasso. **2.** La piscina del hotel está bastante sucia. **3.** Mis amigos y yo nunca estamos aburridos. **4.** Las dos hermanas de Carmen son profesoras de inglés. **5.** En nuestro jardín hay muchas rosas. **6.** En el mercadillo de Navidad hay muchísima gente. **7.** Mis padres están de vacaciones en México. **8.** Mi fiesta de cumpleaños es mañana a las nueve. **9.** Los lunes, muchos museos están cerrados. **10.** En el restaurante *Madrid Uno* hay un menú muy económico. **11.** Esta tarta está riquísima.

155

1. o; **2.** as – es; **3.** a – e; **4.** amos – emos – imos; **5.** áis – éis – ís; **6.** an – en

156

1a; 2b; 3e; 4c; 5a; 6c; 7a; 8a; 9f; 10e; 11b; 12f; 13d; 14d; 15d; 16f; 17a; 18d; 19e; 20a; 21a; 22a; 23b; 24d; 25d; 26d; 27d; 28f; 29b; 30f; 31e; 32c; 33a; 34b; 35d; 36e; 37b; 38a; 39b; 40d; 41f; 42f; 43a; 44a; 45c; 46d; 47c; 48b; 49d; 50a; 51c; 52f; 53a; 54f; 55e; 56c; 57d; 58b; 59e; 60a; 61a; 62b; 63a; 64a; 65f; 66a; 67c; 68a; 69f; 70d; 71c; 72b

157

1. ¿A qué hora te despiertas/se despierta usted? **2.** ¿Cuándo te levantas/se levanta usted normalmente? **3.** ¿Cuándo te lavas/duchas/se lava/ducha usted? **4.** ¿Te vistes/Se viste usted antes del desayuno? **5.** ¿A qué hora desayunas/desayuna usted? **6.** ¿A qué hora sales/sale usted de casa? **7.** ¿Vas/Va usted en autobús, en tren o en coche propio al trabajo? **8.** ¿Cuándo empiezas/empieza usted a trabajar? ¿Cuándo empiezan las clases? **9.** ¿Cuándo almuerzas/almuerza usted? **10.** ¿A qué hora termina el trabajo/terminan las clases? **11.** ¿Cuándo cenas/cena usted? **12.** ¿Cuándo te acuestas/se acuesta usted?

158

S	A	B	A	D	I	N	I
S	C	S	I	B	O	V	E
D	L	A	N	A	J	S	M
F	L	H	O	Ñ	U	U	I
A	T	U	V	O	E	N	E
J	I	E	N	S	V	I	R
U	R	Ñ	C	E	E	M	C
M	A	R	T	E	S	O	O
E	D	F	X	I	Y	D	L
V	E	R	A	N	O	S	E
E	V	I	E	R	N	E	S

1. lunes
2. martes
3. miércoles
4. jueves
5. viernes

159

1. ron; 2. puros; 3. camisetas; 4. sombrero; 5. hamaca; 6. tambores; 7. cigarrillos; 8. toallas; 9. frutas; 10. sellos; 11. fotos; 12. mochila

160

1. la; 2. las; 3. las; 4. lo; 5. la; 6. los; 7. los; 8. las; 9. las; 10. los; 11. las; 12. la

161

1. lo; 2. la; 3. la; 4. las; 5. las; 6. lo

162

1. Hombre, ya la he hecho. 2. Hombre, ya la he deshecho. 3. Hombre, ya la he puesto. 4. Hombre, ya la he reservado. 5. Hombre, ya lo he comido. 6. Hombre, ya los he comprado. 7. Hombre, ya la he alquilado. 8. Hombre, ya la he visto. 9. Hombre, ya los he visitado. 10. Hombre, ya la he visto. 11. Hombre, ya las he mirado. 12. Hombre, ya los he invitado. 13. Hombre, ya lo he escuchado. 14. Hombre, ya lo he escrito. 15. Hombre, ya la he hecho. 16. Hombre, ya la he sacado. 17. Hombre, ya la he conocido.

163

1. ¿Quiere usted apuntarlas? 2. ¿Quiere usted mirarlas? 3. ¿Quiere usted verlo? 4. ¿Quiere usted verlas? 5. ¿Quiere usted escucharlo? 6. ¿Quiere usted conocerla? 7. ¿Quiere usted visitarlos? 8. ¿Quiere usted verlos? 9. ¿Quiere usted probarlo? 10. ¿Quiere usted copiarlo? 11. ¿Quiere usted verla? 12. ¿Quiere usted probarlo?

164

1. a. Veis la película francesa. b. La veis. 2. a. Preparo la tortilla de patatas. b. La preparo. 3. a. Hacen las tareas. b. Las hacen. 4. a. Pagan la cuenta. b. La pagan. 5. a. Hacemos las camas. b. Las hacemos. 6. a. Pones la mesa. b. La pones. 7. a. Bebe la cerveza. b. La bebe. 8. a. Vende el ordenador. b. Lo vende. 9. a. Escucha la radio. b. La escucha. 10. a. Leo la última novela de Joanne K. Rowling. b. La leo. 11. a. Sacan la foto de bodas. b. La sacan. 12. a. Celebramos las bodas de plata. b. Las celebramos. 13. a. Cose el vestido de bodas. b. Lo cose. 14. a. Organizas la fiesta de cumpleaños. b. La organizas. 15. a. Corrige los exámenes. b. Los corrige. 16. a. Abre la ventana. b. La abre. 17. a. Cierra la puerta. b. La cierra. 18. a. Pongo la tele. b. La pongo. 19. a. Compran los regalos. b. Los compran. 20. a. Firmamos la postal. b. La firmamos. 21. a. Escribes el correo electrónico. b. Lo escribes. 22. a. Fuma el puro. b. Lo fuma. 23. a. Coméis las frutas. b. Las coméis. 24. a. Preparan la cena. b. La preparan. 25. a. Lee el periódico. b. Lo lee. 26. a. Hacen los ejercicios. b. Los hacen.

165

1. Ahora vamos a verlas. 2. Mi hermana no quiere comerla. 3. Blanca está escribiéndolo para su página web. 4. Nuestra madre suele comprarlos en el mercado. 5. A casi todos los niños les gusta practicarlo. 6. Carlos está limpiándolas. 7. Nosotros estamos estudiándolo. 8. A mis padres les encanta escucharlas. 9. Me molesta muchísimo llevarlo yendo de copas. 10. Mis sobrinos suelen verlas. 11. Estáis comiéndolo, ¿no? 12. Su nieto no quiere beberla. 13. Me cuesta mucho tiempo eliminarlo. 14. Michael trata de prepararla. 15. Carlitos está haciéndola. 16. Mañana van a hacerlo.

166

					T					
				Z	E	Ñ				
			A	L	L	I	S			
		M	R	U	E	O	P	L		
	L	A	M	P	A	R	A	K	I	
E	S	T	A	N	T	E	R	I	A	M
	O	A	R	O	D	A	V	A	L	
	F		I		O		I		F	
	A		O		R		D		O	
	L		T		M		E		M	
	O	R	D	A	U	C	O	N	B	
	O	R	D	E	N	A	D	O	R	
	J	O	R	D	E	M	I	L	A	
	E		M		V		A	L	L	
	P		E		E		L	I	A	
	S		S		R		L	S	B	
	E		U		A	L	A	A	E	E

1. silla
2. lámpara
3. estantería
4. lavadora
5. cuadro
6. ordenador
7. espejo
8. mesa
9. nevera
10. cama
11. sillón
12. alfombra
13. vídeo
14. armario
15. sofá
16. tele

167

Lösungsvorschlag: 1. La lavadora la ponemos nosotras. 2. El espejo lo limpian ellos. 3. El ordenador lo apagas tú. 4. La lámpara la enciendo yo. 5. La cama la hacéis vosotros. 6. La tele la pone él. 7. El vídeo lo programan ustedes. 8. La alfombra la limpia usted. 9. El sillón lo limpias tú. 10. La nevera la apago yo. 11. El armario lo limpian ellos.

168

1a; 2e; 3b; 4f; 5c; 6d

169

Lista de la compra: aceite de oliva, huevos, patatas, cebollas
Richtig sind: 3, 5, 9

170

Lösungsvorschlag: Pues, no tienes huevos. **Los** necesitas para preparar una tortilla de patatas. Vas a preparar**la** para tu amigo Michael. Como vives con unos amigos en un piso compartido no puedes encontrar la bolsa de la compra. Estás seguro de que un compañero tuyo **la** ha cogido para llevar a casa el vino. Vais a beber**lo** por la tarde. Por eso coges tu carrito de la compra y vas al supermercado. **Lo** dejas en la caja del supermercado, así otras personas no pueden robar**lo**. Metes tu mano en el bolsillo de tus pantalones y coges tu monedero. **Lo** abres, sacas una moneda de 50 céntimos y **la** metes en una ranura. Después sacas uno de los carros del supermercado. **Lo** llevas por los pasillos del supermercado buscando los huevos. Metes una caja de doce huevos en el carro. **Lo** llevas hasta la caja. **Lo** vacías. Pones la caja de huevos en la cinta transportadora. La cajera **la** coge, **la** pasa por un escáner y **la** pone al final de la cinta. Entonces **la** coges y **la** pagas a la cajera. La cajera coge tu billete de diez euros, **lo** mete en la caja, coge la vuelta de su caja y te **la** da. Tú **la** coges, **la** metes en tu monedero y **lo** guardas en tus pantalones. Después coges tu carrito de la compra y vuelves a casa. En casa te das cuenta de que te faltan también las patatas. De nuevo coges tu carrito de la compra y vas al supermercado. Llegas al supermercado y ...

171

1. El empleado de la agencia de viajes le recomienda el restaurante. **2.** Don Eusebio Gafas le ha comprado un ramo de flores. **3.** Nuria les va a prestar su diccionario de alemán. (Nuria va a prestarles su diccionario de alemán.) **4.** La hija del detective le pregunta el horario del restaurante. **5.** Les vamos a vender la casa. (Vamos a venderles la casa.) **6.** Nuria le ofrece un trozo de tarta de chocolate. **7.** Les escribimos un e-mail. **8.** Les ha prestado su coche. **9.** José le hace un favor. **10.** Los alumnos le muestran sus tareas. **11.** La profesora les devuelve los cuadernos. **12.** Le dejo mis mejores libros.

172

1. Sí, le firma el cheque de viaje. **2.** No, no le da su pasaporte. **3.** Sí, le da su pasaporte. **4.** Le devuelve su pasaporte. **5.** Le entrega un ticket. **6.** No, no les entrega el dinero. **7.** El cajero les entrega el dinero. **8.** Sí, le puede cambiar el billete. (Sí, puede cambiarle el billete.)

173

1. Les escribo un e-mail. **2.** Le damos nuestro número del móvil. **3.** Nuria nos ayuda esta tarde. **4.** Le pregunto mañana. **5.** Les explica el camino. **6.** Le doy mi dirección. **7.** Nos pinta un cuadro. **8.** Les recomiendo la película. **9.** Les reservamos una habitación doble.

174

1. fresa; **2.** cereza; **3.** albaricoque; **4.** ciruela; **5.** plátano; **6.** melón; **7.** melocotón; **8.** manzana; **9.** naranja; **10.** limón

175

1. a. Sí, para nosotros uno de cereza. **b.** ¿Y para vosotros? – Para nosotros uno de albaricoque. **2. a.** Sí, para ellos/ellas uno de melocotón. **b.** ¿Y para él? – Para él uno de naranja. **3. a.** Sí, para mí uno de café. **b.** ¿Y para vosotros? – Para nosotros uno de chocolate. **4. a.** Sí, para él uno de limón. **b.** ¿Y para ellos/ellas? – Para ellos/ellas uno de manzana. **5. a.** Sí, para nosotros uno de melón. **b.** ¿Y para ella? – Para ella uno de ciruela. **6. a.** Sí, para ellos/ellas uno de plátano. **b.** ¿Y para ti? – Para mí uno de vainilla. **7. a.** Sí, para mí uno de limón. **b.** ¿Y para usted? – Para mí uno de naranja. **8. a.** Sí, para nosotros uno de chocolate. **b.** ¿Y para ustedes? – Para nosotros uno de café.

176

1. a. ¿Los helados son para los chicos? – Sí, son para ellos. **b.** ¿Y la caña es para la chica? – Sí, es para ella. **2. a.** ¿El café es para usted? – Sí, es para mí. **b.** ¿Y los calamares son para las niñas? – Sí, son para ellas. **3. a.** ¿La coca-cola es para la señora? – Sí, es para ella. **b.** ¿Y la infusión es para Carmen? – Sí, es para ella. **4. a.** ¿Los calamares son para ustedes? – Sí, son para nosotros. **b.** ¿Y las aceitunas son para vosotros? – Sí, son para nosotros.

177

1. a. ¿Conoces a Carmen? **b.** ¿A Carmen? No, a ella no la conozco, pero conozco a su padre. **2. a.** ¿Conoces a Diego? **b.** ¿A Diego? No, a él no lo conozco, pero conozco a sus amigos. **3. a.** ¿Conoces al señor Gafas? **b.** ¿Al señor Gafas? No, a él no lo conozco, pero conozco a su secretaria.

4. a. ¿Conoces a Nuria? **b.** ¿A Nuria? No, a ella no la conozco, pero conozco a Michael. **5. a.** ¿Conoces a los padres de Paloma? **b.** ¿A los padres de Paloma? No, a ellos no los conozco, pero conozco a Paloma. **6. a.** ¿Conoces a las compañeras de Antonio? **b.** ¿A las compañeras de Antonio? No, a ellas no las conozco, pero conozco al padre de Antonio.

178

1. a. ¿Vienes conmigo o con Jorge? **b.** ¿Contigo o con él? No voy con ninguno de vosotros, voy a pie. **2. a.** ¿Vienes conmigo o con los chicos? **b.** ¿Contigo o con ellos? No voy con ninguno de vosotros, voy en taxi. **3. a.** ¿Vienes conmigo o con las chicas? **b.** ¿Contigo o con ellas? No voy con ninguno de vosotros, voy en autobús.

179

1. gusta; **2.** gustan; **3.** gustan; **4.** gusta; **5.** gusta; **6.** gusta; **7.** gusta; **8.** gusta; **9.** gusta; **10.** gusta; **11.** gusta; **12.** gusta; **13.** gustan; **14.** gusta; **15.** gusta; **16.** gustan; **17.** gusta; **18.** gusta; **19.** gustan; **20.** gusta; **21.** gusta; **22.** gusta; **23.** gustan; **24.** gusta; **25.** gusta; **26.** gusta

180

1. A ellos les gusta mucho vivir en la gran ciudad. **2.** A mí me gusta más ir en coche que ir en metro. **3.** A un primo mío le gustan estas revistas. **4.** No nos han invitado porque a nosotras no nos gusta bailar. **5.** ¿A vosotros os gusta ir de vacaciones? **6.** A mis alumnos no les gustan los cuadros de Miró.

181

1. les; **2.** te – me; **3.** me – ellos – les; **4.** nos; **5.** le – usted – me – mí; **6.** ti – te – me – mí – me; **7.** me – me – mí; **8.** me – mí – me – me; **9.** le – mí; **10.** nosotros – nosotros

182

Lösungsvorschlag: 1. Las películas de Pedro Almodóvar no me gustan, pero me gusta Carmen Maura. **2.** Me gusta más ir al cine que ir al teatro. **3.** ¿Te gusta mi jersey nuevo? **4.** ¿Te interesa la música de Ska-P? **5.** La contaminación me molesta mucho. **6.** ¿Qué rasgos de carácter te gustan? **7.** ¿Qué color te gusta más? **8.** ¿Qué cosa no te gusta nada? **9.** ¿Qué libro te gusta más?

183

Lösungsvorschlag: Me llamo Andrea Hastduschongehört. Soy alemana, soy soltera y tengo 23 años. Soy una chica rubia, con ojos azules. De momento vivo en Madrid y trabajo de secretaria. Me gusta tocar la guitarra, el piano y la flauta. Me encanta cantar y cocinar. El deporte me interesa muchísimo. Me gusta patinar, nadar y jugar al fútbol. En mi tiempo libre me interesa también jugar al ajedrez y jugar vídeojuegos. Me encanta ir de compras o ir al cine. Las vacaciones me encantan, me gusta viajar y comer en restaurantes me gusta también. Me aburren las lenguas extranjeras. Los niños, los animales y hombres bajos me molestan. No me gusta nada escribir cartas ni leer libros.

184

Lösungsvorschlag: 1. A Michael le encanta hablar español con los compañeros. **2.** Le gusta escuchar canciones. **3.** Le gusta leer textos. **4.** Le gusta escribir textos. **5.** No le gusta nada hacer ejercicios de gramática. **6.** No le gusta estudiar las palabras nuevas. **7.** No le gusta practicar la pronunciación. **8.** A Michael le gusta mucho ver vídeos, películas y la tele. **9.** No le gusta nada hacer presentaciones. **10.** Hablar español fuera de las clases le encanta. **11.** Buscar información en Internet le gusta mucho también.

185

1. Sí, me encanta. **2.** No, no me gustan mucho. **3.** A mí me gustan mucho. **4.** A mí sí. **5.** No, las playas de la Costa Brava no me gustan nada. **6.** A mí me gusta mucho. **7.** No, lo odio. **8.** A mí tampoco. **9.** A mí no me molesta. **10.** A mí sí. **11.** Me gustan bastante.

186

Richtig sind: 1, 3, 6, 9, 10, 12, 14

187

1. Sí, os lo explico. **2.** Sí, te lo digo. **3.** No, no se lo recomiendo. **4.** Sí, te la recomiendo. **5.** No, no me lo compro. **6.** Sí, se le ha apuntado. **7.** Sí, me la ha dado. **8.** Sí, se los enseño. **9.** Sí, se las traigo. **10.** No, no te las busco. **11.** No, no te lo dejo. **12.** Sí, nos lo hemos comprado. **13.** Sí, os los damos. **14.** Sí, te la digo. **15.** No, no se la regalo. **16.** Sí, me lo han vendido. **17.** Sí, se lo escribo. **18.** Sí, os la digo. **19.** Sí, se lo aparco. **20.** Sí, te la pongo. **21.** No, no se lo he dado. **22.** Sí, os lo enseño. **23.** Sí, se las reservo. **24.** Sí, me lo ha regalado.

188
1. ¿Quién te la ha regalado? **2.** ¿Se la regalamos a alguien? **3.** Se las he dado a Carlos. **4.** Sí, se las he devuelto. **5.** Ahora te lo traigo. **7.** Los libros te los devuelvo la semana que viene. **9.** Sí, se la digo siempre, te lo juro. **10.** No, claro que no se los voy a enseñar. (No, claro que no voy a enseñárselos.)

189
1. Die Mannschaft von Barcelona schießt der Mannschaft von Madrid ein Tor. Sie schießt es ihr. **2.** Ich zeige den Kindern das Foto. Ich zeige es ihnen. **3.** Die Mutter sagt den Kindern die Wahrheit. Sie sagt sie ihnen. **4.** Hast du dir den Hut gekauft? – Ja, ich habe ihn mir gekauft. **5.** Nuria kauft Michael ein Wörterbuch. Sie kauft es ihm. **6.** Der Briefträger übergibt dem Portier die Pakete. Er übergibt sie ihm. **7.** Der Vater hat seinen Kindern die Nachrichten vorgelesen. Er hat sie ihnen vorgelesen. **8.** Die schwedische Touristin gibt Carlos ein Trinkgeld. Sie gibt es ihm.

190
1b; 2l; 3j; 4i; 5c; 6d; 7e; 8k; 9h; 10g; 11f; 12a

191
1. Quiero probarla. **2.** Les interesa muchísimo practicarlo. **3.** Paloma tiene que controlarlo. **4.** A la estrella de cine le gusta muchísimo firmarlos. **5.** A Michael le encanta prepararla. **6.** Los chicos no pueden hacerlas. **7.** Los alumnos tienen que estudiarla. **8.** Jorge tiene que comprarla. **9.** Blanca no debe comerlas porque es alérgica a ellas. **10.** A mí me gusta comerla.

192
1. Estamos viéndola. **2.** Están tomándolas. **3.** Estáis comiéndolos. **4.** Está escribiéndolo. **5.** Estás comprándolo. **6.** Estamos buscándolas. **7.** Estoy durmiéndola. **8.** Estamos ayudándolos. **9.** ¿Siguen celebrándola? **10.** El profesor está explicándolos. **11.** Carmen está llamándola. **12.** Estoy sacándolas. **13.** Estamos estudiándolo. **14.** Sigue siéndolo. **15.** Están cantándola. **16.** ¿Estáis preparándola? **17.** Juana está practicándolo. **18.** Estamos escuchándola.

193
1. le; **2.** le; **3.** con ellos; **4.** les – les; **5.** le; **6.** lo; **7.** nos – os lo; **8.** les – se la; **9.** le – le; **10.** me lo; **11.** nos – se la; **12.** la – me; **13.** tú – los – me – los; **14.** ti; **15.** le; **16.** les – a mí – a él; **17.** ella – le; **18.** le; **19.** nos – a ti; **20.** los – yo; **21.** a nosotros; **22.** contigo; **23.** te lo; **24.** os las; **25.** se los; **26.** me lo; **27.** le – se lo; **28.** conmigo – con ella – contigo – con ella; **29.** os; **30.** las; **31.** la; **32.** me – se los; **33.** le – me; **34.** escribírselas; **35.** te; **36.** los; **37.** para ella

194
Querido diario: Continuamente pienso en mi jefe Don Eusebio. **Lo** quiero. **Lo** necesito. Mañana voy a escribir**le** una carta y **se la** voy a dar a su hijo Antonio. **Lo** ve todos los días. Además voy a hacer una tarta de chocolate para **él**. Mañana, por la mañana voy a dár**sela**. Voy a poner**la** en su escritorio en la oficina. Así puede probar**la**. Entonces me va a dar un beso en la frente, y yo, yo voy a invitar**lo** a cenar. Me va a llevar un enorme ramo de rosas. Voy a poner**lo** en mi mesita de noche, así puedo ver**lo** todo el tiempo. ¡Ay, como **lo** quiero! Besos, Andrea.

196
Die Präposition *a* fehlt in den Sätzen 2, 4, 6, 9, 10, 12, 14, 15 (2x), 16

197
1. de – a; **2.** al; **3.** de; **4.** de; **5.** de; **6.** de; **7.** de – a; **8.** del; **9.** a – a; **10.** de – al; **11.** de; **12.** del; **13.** a – del; **14.** a; **15.** de; **16.** al

198
1. Por la tarde jugamos al fútbol. **2.** Quería medio kilo de fresas. **3.** Voy en tren al colegio. **4.** No conozco al novio de Carmen. **5.** En mi habitación no hay televisor. **6.** El museo está abierto de nueve a seis. **7.** No me gusta este vestido de seda. **8.** Cerca de la estación hay un hotel barato. **9.** Hoy no voy a comer en casa. **10.** Estos zapatos no son de piel.

199
1. No vamos a beber alcohol. **2.** Voy a estudiar más para la escuela. **3.** Pedro no va a jugar tantos vídeojuegos. **4.** Voy a comer más fruta y verdura. **5.** Los niños van a levantarse más pronto. **6.** Vas a ayudarme más en casa. **7.** Voy a visitar a mis abuelos los fines de semana. **8.** Mi hermana va a ver menos la tele. **9.** Voy a jugar más al tenis. **10.** Vais a cuidar de vuestros hermanos menores.

200
Lösungsvorschlag: 1. Hoy voy a la discoteca. **2.** Voy en autobús al colegio. **3.** ¿Juegas al tenis? **4.** No conozco a los padres de Nuria. **5.** Quería un kilo de manzanas. **6.** ¿Cuánto cuesta medio kilo de sardinas? **7.** Un café con leche, por favor. **8.** ¿Vas al cine conmigo el domingo? **9.** La farmacia abre a las siete y media. **10.** Muchos museos están cerrados los lunes. **11.** El museo del Prado está abierto de nueve a seis. **12.** El doce de junio es el cumpleaños de Nuria.

201
1. de; **2.** de; **3.** en; **4.** por; **5.** al; **6.** a – a; **7.** de; **8.** a – a; **9.** por; **10.** a

202
1. en; **2.** al; **3.** en; **4.** en – al – al; **5.** entre; **6.** al – en; **7.** en – en; **8.** al; **9.** entre; **10.** en – en

203
1. Está cerrado los lunes. **2.** Se puede llegar en metro o en autobús (línea 165). **3.** En julio el museo cierra a las 22.00. **4.** A las 11.00. **5.** A las 12.00. **6.** Está abierto de 10.00 a 20.00. **7.** Paga 9 €.

204
1. Me levanto a las siete menos cuarto. **2.** A las siete y media desayuno en el bar de al lado. **3.** A las ocho más o menos voy en metro a la oficina. **4.** Empiezo a trabajar a las nueve y termino a las siete. **5.** Al mediodía tenemos una pausa de dos horas para ir a comer. **6.** Por la tarde a veces salgo con amigos o voy al cine. **7.** Los fines de semana suelo descansar y si hace buen tiempo me doy un paseo. **8.** Los domingos me levanto muy tarde, a eso de las doce. **9.** Si tengo que trabajar me acuesto a las once y media. **10.** Los sábados me acuesto muy tarde, a eso de las dos o tres.

205
1. en; **2.** con – sin; **3.** de; **4.** a – en – a; **5.** de – en; **6.** de – a; **7.** en – en; **8.** con – de; **9.** de – en – en; **10.** a – en; **11.** en – en; **12.** al; **13.** de – de – en; **14.** a – con – con; **15.** sin

206
1. a; **2.** al; **3.** en; **4.** a; **5.** de; **6.** de; **7.** en; **8.** a; **9.** de; **10.** a

207
1. Muchas gracias por tu ayuda. **2.** Este año mis amigos y yo vamos de vacaciones a Menorca. **3.** La novia de Miguel no vive en Madrid, sino en Zaragoza. **4.** El restaurante *Los Bufones* está entre el museo y el teatro. **5.** Hoy he conocido a la chica más maravillosa del mundo. **6.** Me gustaría salir un día con Juan, es tan simpático. **7.** Estas flores son para Carmen, es que hoy es su cumpleaños. **8.** Acabo de leer el nuevo libro de Mario Vargas Llosa. **9.** Hoy ya me he levantado a las cinco y media. **10.** Las clases empiezan a las nueve de la mañana.

208
1. por; **2.** por; **3.** para; **4.** por; **5.** para; **6.** para; **7.** por; **8.** para – para; **9.** por; **10.** para; **11.** por – por; **12.** para – para; **13.** para; **14.** por; **15.** para

209
Lösungsvorschlag: 1. Muchas gracias por el regalo. **2.** Mañana por la mañana voy a Toledo. **3.** ¿A qué hora sale el tren para Toledo? **4.** Mi hotel está cerca de la estación de trenes. **5.** Normalmente me levanto a las seis y media. **6.** ¿A qué hora empiezan las clases? **7.** Aprendo español para poder hablar con la gente. **8.** Los sábados voy a menudo a la discoteca./ Los sábados suelo ir a la discoteca. **9.** No me gusta el café sin azúcar. **10.** En invierno me gusta esquiar. **11.** El domingo tengo que volver a casa. **12.** Juego al fútbol y al tenis. **13.** De ocho a diez veo la tele. **14.** Pienso mucho en ti. **15.** ¿A dónde va este autobús? **16.** Busco información sobre la historia de España. **17.** Muchas gracias por su / vuestra atención.

210

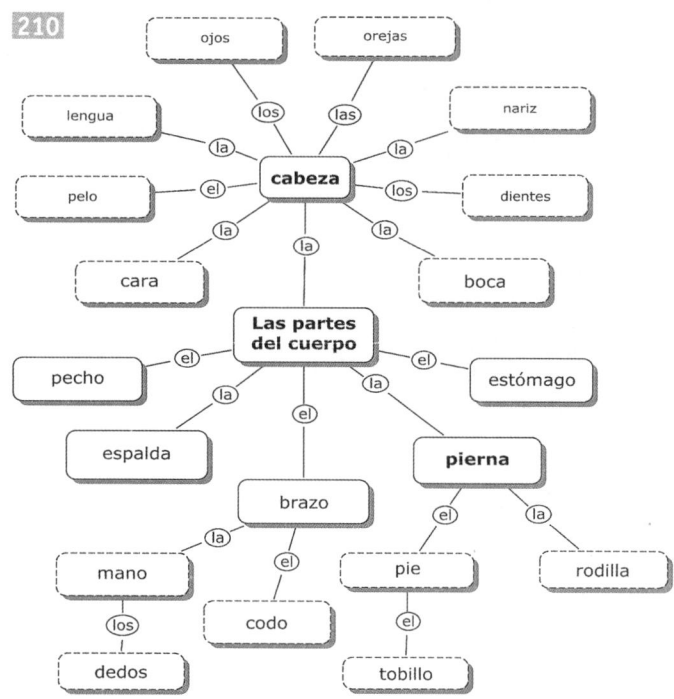

211

Lösungsvorschlag:

	Nomen	Adjektive	Verben
1.	caballo	caliente	caminar
2.	cabeza	cansado/a	cantar
3.	cable	casado/a	cerrar
4.	camisa	celoso/a	controlar
5.	cantante	charlatán/a	cortar
6.	caramelo	claro/a	circular
7.	casa	cómodo/a	cocinar
8.	cereza	correcto/a	coger

212

Lösungsvorschlag:

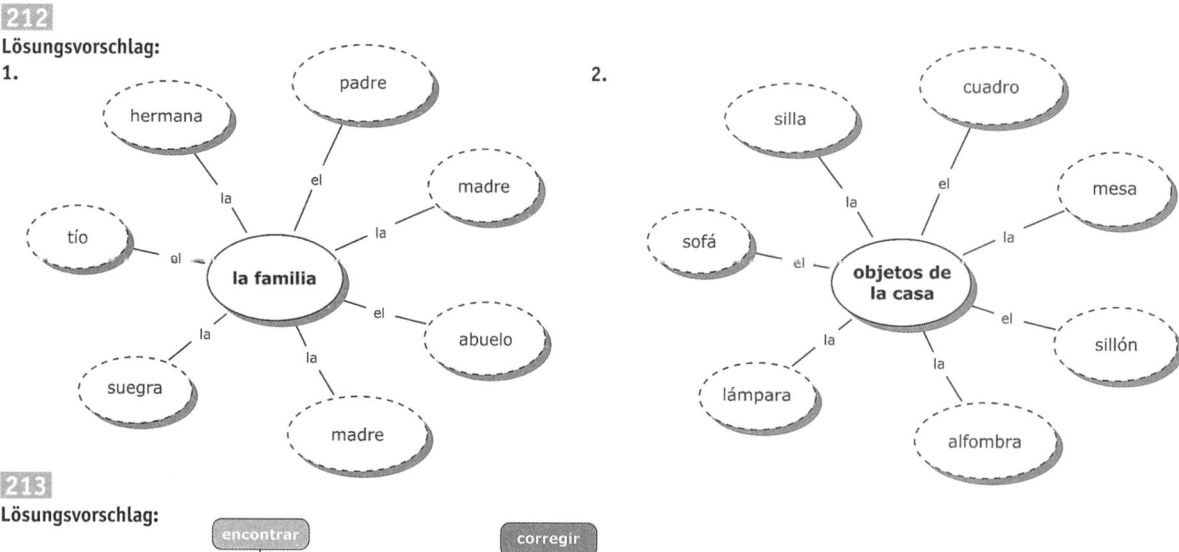

213

Lösungsvorschlag:

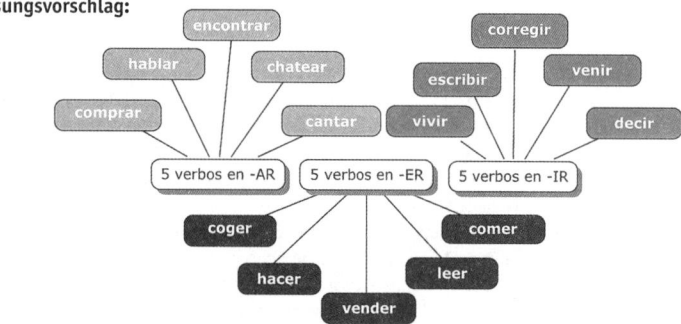

A

abbiegen	*girar*
Abendessen	*cena*
aber	*pero*
abhängig	*adicto/a*
abholen; (ein)sammeln	*recoger*
abnehmen	*adelgazar*
abschalten	*apagar*
Abschied	*despedida*
abwaschen; spülen	*fregar <e→ie>*
ach was! i wo (denn)	*qué va*
ach!	*ay*
acht	*ocho*
Actionfilm	*película de acción*
Adler	*águila f. (aber: el águila)*
Adresse	*dirección f.*
Affe, Äffin	*mono/a*
Agent(in)	*agente m. + f.*
Ägypten	*Egipto*
ägyptisch; Ägypter(in)	*egipcio/a*
Aktenkoffer	*maletín m.*
aktiv	*activo/a*
Aktivität	*actividad f.*
Alkohol	*alcohol m.*
allein	*solo/a*
allergisch	*alérgico/a*
alltäglich	*cotidiano/a; vulgar*
alt	*antiguo/a; viejo/a*
Alter	*edad f.*
am Ende	*al final*
amerikanisch; Amerikaner(in)	*americano/a; estadounidense*
an, auf, in, um, zu, nach	*a*
anbauen; züchten	*cultivar*
anbieten	*ofrecer <-zc->*
Angebot	*oferta*
Angestellte(r)	*empleado/a*
anhalten	*parar*
ankommen	*llegar*
Ankunft	*llegada*
Anruf	*llamada*
anrufen; nennen	*llamar*
ans Telefon kommen	*ponerse (al teléfono)*
anspringen (Motor)	*arrancar*
antworten	*contestar*
anziehen, sich	*vestirse <e→i>*
Anzug	*traje m.*
anzünden; einschalten	*encender <e→ie>*
Aperitif, Appetithappen	*aperitivo*
Apfel	*manzana*
Apotheke	*farmacia*
Appartement	*apartamento*
Aprikose, Marille	*albaricoque m.*
April	*abril m.*
Araber(in)	*árabe m. + f.*
Arbeit	*trabajo*
arbeiten	*trabajar*
Arbeitszimmer	*cuarto de estudio*
Architekt(in)	*arquitecto/a*
Architektur	*arquitectura*
Argentinien	*Argentina*
argentinisch; Argentinier(in)	*argentino/a*
ärgern	*fastidiar*
Arm	*brazo*
arm; bedauernswert	*pobre*
Ärmel	*manga*
Armsessel	*sillón m.*
Armut	*pobreza*
Art; Weise	*manera*
Artikel	*artículo*
Arzt, Ärztin	*médico/a*

Aschenbecher	*cenicero*
asiatisch; Asiat(in)	*asiático/a*
Aspirin	*aspirina*
Atmosphäre; Stimmung	*ambiente m.*
auch	*también*
auch nicht	*tampoco*
auf einmal	*de pronto*
auf Wiedersehen	*adiós*
auf; über	*encima (de), sobre*
aufbewahren; verwahren	*guardar*
Aufenthalt	*estancia*
auffällig	*llamativo/a*
Aufführung	*actuación f.*
Auflösung	*resolución f.*
Aufmerksamkeit	*atención f.*
Aufmerksamkeit erregen	*llamar la atención f.*
aufnehmen	*grabar*
aufstehen	*levantarse*
aufwachen	*despertarse <e→ie>*
aufwecken	*despertar <e→ie>*
Auge; Vorsicht!	*ojo*
Augenblick	*momento*
August	*agosto m.*
aus der Mancha	*manchego*
aus-, weggehen; verlassen; starten; abfahren	*salir*
Ausflug	*excursión f.*
Ausgang; Abflug	*salida*
Ausländer(in)	*extranjero/a*
auspacken (zB Koffer)	*deshacer*
ausruhen, sich	*descansar*
aussehen; scheinen	*parecer <-zc->*
außerdem	*además*
äußere(r, s)	*exterior*
außergewöhnlich	*fenomenal*
außerhalb	*fuera de*
Aussprache	*pronunciación f.*
aussprechen	*pronunciar*
Ausstellung	*exposición f.*
Auster	*ostra*
australisch; Australier(in)	*australiano/a*
ausüben; spielen	*desempeñar*
auswendig	*de memoria*
Auto	*automóvil m.; coche m.*
Autobus	*autobús m.*
Autogramm	*autógrafo*
Avatar	*avatar*

B

Bäckerei	*panadería*
Bad	*baño*
Badeanzug	*traje de baño m.*
baden, (sich)	*bañarse*
Badezimmer	*cuarto de baño*
Badminton	*bádminton m.*
Bahnhof	*estación f. de trenes*
bald; früh	*pronto*
Balkon	*balcón m.*
Banane	*plátano*
Bank; (Sitz-)Bank	*banco*
bar	*en efectivo*
Bär(in)	*oso/a*
Bart	*barba*
Basketball	*baloncesto*
Bauer	*campesino*
Bauernhof	*granja*
Baum	*árbol m.*
Baumwolle	*algodón m.*
bedeuten	*significar*
beenden	*terminar*

begabt	dotado/a
begehen; verüben	cometer
beginnen; anfangen	empezar <e→ie>
begleiten	acompañar
beharren; bestehen	insistir
bei Nacht	de noche
bei Tag	de día
Bein	pierna
Bein; Pfote; Tatze	pata
Beispiel	ejemplo
bekannt	conocido/a
beladen	cargar
belegtes Brötchen	bocadillo
Belgien	Bélgica
belgisch; Belgier(in)	belga m. + f.
Bellota-Schinken	jamón m. de bellota
bemerken, etwas	darse cuenta de algo
benennen	denominar
Benzin	gasolina
beobachten	observar
bequem	cómodo/a
bereisen	recorrer
bereuen	arrepentirse <e→ie>
Berg; Gebirge	montaña
Bericht	informe m.
Berlin	Berlín
Bern	Berna
Beruf	profesión f.
berühmt	famoso/a
berühren; (ein Instrument) spielen	tocar
beschädigen; kaputt machen	estropear
beschäftigt	ocupado/a
Bescheid sagen	avisar
beschreiben	describir
Beschreibung	descripción f.
beseitigen; löschen	eliminar
besorgt	preocupado/a
besser	mejor
bestehen (Prüfung)	aprobar <o→ue>
Besuch	visita
besuchen	visitar
betreten	entrar
betreuen	atender <e→ie>
betrügen	engañar
Bett	cama
bewegen	mover <o→ue>
bewegen; zurückkommen	volver <o→ue>
Bewertung	puntuación f.
Bibliothek	biblioteca
Bibliothekar(in)	bibliotecario/a
Bier	cerveza
Bier, kleines Bier	caña
bilden	formar
Bildschirm	pantalla
billig	barato/a
Birne	pera
bis	hasta
Biskuit; Muffin	magdalena
bitte	por favor
bitten	pedir <e→i>
Blatt; Übungszettel	hoja
Blattsalat	lechuga
blau	azul
bleiben	permanecer <-zc->; quedarse
bleiben; verabreden; übrig sein	quedar
Bleistift	lápiz m.
Blick	mirada
blond	rubio/a
Blume	flor f.
Blumengeschäft	floristería
Blumenstrauß	ramo de flores
Blumenvase	florero

Bluse	blusa
Blut	sangre f.
Boden	suelo
Boden; Grund	fondo
Bonbon	caramelo
borgen; lassen	dejar
böse; verärgert	enojado/a; enfadado/a
Brandenburg	Brandeburgo
brasilianisch; Brasilianer(in)	brasileño/a
braun	marrón
brechen, zerbrechen; kaputtmachen	romper
Briefträger	cartero
breit, weit, groß	amplio/a; ancho/a
Brief	carta
Briefkasten	buzón m.
Briefmarke; Stempel	sello
Briefumschlag	sobre m.
Brille	gafas f./Mz.
bringen	traer
Brot	pan m.
Bruder	hermano
Brüderchen	hermanito
Brust	pecho
Buch	libro
Buchstabe; Schrift	letra
Buchstabensuppe	sopa de letras
bügeln	planchar
Büro	oficina
Butter	mantequilla

C	
Café	cafetería
CD	disco compacto
Champagner	champán m.
Charaktereigenschaft	rasgo de carácter
chatten	chatear
Chef(in)	jefe m., jefa
chinesisch; Chinese, Chinesin	chino/a
Christ	cristiano
Cocktail	cóctel m.
Computer	ordenador m.
Cousin	primo
Cousine	prima
Creme	crema
Croissant	croasán m.

D	
dagegen; stattdessen	en cambio
Dame	dama
dämmern	amanecer <-zc->
danke	gracias
danken	agradecer <-zc->
dann; danach	después (de); entonces
dauern	tardar
Debatte	debate m.
deine(r, s)	tu
Dekoration; Einrichtung	decoración f.
Tisch decken	poner la mesa
denken (an)	pensar <e→ie>(en)
Denkmal	monumento
der	el
der, die, das; dass; als	que
der/die/das dort	aquel, aquella
deshalb	por eso
Detektiv(in)	detective m. + f.
deutsch; Deutsche(r)	alemán/a
Deutschland	Alemania
Dezember	diciembre m.
Diamant	diamante m.
Diät	dieta
dick	gordo/a
Dieb	ladrón m.

dienen	*servir <e→i>*
Dienst(leistung); Service	*servicio*
Dienstag	*martes m.*
diese(r, s)	*ese, esa*
diese(r, s) hier	*este, esta*
dieses	*eso*
Digitalkamera	*cámara digital*
direkt	*directo/a*
Direktor(in)	*director/a*
Diskette	*disquete m.*
Diskothek	*discoteca*
Diskussion; Streit	*discusión f.*
diskutieren; streiten	*discutir*
Dokumentarfilm	*documental m.*
Dolmetscher(in)	*intérprete m. + f.*
Domino	*dominó*
Donnerstag	*jueves m.*
Doppelzimmer	*habitación f. doble*
Dorf	*pueblo*
dort	*ahí*
dort	*allí*
Dose	*lata*
drei	*tres*
Dreieck	*triángulo*
dreizehn	*trece*
dritte(r, s)	*tercero/a*
Drogerie	*droguería*
Drucker	*impresora*
du	*tú*
dumm	*tonto/a*
dunkel	*oscuro/a*
dunkelhaarig; braun	*moreno/a*
dünn; schlank	*delgado/a*
durch; über; für; aus	*por; a través de*
Durcheinander	*lío*
durchfallen (Prüfung)	*suspender*
durchführen; realisieren	*realizar*
durchschnittlich; von mittlerer Größe	*mediano/a*
durchsehen	*revisar*
Durst	*sed f.*
Dusche	*ducha*
duschen, sich	*ducharse*

E

echt; königlich	*real*
Ehefrau	*esposa*
Ehegatte; Mann	*marido*
Ei	*huevo*
eifersüchtig	*celoso/a*
eigene(r, s)	*propio/a*
ein anderer, eine andere; noch eine(r, s)	*otro/a*
ein(e)	*un, una*
einfach	*sencillo/a*
einfach; leicht	*fácil*
einfaches Hotel	*hostal m.*
Eingang; Eintrittskarte	*entrada*
eingeboren; einheimisch; Eingeborene(r)	*indígena*
einige; ein paar	*unos, unas*
Einkauf	*compra*
Einkaufsbummel machen	*ir de compras*
Einkaufswagen	*carrito de la compra*
Einkaufszettel	*lista de la compra*
einladen	*invitar*
Einladung	*invitación f.*
eins	*uno/a*
einschlafen	*dormirse <o→ue>*
einschlagen; annageln	*clavar*
Eintrittskarte kaufen	*sacar una entrada*
einverstanden	*de acuerdo*
einverstanden sein	*estar de acuerdo*

Einzelzimmer	*habitación f. individual*
einzigartig	*único/a*
Eis	*helado*
Elefant	*elefante m.*
elegant	*elegante*
Elektriker(in)	*electricista m. + f.*
elf	*once*
elfenbeinfarben	*marfileño/a*
Ellbogen	*codo*
Eltern	*padres m./Mz.*
E-Mail	*correo electrónico; mensaje electrónico*
empfehlen	*recomendar <e→ie>*
Empfehlung	*recomendación f.; sugerencia*
End-; Ende; Schluss	*final m.*
eng	*estrecho/a*
England	*Inglaterra*
englisch; Engländer(in)	*inglés, inglesa*
Enkel	*nieto*
Enkelin	*nieta*
entdecken	*descubrir*
entscheiden	*decidir*
entschuldigen	*disculpar*
entzückend	*precioso/a*
Epoche	*época*
er	*él*
Erbe (kulturelles)	*patrimonio*
Erdbeere	*fresa*
ereignen, sich	*ocurrir; suceder*
erfreut; sehr angenehm	*encantado/a*
Erfrischungsgetränk	*refresco*
Ergebnis	*resultado*
erhalten; empfangen	*recibir*
erinnern, (sich)	*recordar <o→ue>*
erinnern, sich	*acordarse <o→ue>*
Erkältung	*resfriado*
erkennen	*reconocer <zc>*
erklären	*explicar*
erklären; deklarieren	*declarar*
erlangen; erreichen; bekommen	*conseguir <e→i>*
erlauben	*permitir*
ernst	*serio/a*
erraten	*adivinar*
erstaunt	*asombrado/a*
erste(r, s)	*primero/a*
ertragen	*soportar*
ertrinken	*ahogarse*
Erwachsener	*adulto, mayor*
es eilig haben	*estar con prisa*
es kommt drauf an!	*depende*
Esel(in)	*burro/a*
Essen	*comida*
essen (eine kleine Menge)	*picar*
essen; fressen	*comer*
Essig	*vinagre m.*
etwas	*algo*
Euro	*euro*
europäisch; Europäer(in)	*europeo/a*
existieren	*existir*

F

fabelhaft, wunderbar	*fabuloso/a*
Fabrik	*fábrica*
Fahne	*bandera*
fahren mit (+ Verkehrsmittel)	*ir en (...)*
fahren; lenken	*conducir <-zc->*
Fahrrad	*bicicleta (bici)*
Fahrschein; Fahrkarte; Geldschein	*billete m.*
Fall	*caso*
fallen	*caerse*
Familie	*familia*
Familienstand	*estado civil*

fantastisch	fantástico/a	früh	temprano/a
Farbe	color m.	früh aufstehen	madrugar
Fass	barril m.	Frühling	primavera
fast	casi	Frühstück	desayuno
faul	vago/a	frühstücken	desayunar
Feder	pluma	frustriert	frustrado/a
fehlen	faltar	Fuchs	zorro
feiern	celebrar	fühlen, (sich)	sentir(se) <e→ie>
Fenster	ventana	fühlen, sich gut/schlecht fühlen;	estar bien/mal
Fensterscheibe	cristal m.	gut/schlecht gehen	
Fernbedienung	mando a distancia	fünf	cinco
Fernsehen	televisión (tele) f.	fünfzehn	quince
fernsehen	ver la tele(visión)	fünfzig	cincuenta
Fernseher	televisor m.	funktionieren	funcionar
fertig sein (mit etwas)	estar listo	für; nach; (um...zu)	para (+ Infinitiv)
fertig; klug	listo/a	Fuß	pie m.
fest; fix; sicher	fijo/a	Fußball	fútbol m.
Fest; Party	fiesta	Fußball spielen	jugar al fútbol
festnehmen; anhalten	detener	Fußballspiel	partido de fútbol
fett	graso/a		
Feuerzeug	encendedor m.	**G**	
Fieber	fiebre f.	Gabel	tenedor m.
Figur; Persönlichkeit	personaje m.	Gang, Korridor	pasillo
Filet	filete m.	ganz	todo/a
Film	película	Garage	garaje m.
finden	encontrar <o→ue>	Garnele	gamba
Finger	dedo	Garten	jardín m.
Firma; Unternehmen	empresa	Gast	invitado/a
Fisch	pescado	Gebäude	edificio
Fischhandlung	pescadería	geben	dar
Fitnesscenter	gimnasio	geben (es gibt)	haber (hay)
Flamenco (andalusischer Tanz)	flamenco	geboren werden	nacer <zc>
Flasche	botella	Gebrauchtwagen	coche m. de segunda mano
Fleisch	carne f.	Geburtsstadt	ciudad f. natal
Fleischhauerei, Metzgerei	carnicería	Geburtstag	cumpleaños m./Ez.
fleißig	trabajador/a	Geburtstag haben; alt werden	cumplir años
Fliege	mosquito/a	Gedanke	pensamiento
fliegen	ir en avión	Gedicht	poema m.
Floh	pulga	geduldig	paciente
Flöte	flauta	gefährlich	peligroso/a
Flug	vuelo	gefallen	encantar
Flugbegleiter(in)	auxiliar m. + f. de vuelo	Gefallen	favor m.
Fluglinie	compañía aérea	gefallen; mögen; schmecken	gustar
Flugzeug	avión m.	gegenüber (von)	enfrente (de)
Fluss	río	gegrillt	a la plancha
folgen; verfolgen	seguir <e→i>	Geheimnis	secreto
Förderband	cinta transportadora	gehen	andar
Forelle	trucha	gehen (zu Fuß)	caminar
Form	forma	gehen, zu Fuß	ir a pie
formal; formell	formal	gehen/fahren (zu/nach)	ir (a)
Foto	foto f.	Gehör	oído
Fotograf(in)	fotógrafo/a	gehorchen; befolgen	obedecer <zc>
Frage	pregunta	gehören	pertenecer <-zc->
fragen	preguntar	Geige	violín m.
Fragen stellen	hacer preguntas	gelangweilt sein	estar aburrido
Frankfurt	Francfort	gelaunt sein, (gut/schlecht)	estar de buen/mal humor
Frankreich	Francia	gelb	amarillo/a
französisch; Franzose, Französin	francés, francesa	Geld	dinero
Frau	mujer f.	Geldbörse	monedero
Frau (auch als Anrede)	señora	Gelegenheit; Chance	oportunidad f.
Fräulein (auch als Anrede)	señorita	Gemälde; Bild	cuadro
frei	libre	gemeinsam	junto/a
Freitag	viernes m.	Gemüse	verdura
Freude; Vergnügen; Lust	placer m.	Gemüsehandlung	verdulería
Freund(in)	amigo/a	genau	exacto/a
Freund; Bräutigam	novio	generell; allgemein	general
Freundin; Braut	novia	genial; toll	genial
freundlich	amable	Genie	genio
Freundlichkeit	amabilidad f.	genießen	disfrutar de
frisch	fresco/a	geöffnet sein	estar abierto/a
fröhlich, lustig	alegre	Gepäck	equipaje m.
Frucht	fruta	gepflegt	cuidado/a

Gesamtbewertung	valoración f. global
Geschäft	tienda
Geschenk	regalo
geschieden	divorciado/a
Geschlecht	género; sexo
Geschmack	gusto; sabor
Geschwister	hermanos m./Mz.
Gesicht	cara
Gesichtspunkt	aspecto
gesprächig	hablador/a
gestern	ayer
gesund	sano/a
Getränk	bebida
getrennt	separado/a
Gewalt	violencia
Gewehr	fusil m.
Gewicht	peso
gewöhnlich tun	soler <o→ue> hacer
Gewürz	condimento
gießen	regar <e→ie>
Giraffe	jirafa
Gitarre	guitarra
Glas	vaso
glatt	liso/a
glauben	creer
gleich	igual
Glück	suerte f.; felicidad f.
glücklich	feliz
Gold	oro
Golf	golf m.
Gramm	gramo
Grammatik	gramática
Gras	hierba
grau	gris
grenzen an	limitar con
Griechenland	Grecia
griechisch; Grieche, -in	griego/a
Grippe	gripe f.
groß	grande
Großeltern	abuelos m./Mz.
größer; älter	mayor
Großvater, -mutter	abuelo/a
großzügig	generoso/a
grün	verde
Gruppe	grupo
Gruß	saludo
Grüße	recuerdos m./Mz.
grüßen, begrüßen	saludar
gut	bien
gut aussehen	tener buena pinta
gut schmecken	estar rico
gut; schön	bueno/a
guten Morgen/Tag	buenos días

H	
Haar; Fell	pelo
haben	tener
Hafen	puerto
Hahn	gallo
Hähnchen	pollo
halb	medio/a
hallo	hola
halten (für)	considerar
Haltestelle	parada
Hamburg	Hamburgo
Hamburger	hamburguesa
Hamster	hámster m.
Hand	mano f.
Handball	balonmano
handgefertigt	hecho/a a mano
Handtuch	toalla
Handy	móvil m.

Hängematte	hamaca
hart	duro/a
hassen	odiar
hässlich	feo/a
Häufigkeit	frecuencia
Hauptperson	protagonista m. + f.
Hauptstadt	capital f.
Hauptstraße	calle f. mayor
Haus	casa
Hausaufgaben	deberes m./Mz.
Haustier	animal m. doméstico
Hausübung	tarea
Heft	cuaderno
heilen	curar
Heilige Drei Könige	Reyes Magos m./Mz.
heimlich	en secreto
heiraten	casarse
heißen	llamarse
helfen	ayudar
hell	iluminado/a
Hemd	camisa
Henne	gallina
herausnehmen	sacar
Herbst	otoño
Herr (auch als Anrede); Mann	señor m.
herrichten; aufräumen	arreglar
herrje!	ostras
herstellen; hervorrufen	producir <-zc->
hervorragend	excelente
Herz	corazón m.
heute	hoy
heute Nachmittag/Abend	esta tarde
hier	aquí
Hilfe	ayuda
Himmel	cielo
himmelblau	celeste
hin- und herfahren	circular
hineingehen	entrar
hineinstecken	meter(se)
Hinfahrt	ida
hinter	detrás (de)
hinuntergehen	bajar
hinweisen (auf); zeigen	indicar
hinzufügen	añadir
Hirsch, Hirschkuh	ciervo/a
Hirte, Hirtin	pastor/a
hoch; groß	alto/a
Hochschaubahn	montaña rusa
Hochzeit	boda
Hocker	taburete m.
Holz	madera
Honig	miel f.
hören	oír
Horn	cuerno
Horror	terror
Hose	pantalón m.
Hotel	hotel m.
hübsch	bonito/a
hübsch; gut aussehend	guapo/a
Hülsenfrucht	legumbre f.
Hund, Hündin	perro/a
Hunger	hambre f.
Hut	sombrero

I	
ich	yo
ich möchte zahlen	me cobra
Idee	idea
ihn; es	lo
ihr	vosotros/as
im Augenblick	de momento
im Ernst	en serio

im Internet surfen	*navegar en internet*
im Spaß, im Scherz	*en broma*
Imbissstand	*chiringuito*
immer	*siempre*
in letzter Zeit	*últimamente*
in Ordnung!	*vale*
in Urlaub fahren	*ir de vacaciones*
in, an, auf	*en*
in; innerhalb von	*dentro (de)*
indisch; Inder(in)	*indio/a*
Information	*información f.*
informieren	*informar*
Ingenieur(in)	*ingeniero/a*
Inka	*inca m.*
innere(r, s)	*interior*
insgesamt	*en total*
Instrument	*instrumento*
intelligent; klug	*inteligente*
interessant	*interesante*
interessieren	*interesar*
international	*internacional*
Internet	*internet f. oder m.*
Internetcafé	*cibercafé m.*
Interview	*entrevista*
intim	*íntimo/a*
irgendein(e)	*alguno/a*
Irrtum	*error m.*
israelisch; Israeli(n)	*israelí*
ist nicht so schlimm	*no es para tanto*
Italien	*Italia*
Italienisch; Italiener(in)	*italiano/a*

J	
ja	*sí*
Jacke	*chaqueta*
Jagd	*caza*
Jäger	*cazador m.*
Jahr	*año*
Jahreszeit	*estación f. del año*
Jahrhundert	*siglo*
Japan	*Japón*
Japanisch; Japaner(in)	*japonés, japonesa*
Jazz	*jazz m.*
Jeans	*vaqueros Mz.*
jede(r, s)	*cada*
jedermann	*todo el mundo*
jetzt	*ahora*
Joghurt	*yogur m.*
Journalist(in)	*periodista m. + f.*
Jude	*judío*
Juli	*julio*
jung	*joven*
Junge	*muchacho*
Junge, Mädchen	*chico/a*

K	
Kabel	*cable m.*
Kaffee	*café m.*
Käfig	*jaula*
Kalender; Notizbuch	*agenda*
kalt	*frío/a*
kalt sein	*hacer frío ; tener frío*
Kälte	*frío*
Kamel	*camello*
Kamerad(in); Kollege, Kollegin	*compañero/a*
Kamm	*peine m.*
kämmen, sich	*peinarse*
Kanarische Inseln	*Islas Canarias f./Mz.*
Kandidat(in)	*candidato/a*
Kaninchen	*conejo/a*
Kapital	*capital m.*
Karotte	*zanahoria*

Karte, Kreditkarte	*tarjeta*
Karte, Landkarte	*mapa m.*
Kartoffel	*patata*
Käse	*queso*
kassieren	*cobrar*
Kassierin	*cajera*
kastanienbraun; brünett	*castaño/a*
Kathedrale	*catedral f.*
Kater; Katze	*gato/a*
kaufen	*comprar*
keine(r, s)	*ninguno/a*
Kellner(in)	*camarero/a*
kennen; kennen lernen	*conocer <-zc->*
Kerze	*vela*
Kilogramm	*kilo*
Kilometer	*kilómetro*
Kinder	*hijos m/Mz.*
Kino	*cine m.*
Kiosk	*quiosco*
Kirche	*iglesia*
Kirsche	*cereza*
klar; hell	*claro/a*
klassisch	*clásico/a*
Klavier	*piano*
Kleidung	*ropa*
Kleidungsstück; Kleid	*vestido*
klein	*pequeño/a*
kleiner Brauner	*cortado*
kleiner; jünger	*menor*
klingeln	*sonar <o→ue>*
klug sein	*ser listo*
Kneipe; (Steh-)Café; Bar	*bar m.*
Knie	*rodilla*
Knöchel	*tobillo*
Knopf	*botón m.*
Koch, Köchin	*cocinero/a*
Kochbuch	*libro de cocina*
kochen	*cocinar*
Koffer	*maleta*
Kohl	*col m.*
Kokosnuss	*coco*
Kollege; Kamerad	*compañero*
kolossal	*colosal*
Kolumbien	*Colombia*
kommen	*venir*
Kommode	*cómoda*
Kommunikationsmedium	*medio de comunicación*
Konditorei	*pastelería*
Konferenz	*conferencia*
König	*rey*
Königin	*reina*
können	*poder <o→ue>*
kontrollieren	*controlar*
Konzert	*concierto*
Kopf	*cabeza*
Korb	*cesta*
korrigieren	*corregir <e→i>*
köstlich	*delicioso/a*
Kotelett	*chuleta*
krank	*enfermo/a*
Krankenhaus	*hospital m.*
Krankenpfleger; Krankenschwester	*enfermero/a*
Krankheit	*enfermedad f.*
Kräutertee	*infusión f.*
Krawatte	*corbata*
Kreuz	*cruz f.*
Krieg	*guerra*
Kriminalität	*criminalidad f.*
Kriminalroman	*novela policíaca*
kriminell; Kriminelle(r)	*criminal m.*
Kroatien	*Croacia*
Krug	*jarra*

kubanisch; Kubaner(in)	cubano/a
Küche	cocina
Kuchen; Torte	pastel m.; torta
Kugelschreiber	bolígrafo
Kuh	vaca
Kühlschrank	frigorífico; nevera
Kultur	cultura
Kunde	cliente m.
Kunst	arte m. oder f.
Künstler(in)	artista m. + f.
Kunststoff	plástico
Kuriosität; Neugier	curiosidad f.
Kurort; Badeort	balneario
Kurs; Unterricht	curso
kurz	breve; corto/a
kurze Geschichte	historieta
Kuss	beso
küssen	besar
Küste	costa

L

lächeln	sonreír <e→i>
lachen	reír(se) <e→i>
Lachen	risa
Lamm	cordero
Lampe	lámpara
Land	país m.; campo
Landschaft	paisaje m.
lang	largo/a
langsam	lento/a; tardo/a
langweilen, sich	aburrirse
langweilig	aburrido/a
langweilig sein	ser aburrido
langweilige Sache	qué rollo
Lärm	ruido
Lateinamerika	Latinoamérica
lateinamerikanisch; Lateinamerikaner(in)	latinoamericano/a
laufen	correr
Laune	capricho
Leben	vida
Lebenslauf	currículum m. vitae
lebhaft; schlimm	travieso/a
ledig; Junggeselle, -in	soltero/a
leer	vacío/a
leeren	vaciar
Lehrer(in); Professor(in)	profesor/a
leidenschaftlich	apasionado/a
leider	desafortunadamente
leihen, ausleihen; borgen	prestar
Leistung; Wirtschaftlichkeit	eficacia
Lektüre	lectura
lernen	aprender
lernen; studieren	estudiar
lesen	leer
letzte(r, s)	último/a
leuchtend; hell	luminoso/a
Leute	gente f.
Licht	luz f.
lieb	querido/a
lieb; nett	majo/a
Liebe; Liebling	amor m.
Liebhaber(in)	amante m. + f.
Liebling	cariño
Lieblings-	favorito/a
Lied	canción f.
Lift; Aufzug	ascensor m.
Limonade	limonada
links (von)	a la izquierda (de)
Liste	lista
Liter	litro
Lob	loa

lockig	rizado/a
Lokal	local m.
London	Londres
Lösung	solución f.
Löwe, Löwin	león/leona
lügen	mentir <e→ie>
Lust	gana
Lust haben; mögen	apetecer
lustig	divertido/a

M

machen	hacer
Machismo (Männlichkeitskult)	machismo
Mädchen	niña
Magen; Bauch	estómago
magisch	mágico/a
Mai	mayo
Mal	vez f.
mal sehen	a ver
malen	pintar
Maler(in)	pintor/a
manchmal	a veces; de vez en cuando
Mandel	almendra
Mann; Mensch	hombre m.
männlich	masculino/a
Mappe, Schreibmappe	carpeta
Märchen	cuento
Marke	marca
Markt	mercado
Marmelade	mermelada
marrokanisch; Marrokaner(in)	marroquí m. + f.
März	marzo
Marzipan	mazapán m.
Maske	máscara
Match	partido
Mathematik	matemáticas f./Mz.
Maus	ratón m.
Mechaniker(in)	mecánico/a
Medizin	medicina
Meer	mar m. oder f.
Meerschweinchen	cuy m.
mehr	más
mehr – als	más – que
Mehrheit	mayoría
mein(e)	mi
meinen	opinar
Meinung; Ansicht	opinión f.
Melodie	melodía
Menschheit	humanidad f.
Merengue (Tanz)	merengue m.
messen	medir <e→i>
Messer	cuchillo
Meter	metro
Metzgerei	charcutería
mexikanisch; Mexikaner(in)	mexicano/a
mieten	alquilar
Mikrowelle	microonda
Milch	leche f.
Million	millón m.
Mineralwasser	agua mineral
Minute	minuto
mit	con
mit dir	contigo
mit mir	conmigo
Mittag	mediodía m.
Mittagsruhe	siesta
mitteilen, sich	comunicarse
mittelmäßig (Befinden)	regular
Mittwoch	miércoles m.
Möbel	mueble
Möbelstück (Gerümpel)	trasto(s)
Modengeschäft	tienda de modas

modern	*moderno/a*
Möglichkeit	*posibilidad f.*
Monat	*mes m.*
Mond	*luna*
Montag	*lunes m.*
morgen; Morgen	*mañana*
Moskau	*Moscú*
Motorrad	*moto f.*
MP3-Player	*reproductor m. MP3*
müde	*cansado/a*
Müll	*basura*
München	*Múnich*
Mund	*boca*
Münze	*moneda*
Museum	*museo*
Musical	*musical m.*
Musik	*música*
müssen	*tener que (+ Infinitiv)*
Mut; Kopf hoch!	*ánimo*
Mutter	*madre f.; mamá*

N	
nach	*tras*
nach römischer Art	*a la romana*
Nachbar(in)	*vecino/a*
Nachmittag; Abend	*tarde f.*
nachmittags ; abends	*por la tarde*
Nachname	*apellido*
Nachricht, Botschaft	*mensaje m.; noticia*
nächste(r, s); nahe gelegen	*próximo/a*
Nacht	*noche f.*
nachts	*por la noche*
Nagel, kleiner	*clavito*
nahe bei; in der Nähe (von)	*cerca (de)*
nähern, sich	*acercarse*
Name; Vorname	*nombre m.*
Nase	*nariz f.*
Nationalgericht	*plato nacional*
Nationalität	*nacionalidad f.*
natürlich	*natural*
Nebel	*niebla*
neben	*al lado (de)*
Neffe	*sobrino*
negativ	*negativo/a*
nehmen	*coger; tomar*
nein; nicht	*no*
nervös	*nervioso/a*
nette Bescherung	*qué gracia*
Netz; Internet	*red f.*
neu	*nuevo/a*
neugierig	*curioso/a*
neun	*nueve*
nicaraguanisch; Nicaraguaner(in)	*nicaragüense m. + f.*
Nichte	*sobrina*
nichts	*nada*
nie(mals)	*jamás; nunca*
niederlegen, sich; ins Bett gehen	*acostarse <o→ue>*
niedrig; klein	*bajo/a*
niemand	*nadie*
noch einmal	*otra vez*
noch etwas	*algo más*
noch nicht	*todavía no*
nordamerikanisch	*norteamericano/a*
Norden	*norte m.*
Nordosten	*nor(d)este m.*
normal	*normal*
normalerweise	*normalmente*
Norwegen	*Noruega*
norwegisch; Norweger(in)	*noruego/a*
Note; Vermerk	*nota*
Notebook; Laptop	*ordenador portátil m.*
Noten bekommen	*sacar notas*

notieren, aufschreiben	*apuntar*
Notizblock	*bloc m. de notas*
notwendig	*necesario/a*
Null	*cero*
nur	*sólo*
nützlich	*útil*

O	
Objekt	*objeto*
Obst der Saison	*fruta del tiempo*
Obsthandlung	*frutería*
obwohl	*aunque*
offen(herzig) sein	*ser abierto*
offen; offenherzig	*abierto/a*
öffnen	*abrir*
Öffnungszeiten	*horario*
ohne	*sin*
Ohr	*oreja*
Oktober	*octubre m.*
Öl	*aceite m.*
Olive	*aceituna; oliva*
Olivenöl	*aceite m.*
Onkel	*tío*
Oper	*ópera*
optimistisch	*optimista*
orange; Orange	*naranja*
organisieren	*organizar*
Ort	*lugar m.*
Osten	*este m.*
Österreich	*Austria*
österreichisch; Österreicher(in)	*austríaco/a*

P	
Paket	*paquete m.*
Palast	*palacio*
Panoramablick	*vista panorámica*
Papier; Rolle	*papel*
Paprika	*pimiento*
Paprikawurst	*chorizo*
Park	*parque m.*
parken	*aparcar*
Pate	*padrino*
Patin	*madrina*
Pause	*pausa; recreo*
perfekt; vollkommen	*perfecto/a*
Person	*persona*
Personal	*personal m.*
peruanisch; Peruaner(in)	*peruano/a*
pessimistisch	*pesimista*
Pferd	*caballo*
Pfirsich	*melocotón m.*
Pflanze	*planta*
Pflaume	*ciruela*
pflegen, sich	*cuidarse*
Philosophie	*filosofía*
Platz; Stelle	*plaza; sitio*
plaudern; schwatzen	*charlar*
Plüsch	*peluche m.*
Poesie; Gedicht	*poesía*
Politik	*política*
politisch	*político/a*
Polizei	*policía*
polnisch; Pole, Polin	*polaco/a*
Portier	*portero*
Portugal	*Portugal*
portugiesisch; Portugiese, -in	*portugués, portuguesa*
positiv	*positivo/a*
Postamt	*correos m./Mz.*
Postkarte; Ansichtskarte	*postal f.*
praktisch	*práctico/a*
Präsentation	*presentación f.*
Preis	*precio*

Priester, Pfarrer	*cura m.*
Prinzessin	*princesa*
probieren	*probar <o→ue>*
Problem	*problema m.*
Produkt	*producto*
Programm	*programa m.*
programmieren	*programar*
Programmierer(in)	*programador/a*
Promenade; Spaziergang	*paseo*
Prüfung	*examen m.*
Pullover	*jersey m.*
Punkt	*en punto*
Pyramide	*pirámide f.*

Q

Qualität	*calidad f.*

R

Rad; Riesenrad	*noria (gigante)*
Radio	*radio f.*
Radiohörer(in)	*radioyente m. + f.*
rasieren, sich	*afeitarse*
Rätsel	*adivinanza*
Ratte	*rata*
rauchen	*fumar*
Rechnung	*cuenta*
rechts (von)	*a la derecha (de)*
Rechtsanwalt, -anwältin	*abogado/a*
Redner	*orador m.*
Regal	*estantería*
regelmäßig	*regularmente*
Regen	*lluvia*
Regenschirm	*paraguas m.*
regnen	*llover <o→ue>*
reich sein	*ser rico*
reich; lecker	*rico/a*
reichlich	*abundante*
reif	*maduro/a*
Reis	*arroz m.*
Reise	*viaje m.*
Reisebüro	*agencia de viajes*
reisen	*viajar*
Reisepass	*pasaporte m.*
reservieren	*reservar*
Rest	*resto*
Restaurant	*restaurante m.*
Rezeptionist(in)	*recepcionista m. + f.*
rhythmisch	*rítmico/a*
richtig	*correcto/a*
riechen (ich rieche)	*oler (huelo) <o→ue>*
Ring	*anillo*
rings um	*alrededor de*
Rock	*falda*
Rom	*Roma*
Roman	*novela*
romantisch	*romántico/a*
rosa; Rose	*rosa*
rot	*rojo/a*
rothaarig	*pelirrojo/a*
Rotkäppchen	*Caperucita (Roja)*
Rotwein	*vino tinto*
Rückfahrt; Wechselgeld	*vuelta*
Rucksack	*mochila*
rufen; schreien	*exclamar*
ruhig; still	*tranquilo/a*
Rum	*ron m.*
rumänisch; Rumäne, Rumänin	*rumano/a*
russisch; Russe, -in	*ruso/a*
Russland	*Rusia*

S

Sache	*cosa*
Saft, Fruchtsaft	*zumo*
saftig	*jugoso/a*
Saftigkeit	*jugosidad f.*
sagen	*decir <e→i>*
Salat	*ensalada*
Salz	*sal f.*
salzig	*salado/a*
salzig sein	*ser salado*
sammeln	*coleccionar*
Sammlung	*colección f.*
Samstag	*sábado*
Sandale	*sandalia*
Sänger(in)	*cantante m. + f.*
Sardine	*sardina*
Satz	*frase f.*
sauber	*limpio/a*
Sauberkeit	*limpieza*
Schach	*ajedrez m.*
Schachtel; Kassa	*caja*
schade sein	*ser una lástima*
Schaf	*ojeva*
Schallplatte	*disco*
schauen, anschauen; beobachten	*mirar*
Schauspieler	*actor m.*
Schauspielerin	*actriz f.*
scheiden lassen, sich	*divorciarse*
schenken	*regalar*
schicken	*enviar; mandar*
schießen	*disparar*
Schiff	*barco*
Schildkröte	*tortuga*
Schinken	*jamón m.*
Schinken (gekocht)	*jamón m. de york*
Schinken (luftgetrocknet)	*jamón m. serrano*
Schlacht	*batalla*
schlafen	*dormir <o→ue>*
Schlafzimmer	*dormitorio*
Schlange	*serpiente f.*
schlecht	*mal*
schlecht; böse	*malo/a*
schlechter	*peor*
Schlemmer(in); Vielfraß	*comilón/a*
schließen	*cerrar <e→ie>*
schließlich	*por fin*
Schlitz	*ranura*
schlucken	*tragar*
Schlüssel	*llave f.*
Schmerz	*dolor m.*
schmerzen; wehtun	*doler <o→ue>*
schmücken	*adornar*
schmutzig	*sucio/a*
Schnee	*nieve f.*
schneiden; abschneiden	*cortar*
schneien	*nevar <e→ie>*
schnell	*rápido/a; veloz*
Schnelligkeit	*rapidez f.*
Schnurrbart	*bigote m.*
Schokolade	*chocolate m.*
schon	*ya*
schön	*hermoso/a*
schön sein (bzgl. Wetter)	*hacer buen tiempo*
schottisch; Schotte, Schottin	*escocés/a*
Schrank; Kasten	*armario*
Schreck(en)	*susto*
Schrecken, Horror	*horror m.*
schrecklich	*horrible*
schrecklich; riesig	*tremendo/a*
schreiben	*escribir*
Schreibtisch	*escritorio*
Schreibwarengeschäft	*papelería*
schreien	*gritar*
Schriftsteller(in)	*autor/a ; escritor/a*

schüchtern	*tímido/a*
Schuh	*zapato*
Schuhgeschäft	*zapatería*
Schuhputzer(in)	*limpiabotas m. + f.*
Schule	*colegio; escuela*
Schüler(in)	*alumno/a*
Schuss	*tiro*
schützen, beschützen (vor)	*proteger (de)*
schwach	*débil*
Schwager, Schwägerin	*cuñado/a*
Schwanz	*rabo*
schwarz	*negro/a*
schwatzhaft; klatschhaft	*charlatán/a*
Schweden	*Suecia*
schwedisch; Schwede, -in	*sueco/a*
schweigen	*callarse*
Schweiz	*Suiza*
schweizerisch; Schweizer(in)	*suizo/a*
schwer; lästig; mühsam	*pesado/a*
Schwert	*espada*
Schwester	*hermana*
Schwiegereltern	*suegros m./Mz.*
Schwiegersohn	*yerno*
Schwiegertochter	*nuera*
Schwiegervater, -mutter	*suegro/a*
schwierig	*difícil*
Schwimmbad	*piscina*
schwimmen	*nadar*
schwören	*jurar*
Science-Fiction	*ciencia ficción*
See	*lago*
segeln	*practicar la vela*
sehen	*ver*
sehr	*muy*
Seide	*seda*
Seife	*jabón m.*
sein	*ser*
sein; sich befinden	*estar*
seine(r, s)	*su*
seit	*desde*
Seite	*lado*
Sekretär(in)	*secretario/a*
selbst	*mismo*
setzen, sich	*sentarse <e→ie>*
sicher	*seguro/a*
Sicht; Blick	*vista*
sie	*ella*
sie	*ellos/as*
Sie	*usted, ustedes*
sieben	*siete*
Silber	*plata*
singen	*cantar*
Situation	*situación f.*
Sitz(platz)	*asiento*
Ski	*esquí m.*
Ski fahren	*esquiar*
SMS	*mensaje m. corto*
so	*así*
so – wie	*tan – como*
Socke	*calcetín m.*
soeben; frisch	*recién*
Sofa	*sofá m.*
sofort	*en seguida*
sogar	*aún, incluso*
Sohn	*hijo*
sollen, müssen	*deber*
Sommer	*verano*
Sonne	*sol m.*
Sonne scheinen	*hacer sol*
Sonnenbrille	*gafas f./Mz. de sol*
Sonnenschirm	*sombrilla*
Sonntag	*domingo*

Sorgen machen, sich	*preocuparse*
Souvenir	*recuerdo*
so viel – wie	*tanto – como*
Spanien	*España*
spanisch; Spanier(in)	*español/a*
Spaß haben	*divertirse <e→ie>*
spät	*tarde*
spazieren gehen in/durch	*pasear por*
Spaziergang machen	*dar un paseo; dar una vuelta*
Speck	*tocino*
Speicherkarte	*tarjeta de memoria*
spektakulär	*espectacular*
Spiegel	*espejo*
Spiel	*juego*
spielen	*jugar <u→ue>*
spitz	*afilado/a*
spitzen	*afilar*
Spitzer	*sacapuntas m.*
Sport	*deporte m.*
Sportler(in)	*deportista m. + f.*
sportlich	*deportivo/a*
Sprache; Zunge	*idioma m.; lengua*
sprechen	*hablar*
Sprung	*salto*
Stadt	*ciudad f.*
städtisch	*urbano/a*
Stadtviertel	*barrio*
Stammbaum	*árbol m. genealógico*
stark; kräftig	*fuerte*
starten	*despegar*
Statur	*estatura*
stehen	*estar de pie*
stehlen	*robar*
steigen, einsteigen, aufsteigen; hochgehen	*subir*
steigen; hinaufsteigen	*montar*
stellen; legen	*colocar*
stellen; legen; geben	*poner*
sterben	*morir <o→ue>*
Stern	*estrella*
Stiefel	*bota*
Stier	*toro*
Stierkämpfer	*torero*
Stimme	*voz f.*
stören	*molestar*
Strafe; Lehre	*escarmiento*
Strand	*playa*
Straße	*calle f.*
Straßenbahn	*tranvía m.*
Streifen	*franja*
Streit; Kampf	*pelea*
streiten, sich	*pelearse*
Stress	*estrés m.*
stressig	*estresante*
Stroh	*paja*
Stück	*trozo*
Student(in)	*estudiante m + f.*
Stuhl	*silla*
Stunde	*hora*
stürzen auf, sich	*abalanzarse sobre*
suchen	*buscar*
Südafrika	*Suráfrica*
Süden	*sur m.*
südlich	*al sur*
Supermarkt	*supermercado*
Suppe	*sopa*
surfen	*navegar*
süß	*dulce*
Süßigkeit	*dulce m.*
Symbol	*símbolo*
sympathisch	*simpático/a*

T	
Tabak	tabaco
Tabakladen	estanco
Tag	día m.
Tagesablauf	horario
Tagesanbruch; Morgendämmerung	madrugada
Tagesmenü	menú m. del día
täglich	a diario
Tal	valle m.
Tante	tía
Tanz; Ball	baile m.
tanzen	bailar
Tasche	bolso
Taschentuch	pañuelo
Tasse	taza
tausend	mil
Taxi	taxi m.
Taxifahrer(in)	taxista m. + f.
Team; Mannschaft	equipo
Techniker(in)	técnico/a
Teich	estanque m.
Teil	parte f.
teilen	compartir
teilnehmen an	participar en
Telefon	teléfono
telefonieren	hablar por teléfono
Teller; Gericht	plato
Tennis	tenis m.
Teppich	alfombra
Terrasse; Gastgarten	terraza
teuer	caro/a
Teufel	diablo
Text	texto
Theater	teatro
Theaterstück	obra de teatro
Theke	barra
Thema	tema m.
Thunfisch	atún m.
Tiger	tigre m.
Tintenfisch	calamar m.
Tisch	mesa
Tischtennis	ping-pong m.
Toastbrot	tostada
Tochter	hija
Toilette	servicios m./Mz.
toll	formidable
Tomate	tomate m.
Tor schießen	meter un gol
Torte	tarta
töten	matar
Tourist(in)	turista m. + f.
tragen; bringen	llevar
Traubensaft	mosto
träumen von	soñar <o→ue> con
traurig	triste
Treffen	encuentro
treffen, sich; sich befinden	encontrarse <o→ue>
Treppe	escalera
treten; betreten; stampfen	pisar
trinken	beber
trinken (ein Glas)	tomar una copa
Trinkgeld	propina
trocken	seco/a
Trommel	tambor m.
Trompete	trompeta
T-Shirt	camiseta
Tür; Tor	puerta
Türkei	Turquía
türkisch; Türke, -in	turco/a
Turm	torre f.
Turnschuh	zapatilla de deporte
typisch	típico/a

U	
U-Bahn	metro(politano)
U-Bahn-Station	estación f. de metro
üben	practicar
übereinstimmen	concertar <e→ie>
übergeben; überreichen	entregar
überhaupt nicht	en absoluto
überraschen	sorprender
Überraschung	sorpresa
übersetzen	traducir <-zc->
Übersetzung	traducción f.
übertrieben	exagerado/a
überzeugt	convencido/a
übrige(r, s)	demás
Übung	ejercicio
Uhr	reloj m.
um 8 Uhr	a las ocho
um wie viel Uhr?	a qué hora
Umarmung	abrazo
umgekehrt	al revés
Umweltverschmutzung	contaminación f.
unbequem	incómodo/a
und	y; e (nur vor (h)i)
unermesslich	inmenso/a
Unfall	accidente m.
ungarisch; Ungar(in)	húngaro/a
ungezogen	travieso/a
unglaublich	increíble
Universitätsstadt	ciudad f. universitaria
Unordnung; Durcheinander	desorden m.
unregelmäßig	irregular
unser(e)	nuestro/a
unsympathisch	antipático/a
unter	debajo (de)
unterhaltsam	entretenido/a
Unternehmen; Geschäft; Einrichtung	establecimiento
Unterricht; Klasse	clase f.
Unterrichtsfach	asignatura
Unterschied	diferencia
unterschreiben	firmar
ununterbrochen; ständig	continuamente
Urgroßmutter, -vater	bisabuelo/a
Urlaub fahren	ir de vacaciones
Urlaub; Ferien	vacaciones f./Mz.
Ursprung	origen m.
uruguayisch; Uruguayer(in)	uruguayo/a
Urwald	selva

V	
Vanille	vainilla
Vater	padre m.; papá
Verabredung	cita
verabschieden, sich	despedirse <e→i>
veraltet; altmodisch	anticuado/a
verbessern (sich)	mejorar
verbesserungswürdig	mejorable
verdienen; gewinnen	ganar
verdiente Strafe	merecido
vergessen	olvidar
Vergleich	comparación f.
vergleichen	comparar
Verhältnis	relación f.
verheiratet	casado/a
verhindern	impedir <e→i>
Verkauf	venta
verkaufen	vender
Verkäufer(in)	vendedor/a
Verkäuferin	dependienta
Verkehrsstau	atasco
verlangen	exigir
verlieben in, sich	enamorarse de

verliebt	enamorado/a
verlieren; versäumen	perder <e→ie>
Vernunft; Grund	razón f.
vernünftig	razonable
verringern; senken	reducir <-zc->
verrückt	loco/a
Verrückter	loco
Verrücktheit	locura
versalzen sein	estar salado
Versammlung; Sitzung	reunión f.
Versammlungsraum	salón m. de actos
verschieden; anders	diferente
verschlechtern, sich	empeorar
verschwenderisch	gastador/a
Verspätung	retraso
Versteck	escondite m.
verstecken, sich	esconderse
verstehen	entender <e→ie>; comprender
verstorben; tot	muerto/a
versuchen	intentar
verteilen; austeilen	repartir
verwenden; gebrauchen	usar; utilizar
verzeichnen	registrar
verzeihen	perdonar
Video; Videorekorder	vídeo
Videospiel	videojuego
viel; sehr	mucho/a
Vielfalt	variedad f.
vielleicht	quizá(s)
vier	cuatro
Viertel; Zimmer	cuarto
vierzig	cuarenta
Vogel	pájaro
voll	lleno/a
vollständig; komplett	completo/a
von – bis	de – a; desde – hasta
von wem?	de quién
von, aus	de
vor	antes (de); delante (de)
vorbeigehen, -fahren; passieren; verbringen	pasar
vorbereiten, sich	prepararse
vorbereiten; zubereiten	preparar
Vorliebe; Hobby	afición f.
vorstellen, sich	imaginarse
Vorstellungsgespräch	entrevista laboral
vorziehen	preferir <e→ie>
Vulkan	volcán m.

W

wachsen	crecer <-zc->
Wagen; Fuhrwerk	carro
wählen; sich entscheiden für	elegir <e→i>; optar por
während	durante; mientras
Wahrheit	verdad f.
Waisenkind	huérfano/a
Wald	bosque m.
Walnuss	nuez f.
Wand	pared f.
wann?	cuándo
Wappen	escudo
warm/heiß sein	hacer calor
warm; heiß	caliente
Wärme; Hitze	calor m.
warten; hoffen	esperar
warum?	por qué
was? welche(r, s)?	qué
waschen, sich	lavarse
Waschmaschine	lavadora
Wasser	agua f. (aber: el agua)
Webseite	página web
wechseln	cambiar

Wecker	despertador m.
Weg	camino
weg-, fortgehen	irse; marcharse
weich; sanft	suave
Weihnachtsmarkt	mercadillo de Navidad
weil	porque
Wein	vino
weinen	llorar
Weintraube	uva
weiß	blanco/a
weit (entfernt)	lejos
Weizen	trigo
Weizenfeld	trigal m.
welche(r, s)?	cuál, cuáles
Welt	mundo
wenig	poco/a
weniger – als	menos – que
wenn; ob	si
Wer spricht?	de parte de quién
wer?	quién(es)
Werk	obra
Werktag	día m. laboral
Westen	oeste m.
wichtig	importante
wichtig sein	importar
Wichtigkeit	importancia
wie geht's?	qué tal
wie viel?	cuánto
wie?	cómo
wiederbeschreibbar	regrabable
wiederholen	repetir <e→i>
Wien	Viena
willkommen!	bienvenido/a
Wimper	pestaña
Winter	invierno
winzig	chiquitito/a
wir	nosotros/as
Wirtschaft	economía
Wissen	conocimiento
wissen; können	saber
Witwe(r); verwitwet	viudo/a
Witz	chiste m.
witzig; komisch	gracioso/a
wo?	dónde
Woche	semana
Wochenende	fin m. de semana
woher?	de dónde
wohin?	adónde
wohnen; leben	vivir
Wohngemeinschaft	piso compartido
Wohnort	domicilio
Wohnung; Stock(werk)	piso
Wohnzimmer	sala de estar; salón m.
Wolf, Wölfin	lobo/a
Wolke	nube f.
wollen; mögen; lieben	querer <e→ie>
Wort	palabra
Wörterbuch	diccionario
Wortschatz	vocabulario
wozu?	para qué
wunderbar; super	maravilloso/a; estupendo/a
wütend	furioso/a

Z

Zahl; Nummer	número
zahlen	pagar
zählen; erzählen	contar <o→ue>
Zahn	diente m.
Zahnarzt, -ärztin	dentista m + f.
zehn	diez
zehn Jahre alt sein	tener 10 años
Zeichnung	dibujo

zeigen	*enseñar; mostrar <o→ue>*	Zuckermelone	*melón m.*
Zeit; Wetter	*tiempo*	zudecken	*cubrir*
Zeitschrift	*revista*	zufriedenstellen	*satisfacer*
Zeitung	*periódico*	zufrieden; fröhlich	*contento/a*
Zeitwort	*verbo*	Zug	*tren m.*
zentral gelegen	*céntrico*	zuhören	*escuchar*
Zentrum	*centro*	zur Verfügung stellen	*poner a disposición f.*
Zeugnis; Zertifikat	*certificado*	Zürich	*Zurich*
Ziege	*cabra*	zurückgeben	*devolver <o→ue>*
ziemlich	*bastante*	Zusammenfassung	*resumen m.*
Zigarette	*cigarrillo*	zusammensetzen aus	*componer por*
Zigarre	*puro; cigarro*	Zutat	*ingrediente m.*
Zimmer	*habitación f.*	zuvorkommend	*servicial*
Zitrone	*limón m.*	zwanzig	*veinte*
Zoo	*zoo*	zwei	*dos*
zu (viel)	*demasiado*	zweite(r, s)	*segundo/a*
zu Abend essen	*cenar*	Zwieback; Biskuit	*bizcocho*
zu Besuch	*de visita*	Zwiebel	*cebolla*
zu Fuß	*a pie*	zwischen	*entre*
Zubehör	*accesorio*	zwölf	*doce*
Zucker	*azúcar m.*		

A

a	an, auf, in, um, zu, nach
a diario	täglich
a la derecha (de)	rechts (von)
a la izquierda (de)	links (von)
a la plancha	gegrillt
a la romana	nach römischer Art
a las ocho	um 8 Uhr
a pie	zu Fuß
a qué hora	um wie viel Uhr?
a través de	durch; über
a veces	manchmal
a ver	mal sehen
abalanzarse sobre	sich stürzen auf
abierto/a	offen; offenherzig
abogado/a	Rechtsanwalt, -anwältin
abrazo	Umarmung
abril m.	April
abrir	öffnen
abuelo/a	Großvater, -mutter
abuelos m./Mz.	Großeltern
abundante	reichlich
aburrido/a	langweilig
aburrirse	sich langweilen
accesorio	Zubehör
accidente m.	Unfall
aceite m.	Öl
aceite m.	Olivenöl
aceituna	Olive
acercarse	sich nähern
acompañar	begleiten
acordarse <o→ue>	erinnern, sich
acostarse <o→ue>	sich niederlegen, ins Bett gehen
actividad f.	Aktivität
activo/a	aktiv
actor m.	Schauspieler
actriz f.	Schauspielerin
actuación f.	Aufführung
adelgazar	abnehmen
además	außerdem
adicto/a	abhängig
adiós	auf Wiedersehen
adivinanza	Rätsel
adivinar	erraten
adónde	wohin?
adornar	schmücken
adulto	Erwachsener
afeitarse	sich rasieren
afición f.	Vorliebe; Hobby
afilado/a	spitz
afilar	spitzen
agencia de viajes	Reisebüro
agenda	Kalender; Notizbuch
agente m. + f.	Agent(in)
agosto m.	August
agradecer <-zc->	danken
agua f. (aber: el agua)	Wasser
agua mineral	Mineralwasser
águila f. (aber: el águila)	Adler
ahí	dort
ahogarse	ertrinken
ahora	jetzt
ajedrez m.	Schach
al final	am Ende
al lado (de)	neben
al revés	umgekehrt
al sur	südlich
albaricoque m.	Aprikose, Marille
alcohol m.	Alkohol
alegre	fröhlich, lustig

alemán/a	deutsch; Deutsche(r)
Alemania	Deutschland
alérgico/a	allergisch
alfombra	Teppich
algo	etwas
algo más	noch etwas
algodón m.	Baumwolle
alguno/a	irgendein(e)
allí	dort
almendra	Mandel
alquilar	mieten
alrededor de	rings um
alto/a	hoch; groß
alumno/a	Schüler(in)
amabilidad f.	Freundlichkeit
amable	freundlich
amanecer <-zc->	dämmern
amante m. + f.	Liebhaber(in)
amarillo/a	gelb
ambiente m.	Atmosphäre; Stimmung
americano/a	amerikanisch; Amerikaner(in)
amigo/a	Freund(in)
amor m.	Liebe; Liebling
amplio/a	breit, weit, groß
añadir	hinzufügen
ancho/a	breit; weit
andar	gehen
anillo	Ring
animal m. doméstico	Haustier
ánimo	Mut; Kopf hoch!
año	Jahr
antes (de)	vor
anticuado/a	veraltet; altmodisch
antiguo/a	alt
antipático/a	unsympathisch
apagar	abschalten
aparcar	parken
apartamento	Appartement
apasionado/a	leidenschaftlich
apellido	Nachname
aperitivo	Aperitif, Appetithappen
apetecer	Lust haben; mögen
aprender	lernen
aprobar <o→ue>	bestehen (Prüfung)
apuntar	notieren, aufschreiben
aquel, aquella	der/die/das dort
aquí	hier
árabe m. + f.	Araber(in)
árbol m.	Baum
árbol m. genealógico	Stammbaum
Argentina	Argentinien
argentino/a	argentinisch; Argentinier(in)
armario	Schrank; Kasten
arquitecto/a	Architekt(in)
arquitectura	Architektur
arrancar	anspringen (Motor)
arreglar	herrichten; aufräumen
arrepentirse <e→ie>	bereuen
arroz m.	Reis
arte m. oder f.	Kunst
artículo	Artikel
artista m. + f.	Künstler(in)
ascensor m.	Lift; Aufzug
así	so
asiático/a	asiatisch; Asiat(in)
asiento	Sitz(platz)
asignatura	Unterrichtsfach
asombrado/a	erstaunt
aspecto	Gesichtspunkt
aspirina	Aspirin

atasco	Verkehrsstau
atención f.	Aufmerksamkeit
atender <e→ie>	betreuen
atún m.	Thunfisch
aún	sogar
aunque	obwohl
australiano/a	australisch; Australier(in)
Austria	Österreich
austríaco/a	österreichisch; Österreicher(in)
autobús m.	Autobus
autógrafo	Autogramm
automóvil m.	Auto
autor/a	Schriftsteller(in)
auxiliar m. + f. de vuelo	Flugbegleiter(in)
avatar	Avatar
AVE (= Alta Velocidad Española) m.	span. Hochgeschwindigkeitszug (entspricht dem ICE)
avión m.	Flugzeug
avisar	Bescheid sagen
ay	ach!
ayer	gestern
aymara m.	Aymara
ayuda	Hilfe
ayudar	helfen
azúcar m.	Zucker
azul	blau

B	
bádminton m.	Badminton
bailar	tanzen
baile m.	Tanz; Ball
bajar	hinuntergehen
bajo/a	niedrig; klein
balcón m.	Balkon
balneario	Kurort; Badeort
baloncesto	Basketball
balonmano	Handball
bañarse	(sich) baden
banco	(Sitz-)Bank; Bank
bandera	Fahne
baño	Bad
bar m.	Kneipe; (Steh-)Café; Bar
barato/a	billig
barba	Bart
barco	Schiff
barra	Theke
barril m.	Fass
barrio	(Stadt-)Viertel
bastante	ziemlich
basura	Müll
batalla	Schlacht
beber	trinken
bebida	Getränk
belga m.+ f.	belgisch; Belgier(in)
Bélgica	Belgien
Berlín	Berlin
Berna	Bern
besar	küssen
beso	Kuss
biblioteca	Bibliothek
bibliotecario/a	Bibliothekar(in)
bicicleta (bici)	Fahrrad
bien	gut
bienvenido/a	willkommen!
bigote m.	Schnurrbart
billete m.	Fahrschein; Fahrkarte; Geldschein
bisabuelo/a	Urgroßmutter, -vater
bizcocho	Zwieback; Biskuit
blanco/a	weiß
bloc m. de notas	Notizblock
blusa	Bluse
boca	Mund

bocadillo	belegtes Brötchen
boda	Hochzeit
bolígrafo	Kugelschreiber
bolso	Tasche
bonito/a	hübsch
bosque m.	Wald
bota	Stiefel
botella	Flasche
botón m.	Knopf
Brandeburgo	Brandenburg
brasileño/a	brasilianisch; Brasilianer(in)
brazo	Arm
breve	kurz
bueno/a	gut; schön
buenos días	guten Morgen/Tag
burro/a	Esel(in)
buscar	suchen
buzón m.	Briefkasten

C	
caballo	Pferd
cabeza	Kopf
cable m.	Kabel
cabra	Ziege
cada	jeder(e, s)
caerse	fallen
café m.	Kaffee
cafetería	Café
caja	Schachtel; Kassa
cajera	Kassierin
calamar m.	Tintenfisch
calcetín m.	Socke
calidad f.	Qualität
caliente	warm; heiß
callarse	schweigen
calle f.	Straße
calle f. mayor	Hauptstraße
calor m.	Wärme; Hitze
cama	Bett
cámara digital	Digitalkamera
camarero/a	Kellner(in)
cambiar	wechseln
camello	Kamel
caminar	(zu Fuß) gehen
camino	Weg
camisa	Hemd
camiseta	T-Shirt
campesino	Bauer
campo	Land
caña	kleines Bier
canción f.	Lied
candidato/a	Kandidat(in)
cansado/a	müde
cantante m. + f.	Sänger(in)
cantar	singen
Caperucita (Roja)	Rotkäppchen
capital f.	Hauptstadt
capital m.	Kapital
capricho	Laune
cara	Gesicht
caramelo	Bonbon
cargar	beladen
cariño	Liebling
carne f.	Fleisch
carnicería	Fleischhauerei, Metzgerei
caro/a	teuer
carpeta	(Schreib)mappe
carrito de la compra	Einkaufswagen
carro	Wagen; Fuhrwerk
carta	Brief
cartero	Briefträger
casa	Haus

casado/a	verheiratet	col m.	Kohl
casarse	heiraten	colección f.	Sammlung
casi	fast	coleccionar	sammeln
caso	Fall	colegio	Schule
castaño/a	kastanienbraun; brünett	colocar	stellen; legen
catedral f.	Kathedrale	Colombia	Kolumbien
caza	Jagd	color m.	Farbe
cazador m.	Jäger	colosal	kolossal
CD regrabable	wiederbeschreibbare CD	comer	essen; fressen
cebolla	Zwiebel	cometer	begehen; verüben
celebrar	feiern	comida	Essen
celeste	himmelblau	comilón/a	Schlemmer(in); Vielfraß
celoso/a	eifersüchtig	cómo	wie?
cena	Abendessen	cómoda	Kommode
cenar	zu Abend essen	cómodo/a	bequem
cenicero	Aschenbecher	compañero	Kollege; Kamerad
céntrico	zentral gelegen	compañero/a	Kamerad(in); Kollege, Kollegin
centro	Zentrum	compañía aérea	Fluglinie
cerca (de)	nahe bei; in der Nähe (von)	comparación f.	Vergleich
cereza	Kirsche	comparar	vergleichen
cero	Null	compartir	teilen
cerrar <e→ie>	schließen	completo/a	vollständig; komplett
certificado	Zeugnis; Zertifikat	componer por	zusammensetzen aus
cerveza	Bier	compra	Einkauf
cesta	Korb	comprar	kaufen
champán m.	Champagner	comprender	verstehen
chaqueta	Jacke	comunicarse	mitteilen, sich
charcutería	Metzgerei	con	mit
charlar	plaudern; schwatzen	concertar <e→ie>	übereinstimmen
charlatán/a	schwatzhaft; klatschhaft	concierto	Konzert
chatear	chatten	condimento	Gewürz
chico/a	Junge, Mädchen	conducir <-zc->	fahren; lenken
chino/a	chinesisch; Chinese, Chinesin	conejo/a	Kaninchen
chiquitito/a	winzig	conferencia	Konferenz
chiringuito	Imbissstand	conmigo	mit mir
chiste m.	Witz	conocer <-zc->	kennen; kennenlernen
chocolate m.	Schokolade	conocido/a	bekannt
chorizo	Paprikawurst	conocimiento	Wissen
chuleta	Kotelett	conseguir <e→i>	erlangen; erreichen; bekommen
churro	frittiertes Spritzgebäck	considerar	halten (für)
cibercafé m.	Internetcafé	contaminación f.	Umweltverschmutzung
cielo	Himmel	contar <o→ue>	zählen; erzählen
ciencia ficción	Science-Fiction	contento/a	zufrieden; fröhlich
ciervo/a	Hirsch, Hirschkuh	contestar	antworten
cigarrillo	Zigarette	contigo	mit dir
cigarro	Zigarre	continuamente	ununterbrochen; ständig
cinco	fünf	controlar	kontrollieren
cincuenta	fünfzig	convencido/a	überzeugt
cine m.	Kino	corazón m.	Herz
cinta transportadora	Förderband	corbata	Krawatte
circular	hin- und herfahren	cordero	Lamm
ciruela	Pflaume	correcto/a	richtig
cita	Verabredung	corregir <e→i>	korrigieren
ciudad f.	Stadt	correo electrónico	E-Mail
ciudad f. natal	Geburtsstadt	correos m./Mz.	Postamt
ciudad f. universitaria	Universitätsstadt	correr	laufen
claro/a	klar; hell	cortado	kleiner Brauner
clase f.	Unterricht; Klasse	cortar	schneiden; abschneiden
clásico/a	klassisch	corto/a	kurz
clavar	einschlagen; annageln	cosa	Sache
clavito	Nagel, kleiner	costa	Küste
cliente m.	Kunde	cotidiano/a	alltäglich
cobrar	kassieren	crecer <zc>	wachsen
coche m.	Auto	creer	glauben
coche m. de segunda mano	Gebrauchtwagen	crema	Creme
cocina	Küche	criminal m.	kriminell; Kriminelle(r)
cocinar	kochen	criminalidad f.	Kriminalität
cocinero/a	Koch, Köchin	cristal m.	Fensterscheibe
coco	Kokosnuss	cristiano	Christ
cóctel m.	Cocktail	Croacia	Kroatien
codo	Ellbogen	croasán m.	Croissant
coger	nehmen	cruz f.	Kreuz

cuaderno	Heft
cuadro	Gemälde; Bild
cuál, cuáles	welche(r, s)?
cuándo	wann?
cuánto	wie viel?
cuarenta	vierzig
cuarto	Viertel; Zimmer
cuarto de baño	Badezimmer
cuarto de estudio	Arbeitszimmer
cuatro	vier
cubano/a	kubanisch; Kubaner(in)
cubrir	zudecken
cuchillo	Messer
cuenta	Rechnung
cuento	Märchen
cuerno	Horn
cuidado/a	gepflegt
cuidarse	sich pflegen
cultivar	anbauen; züchten
cultura	Kultur
cumpleaños m./Ez.	Geburtstag
cumplir años	Geburtstag haben; alt werden
cuñado/a	Schwager, Schwägerin
cura m.	Priester, Pfarrer
curar	heilen
curiosidad f.	Kuriosität; Neugier
curioso/a	neugierig
currículum m. vitae	Lebenslauf
curso	Kurs;Unterricht
cuy m.	Meerschweinchen

D

dama	Dame
damasquinado	Goldeinlegearbeit (typ. Souvenir aus Toledo)
dar	geben
dar un paseo; dar una vuelta	einen Spaziergang machen
darse cuenta de algo	etwas bemerken
de	von, aus
de – a	von – bis
de acuerdo	einverstanden
de día	bei Tag
de dónde	woher?
de memoria	auswendig
de momento	im Augenblick
de noche	bei Nacht
de parte de quién	Wer spricht?
de pronto	auf einmal
de quién	von wem?
de vez en cuando	manchmal
de visita	zu Besuch
debajo (de)	unter
debate m.	Debatte
deber	sollen, müssen
deberes m./Mz.	Hausaufgaben
débil	schwach
decidir	entscheiden
decir <e→i>	sagen
declarar	erklären; deklarieren
decoración f.	Dekoration; Einrichtung
dedo	Finger
dejar	borgen; lassen
delante (de)	vor
delgado/a	dünn; schlank
delicioso/a	köstlich
demás	übrige(r, s)
demasiado	zu (viel)
denominar	benennen
dentista m + f.	Zahnarzt, -ärztin
dentro (de)	in; innerhalb von
depende	es kommt drauf an!
dependienta	Verkäuferin

deporte m.	Sport
deportista m. + f.	Sportler(in)
deportivo/a	sportlich
desafortunadamente	leider
desayunar	frühstücken
desayuno	Frühstück
descansar	sich ausruhen
describir	beschreiben
descripción f.	Beschreibung
descubrir	entdecken
desde	seit
desde – hasta	von – bis
desempeñar	ausüben; spielen
deshacer	auspacken (zB Koffer)
desorden m.	Unordnung; Durcheinander
despedida	Abschied
despedirse <e→i>	sich verabschieden
despegar	starten
despertador m.	Wecker
despertar <e→ie>	aufwecken
despertarse <e→ie>	aufwachen
después (de)	dann; danach
detective m. + f.	Detektiv(in)
detener	festnehmen; anhalten
detrás (de)	hinter
devolver <o→ue>	zurückgeben
día m.	Tag
día m. laboral	Werktag
diablo	Teufel
diamante m.	Diamant
dibujo	Zeichnung
diccionario	Wörterbuch
diciembre m.	Dezember
diente m.	Zahn
dieta	Diät
diez	zehn
diferencia	Unterschied
diferente	verschieden; anders
difícil	schwierig
dinero	Geld
dirección f.	Adresse
directo/a	direkt
director/a	Direktor(in)
disco	Schallplatte
disco compacto	CD
discoteca	Diskothek
disculpar	entschuldigen
discusión f.	Diskussion; Streit
discutir	diskutieren; streiten
disfrutar de	genießen
disparar	schießen
disquete m.	Diskette
divertido/a	lustig
divertirse <e→ie>	Spaß haben
divorciado/a	geschieden
divorciarse	sich scheiden lassen
doce	zwölf
documental m.	Dokumentarfilm
doler <o→ue>	schmerzen; wehtun
dolor m.	Schmerz
domicilio	Wohnort
domingo	Sonntag
dominó	Domino
dónde	wo?
dormir <o→ue>	schlafen
dormirse <o→ue>	einschlafen
dormitorio	Schlafzimmer
dos	zwei
dotado/a	begabt
droguería	Drogerie
ducha	Dusche
ducharse	sich duschen

dulce	süß	error m.	Irrtum
dulce m.	Süßigkeit	escalera	Treppe
durante	während	escarmiento	Strafe; Lehre
duro/a	hart	escocés/a	schottisch; Schotte, Schottin
		esconderse	sich verstecken

E

e (nur vor (h)i)	und	escondite m.	Versteck
economía	Wirtschaft	escribir	schreiben
edad f.	Alter	escritor/a	Schriftsteller(in)
edificio	Gebäude	escritorio	Schreibtisch
eficacia	Leistung; Wirtschaftlichkeit	escuchar	zuhören
egipcio/a	ägyptisch; Ägypter(in)	escudo	Wappen
Egipto	Ägypten	escuela	Schule
ejemplo	Beispiel	ese, esa	diese(r, s)
ejercicio	Übung	eso	dieses
el	der	espada	Schwert
él	er	España	Spanien
electricista m. + f.	Elektriker(in)	español/a	spanisch; Spanier(in)
elefante m.	Elefant	espectacular	spektakulär
elegante	elegant	espejo	Spiegel
elegir <e→i>	wählen	esperar	warten; hoffen
eliminar	beseitigen; löschen	esposa	Ehefrau
ella	sie	esquí m.	Ski
ellos/as	sie	esquiar	Ski fahren
empeorar	verschlechtern, sich	esta tarde	heute Nachmittag/Abend
empezar <e→ie>	beginnen; anfangen	establecimiento	Unternehmen; Geschäft; Einrichtung
empleado/a	Angestellte(r)		
empresa	Firma; Unternehmen	estación f. de metro	U-Bahn-Station
en	in, an, auf	estación f. de trenes	Bahnhof
en absoluto	überhaupt nicht	estación f. del año	Jahreszeit
en broma	im Spaß, im Scherz	estado civil	Familienstand
en cambio	dagegen; stattdessen	estadounidense	amerikanisch; Amerikaner(in)
en efectivo	bar	estancia	Aufenthalt
en punto	Punkt	estanco	Tabakladen
en secreto	heimlich	estanque m.	Teich
en seguida	sofort	estantería	Regal
en serio	im Ernst	estar	sein; sich befinden
en total	insgesamt	estar abierto	geöffnet sein
enamorado/a	verliebt	estar aburrido	gelangweilt sein
enamorarse de	sich verlieben in	estar bien/mal	sich gut/schlecht fühlen; gut/ schlecht gehen
encantado/a	erfreut; sehr angenehm		
encantar	gefallen	estar con prisa	es eilig haben
encendedor m.	Feuerzeug	estar de acuerdo	einverstanden sein
encender <e→ie>	anzünden; einschalten	estar de buen/mal humor	gut/schlecht gelaunt sein
encima (de)	auf; über	estar de pie	stehen
encontrar <o→ue>	finden	estar listo	(mit etwas) fertig sein
encontrarse <o→ue>	sich treffen; sich befinden	estar rico	gut schmecken
encuentro	Treffen	estar salado	versalzen sein
enfadado/a	böse	estatura	Statur
enfermedad f.	Krankheit	este m.	Osten
enfermero/a	Krankenpfleger; Kranken-schwester	este, esta	diese(r, s) hier
enfermo/a	krank	estómago	Magen; Bauch
enfrente (de)	gegenüber (von)	estrecho/a	eng
engañar	betrügen	estrella	Stern
enojado/a	böse; verärgert	estrés m.	Stress
ensalada	Salat	estresante	stressig
ensaladilla rusa	Kartoffelsalat mit Gemüse und Majonäse	estropear	beschädigen; kaputt machen
		estudiante m + f.	Student(in)
enseñar	zeigen	estudiar	lernen; studieren
entender <e→ie>	verstehen	estupendo/a	wunderbar; super
entonces	dann	euro	Euro
entrada	Eingang; Eintrittskarte	europeo/a	europäisch; Europäer(in)
entrar	betreten	exacto/a	genau
entre	zwischen	exagerado/a	übertrieben
entregar	übergeben; überreichen	examen m.	Prüfung
entretenido/a	unterhaltsam	excelente	hervorragend
entrevista	Interview	exclamar	rufen; schreien
entrevista laboral	Vorstellungsgespräch	excursión f.	Ausflug
enviar	schicken	exigir	verlangen
época	Epoche	existir	existieren
equipaje m.	Gepäck	explicar	erklären
equipo	Team; Mannschaft	exposición f.	Ausstellung
		exterior	äußere(r, s)

extranjero/a	Ausländer(in)

F	
fábrica	Fabrik
fabuloso/a	fabelhaft, wunderbar
fácil	einfach; leicht
falda	Rock
faltar	fehlen
familia	Familie
famoso/a	berühmt
fantástico/a	fantastisch
farmacia	Apotheke
fastidiar	ärgern
favor m.	Gefallen
favorito/a	Lieblings-
felicidad f.	Glück;
feliz	glücklich
fenomenal	außergewöhnlich
feo/a	hässlich
fiebre f.	Fieber
fiesta	Fest; Party
fijo	fest; fix; sicher
filete m.	Filet
filosofía	Philosophie
fin m. de semana	Wochenende
final m.	End-; Ende; Schluss
firmar	unterschreiben
flamenco	Flamenco (andalusischer Tanz)
flauta	Flöte
flor f.	Blume
florero	Blumenvase
floristería	Blumengeschäft
fondo	Boden; Grund
forma	Form
formal	formal; formell
formar	bilden
formidable	toll
foto f.	Foto
fotógrafo/a	Fotograf(in)
francés, francesa	französisch; Franzose, Französin
Francfort	Frankfurt
Francia	Frankreich
franja	Streifen
frase f.	Satz
frecuencia	Häufigkeit
fregar <e→ie>	abwaschen; spülen
fresa	Erdbeere
fresco/a	frisch
frigorífico	Kühlschrank
frío	Kälte
frío/a	kalt
frustrado/a	frustriert
fruta	Frucht
fruta del tiempo	Obst der Saison
frutería	Obsthandlung
fuera de	außerhalb
fuerte	stark; kräftig
fumar	rauchen
funcionar	funktionieren
furioso/a	wütend
fusil m.	Gewehr
fútbol m.	Fußball

G	
gafas f./Mz.	Brille
gafas f./Mz. de sol	Sonnenbrille
gallina	Henne
gallo	Hahn
gamba	Garnele
gana	Lust
ganar	verdienen; gewinnen
garaje m.	Garage

gasolina	Benzin
gastador/a	verschwenderisch
gato/a	Kater; Katze
general	generell; allgemein
género	Geschlecht
generoso/a	großzügig
genial	genial; toll
genio	Genie
gente f.	Leute
gimnasio	Fitnesscenter
girar	abbiegen
golf m.	Golf
gordo/a	dick
grabar	aufnehmen
gracias	danke
gracioso/a	witzig; komisch
gramática	Grammatik
gramo	Gramm
grande	groß
granja	Bauernhof
graso/a	fett
Grecia	Griechenland
griego/a	griechisch; Grieche, -in
gripe f.	Grippe
gris	grau
gritar	schreien
grupo	Gruppe
guapo/a	gut aussehend; hübsch
guardar	aufbewahren; verwahren
guerra	Krieg
guitarra	Gitarre
gustar	gefallen; mögen; schmecken
gusto	Geschmack

H	
haber (hay)	geben (es gibt)
habitación f.	Zimmer
habitación f. doble	Doppelzimmer
habitación f. individual	Einzelzimmer
hablador/a	gesprächig
hablar	sprechen
hablar por teléfono	telefonieren
hacer	machen
hacer buen tiempo	schön sein (bzgl. Wetter)
hacer calor	warm/heiß sein
hacer frío	kalt sein
hacer preguntas	Fragen stellen
hacer sol	Sonne scheinen
hamaca	Hängematte
hambre f.	Hunger
Hamburgo	Hamburg
hamburguesa	Hamburger
hámster m.	Hamster
hasta	bis
hecho/a a mano	handgefertigt
helado	Eis
hermana	Schwester
hermanito	Brüderchen
hermano	Bruder
hermanos m./Mz.	Geschwister
hermoso/a	schön
hierba	Gras
hija	Tochter
hijo	Sohn
hijos m/Mz.	Kinder
historieta	kurze Geschichte
hoja	Blatt; Übungszettel
hola	hallo
hombre m.	Mann; Mensch
hora	Stunde
horario	Tagesablauf; Öffnungszeiten
horrible	schrecklich

horror m.	Schrecken, Horror	jamón m.	Schinken
hospital m.	Krankenhaus	jamón m. de bellota	Bellota-Schinken
hostal m.	einfaches Hotel	jamón m. de york	gekochter Schinken
hotel m.	Hotel	jamón m. serrano	Schinken, luftgetrocknet
hoy	heute	Japón	Japan
huérfano/a	Waisenkind	japonés, japonesa	Japanisch; Japaner(in)
huevo	Ei	jardín m.	Garten
humanidad f.	Menschheit	jarra	Krug
húngaro/a	ungarisch; Ungar(in)	jaula	Käfig
		jazz m.	Jazz

I

ida	Hinfahrt	jefe m., jefa	Chef(in)
idea	Idee	jersey m.	Pullover
idioma m.	Sprache	jirafa	Giraffe
iglesia	Kirche	joven	jung
igual	gleich	judío	Jude
iluminado/a	hell	juego	Spiel
imaginarse	vorstellen, sich	jueves m.	Donnerstag
impedir <e→i>	verhindern	jugar <u→ue>	spielen
importancia	Wichtigkeit	jugar al fútbol	Fußball spielen
importante	wichtig	jugosidad f.	Saftigkeit
importar	wichtig sein	jugoso/a	saftig
impresora	Drucker	julio	Juli
inca m.	Inka	junto/a	gemeinsam
incluso	sogar	jurar	schwören
incómodo/a	unbequem		
increíble	unglaublich		

K

indicar	hinweisen (auf); zeigen	kilo	Kilogramm
indígena	eingeboren; einheimisch; Eingeborene(r)	kilómetro	Kilometer

L

indio/a	indisch; Inder(in)	lado	Seite
información f.	Information	ladrón m.	Dieb
informar	informieren	lago	See
informe m.	Bericht	lámpara	Lampe
infusión f.	Kräutertee	lápiz m.	Bleistift
ingeniero/a	Ingenieur(in)	largo/a	lang
Inglaterra	England	lata	Dose
inglés, inglesa	englisch; Engländer(in)	Latinoamérica	Lateinamerika
ingrediente m.	Zutat	latinoamericano/a	lateinamerikanisch; Lateinamerikaner(in)
inmenso/a	unermesslich		
insistir	beharren; bestehen	lavadora	Waschmaschine
instrumento	Instrument	lavarse	sich waschen
inteligente	intelligent; klug	leche f.	Milch
intentar	versuchen	lechuga	Blattsalat
interesante	interessant	lectura	Lektüre
interesar	interessieren	leer	lesen
interior	innere(r, s)	legumbre f.	Hülsenfrucht
internacional	international	lejos	weit (entfernt)
internet f. oder m.	Internet	lengua	Sprache; Zunge
intérprete m. + f.	Dolmetscher(in)	lento/a	langsam
íntimo/a	intim	león/leona	Löwe, Löwin
invierno	Winter	letra	Buchstabe; Schrift
invitación f.	Einladung	levantarse	aufstehen
invitado/a	Gast	libre	frei
invitar	einladen	libro	Buch
ir	gehen; fahren	libro de cocina	Kochbuch
ir a	gehen/fahren zu/nach	limitar con	grenzen an
ir a pie	zu Fuß gehen	limón m.	Zitrone
ir de compras	Einkaufsbummel machen	limonada	Limonade
ir de vacaciones	in Urlaub fahren	limpiabotas m. + f.	Schuhputzer(in)
ir en	fahren mit (+ Verkehrsmittel)	limpieza	Sauberkeit
ir en avión	fliegen	limpio/a	sauber
irregular	unregelmäßig	lío	Durcheinander
irse	weg-, fortgehen	liso/a	glatt
Islas Canarias f./Mz.	Kanarische Inseln	lista	Liste
israelí	israelisch; Israeli(n)	lista de la compra	Einkaufszettel
Italia	Italien	listo/a	fertig; klug
italiano/a	Italienisch; Italiener(in)	litro	Liter
		llamada	Anruf

J

jabón m.	Seife	llamar	anrufen; nennen
jamás	nie(mals)	llamar la atención f.	Aufmerksamkeit erregen
		llamarse	heißen

llamativo/a	auffällig
llave f.	Schlüssel
llegada	Ankunft
llegar	ankommen
lleno/a	voll
llevar	tragen; bringen
llorar	weinen
llover <o→ue>	regnen
lluvia	Regen
lo	ihn; es
loa	Lob
lobo/a	Wolf, Wölfin
local m.	Lokal
loco	Verrückter
loco/a	verrückt
locura	Verrücktheit
Londres	London
lugar m.	Ort
luminoso/a	leuchtend; hell
luna	Mond
lunes m.	Montag
luz f.	Licht

M

machismo	Machismo (Männlichkeitskult)
madera	Holz
madre f.	Mutter
madrina	Patin
madrugada	Tagesanbruch; Morgendämmerung
madrugar	früh aufstehen
maduro/a	reif
magdalena	Biskuit; Muffin
mágico/a	magisch
majo/a	lieb; nett
mal	schlecht
maleta	Koffer
maletín m.	Aktenkoffer
malo/a	schlecht; böse
mamá	Mutter
Managua	Managua (Hauptstadt v. Nicaragua)
mañana	morgen; Morgen
manchego	aus der Mancha
mandar	schicken
mando a distancia	Fernbedienung
manera	Art; Weise
manga	Ärmel
mano f.	Hand
mantequilla	Butter
manzana	Apfel
mapa m.	Karte, Landkarte
mar m. oder f.	Meer
maravilloso/a	wunderbar
marca	Marke
marcharse	weggehen
marfileño/a	elfenbeinfarben
marido	Ehegatte; Mann
marrón	(kastanien)braun
marroquí m. + f.	marrokanisch; Marrokaner(in)
martes m.	Dienstag
marzo	März
más	mehr
más – que	mehr – als
máscara	Maske
masculino/a	männlich
matar	töten
matemáticas f./Mz.	Mathematik
mayo	Mai
mayor	größer; älter
mayor	Erwachsener
mayoría	Mehrheit
mazapán m.	Marzipan
me cobra	ich möchte zahlen

mecánico/a	Mechaniker(in)
mediano/a	durchschnittlich; von mittlerer Größe
medicina	Medizin
médico/a	Arzt, Ärztin
medio de comunicación	Kommunikationsmedium
medio/a	halb
mediodía m.	Mittag
medir <e→i>	messen
mejor	besser
mejorable	verbesserungswürdig
mejorar	(sich) verbessern
melocotón m.	Pfirsich
melodía	Melodie
melón m.	Zuckermelone
menor	kleiner; jünger
menos – que	weniger – als
mensaje m.	Nachricht, Botschaft
mensaje m. corto	SMS
mensaje m. electrónico	E-Mail
mentir <e→ie>	lügen
menú m. del día	Tagesmenü
mercadillo de Navidad	Weihnachtsmarkt
mercado	Markt
merecido	verdiente Strafe
merengue m.	Merengue (Tanz)
mermelada	Marmelade
mes m.	Monat
mesa	Tisch
meter	hineinstecken
meter un gol	Tor schießen
meterse	hineingehen
metro	Meter; U-Bahn
metro(politano)	U-Bahn
mexicano/a	mexikanisch; Mexikaner(in)
mi	mein(e)
microonda	Mikrowelle
miel f.	Honig
mientras	während
miércoles m.	Mittwoch
mil	tausend
millón m.	Million
minuto	Minute
mirada	Blick
mirar	(an)schauen; beobachten
mismo	selbst
mochila	Rucksack
moderno/a	modern
molestar	stören
momento	Augenblick
moneda	Münze
monedero	Geldbörse
mono/a	Affe, Äffin
montaña	Berg; Gebirge
montaña rusa	Hochschaubahn
montar	steigen; hinaufsteigen
monumento	Denkmal
moreno/a	dunkelhaarig; braun
morir <o→ue>	sterben
Moscú	Moskau
mosquito/a	Fliege
mosto	Traubensaft
mostrar <o→ue>	zeigen
moto f.	Motorrad
mover <o→ue>	bewegen
móvil m.	Handy
muchacho	Junge
mucho/a	viel; sehr
mueble	Möbel
muerto/a	verstorben; tot
mujer f.	Frau
mundo	Welt

Múnich	München
museo	Museum
música	Musik
musical m.	Musical
muy	sehr

N

nacer <zc>	geboren werden
nacionalidad f.	Nationalität
nada	nichts
nadar	schwimmen
nadie	niemand
ñame m.	Yams (= Heil- und Nahrungspflanze)
naranja	orange; Orange
nariz f.	Nase
natural	natürlich
navegar	surfen
navegar en internet	im Internet surfen
necesario/a	notwendig
negativo/a	negativ
negro/a	schwarz
nervioso/a	nervös
nevar <e→ie>	schneien
nevera	Kühlschrank
Nicaragua	Nicaragua
nicaragüense m. + f.	nicaraguanisch; Nicaraguaner(in)
niebla	Nebel
nieta	Enkelin
nieto	Enkel
nieve f.	Schnee
niña	Mädchen
ninguno/a	keine(r, s)
no	nein; nicht
no es para tanto	ist nicht so schlimm
noche f.	Nacht
nombre m.	Name; Vorname
nor(d)este m.	Nordosten
noria (gigante)	Rad; Riesenrad
normal	normal
normalmente	normalerweise
norte m.	Norden
norteamericano/a	nordamerikanisch
Noruega	Norwegen
noruego/a	norwegisch; Norweger(in)
nosotros/as	wir
nota	Note; Vermerk
noticia	Nachricht
novela	Roman
novela policíaca	Kriminalroman
novia	Freundin; Braut
novio	Freund; Bräutigam
nube f.	Wolke
nuera	Schwiegertochter
nuestro/a	unser(e)
nueve	neun
nuevo/a	neu
nuez f.	Walnuss
número	Zahl; Nummer
nunca	nie(mals)

O

obedecer <zc>	gehorchen; befolgen
objeto	Objekt
obra	Werk
obra de teatro	Theaterstück
observar	beobachten
ocho	acht
octubre m.	Oktober
ocupado/a	beschäftigt
ocurrir	ereignen, sich
odiar	hassen
oeste m.	Westen

oferta	Angebot
oficina	Büro
ofrecer <-zc->	anbieten
oído	Gehör
oír	hören
ojeva	Schaf
ojo	Auge; Vorsicht!
oler (huelo) <o→ue>	riechen (ich rieche)
oliva	Olive
olvidar	vergessen
once	elf
ópera	Oper
opinar	meinen
opinión f.	Meinung; Ansicht
oportunidad f.	Gelegenheit; Chance
optar por	wählen; sich entscheiden für
optimista	optimistisch
orador m.	Redner
ordenador m.	Computer
ordenador portátil m.	Notebook; Laptop
oreja	Ohr
organizar	organisieren
origen m.	Ursprung
oro	Gold
oscuro/a	dunkel
oso/a	Bär(in)
ostra	Auster
ostras	herrje!
otoño	Herbst
otra vez	noch einmal
otro/a	ein anderer, eine andere; noch eine(r, s)

P

paciente	geduldig
padre m.	Vater
padres m./Mz.	Eltern
padrino	Pate
paella	Paella (span. Reisgericht)
pagar	zahlen
página web	Webseite
país m.	Land
paisaje m.	Landschaft
paja	Stroh
pájaro	Vogel
palabra	Wort
palacio	Palast
pan m.	Brot
panadería	Bäckerei
pantalla	Bildschirm
pantalón m.	Hose
pañuelo	Taschentuch
papá	Vater
papel	Papier; Rolle
papelería	Schreibwarengeschäft
paquete m.	Paket
para (+ Infinitiv)	für; nach; (um ... zu)
para qué	wozu?
parada	Haltestelle
paraguas m.	Regenschirm
parar	anhalten
parecer <-zc->	aussehen; scheinen
pared f.	Wand
parque m.	Park
parte f.	Teil
participar en	teilnehmen an
partido	Match
partido de fútbol	Fußballspiel
pasaporte m.	Reisepass
pasar	vorbeigehen, -fahren; passieren; verbringen
pasear por	spazieren gehen in/durch

paseo	Promenade; Spaziergang
pasillo	Gang, Korridor
pastel m.	Kuchen
pastelería	Konditorei
pastor/a	Hirte, Hirtin
pata	Bein; Pfote; Tatze
patata	Kartoffel
patrimonio	Erbe (kulturelles)
pausa	Pause
pecho	Brust
pedir <e→i>	bitten
peinarse	sich kämmen
peine m.	Kamm
pelea	Streit; Kampf
pelearse	sich streiten
película	Film
película de acción	Actionfilm
peligroso/a	gefährlich
pelirrojo/a	rothaarig
pelo	Haar; Fell
peluche m.	Plüsch
pensamiento	Gedanke
pensar <e→ie>(en)	denken (an)
peor	schlechter
pequeño/a	klein
pera	Birne
perder <e→ie>	verlieren; versäumen
perdonar	verzeihen
perfecto/a	perfekt; vollkommen
periódico	Zeitung
periodista m. + f.	Journalist(in)
permanecer <-zc->	bleiben
permitir	erlauben
pero	aber
perro/a	Hund, Hündin
persona	Person
personaje m.	Figur; Persönlichkeit
personal m.	Personal
pertenecer <-zc->	gehören
peruano/a	peruanisch; Peruaner(in)
pesado/a	schwer; lästig; mühsam
pescadería	Fischhandlung
pescado	Fisch
pesimista	pessimistisch
peso	Gewicht
pestaña	Wimper
piano	Klavier
picar	(eine kleine Menge) essen
pie m.	Fuß
pierna	Bein
pimiento	Paprika
ping-pong m.	Tischtennis
pintar	malen
pintor/a	Maler(in)
pirámide f.	Pyramide
pisar	treten; betreten; stampfen
piscina	Schwimmbad
piso	Wohnung; Stock(werk)
piso compartido	Wohngemeinschaft
placer m.	Freude; Vergnügen; Lust
planchar	bügeln
planta	Pflanze
plástico	Kunststoff
plata	Silber
plátano	Banane
plato	Teller; Gericht
plato nacional	Nationalgericht
playa	Strand
plaza	Platz
pluma	Feder
pobre	arm
pobreza	Armut
poco/a	wenig
poder <o→ue>	können
poema m.	Gedicht
poesía	Poesie; Gedicht
polaco/a	polnisch; Pole, Polin
policía	Polizei
policíaco/a	Kriminal-
política	Politik
político/a	politisch
pollo	Hähnchen
poner	stellen; legen; geben
poner a disposición f.	zur Verfügung stellen
poner la mesa	den Tisch decken
ponerse (al teléfono)	ans Telefon kommen
por	durch; über; für; aus
por eso	deshalb
por favor	bitte
por fin	schließlich
por la noche	nachts
por la tarde	nachmittags ; abends
por qué	warum?
porque	weil
portero	Portier
Portugal	Portugal
portugués, portuguesa	portugiesisch; Portugiese, -in
posibilidad f.	Möglichkeit
positivo/a	positiv
postal f.	Postkarte; Ansichtskarte
practicar	üben
practicar la vela	segeln
práctico/a	praktisch
precio	Preis
precioso/a	entzückend
preferir <e→ie>	vorziehen
pregunta	Frage
preguntar	fragen
preocupado/a	besorgt
preocuparse	sich Sorgen machen
preparar	vorbereiten; zubereiten
prepararse	sich vorbereiten
presentación f.	Präsentation
prestar	(aus)leihen; borgen
prima	Kusine
primavera	Frühling
primero/a	erste(r, s)
primo	Cousin
princesa	Prinzessin
probar <o→ue>	probieren
problema m.	Problem
producir <-zc->	herstellen; hervorrufen
producto	Produkt
profesión f.	Beruf
profesor/a	Lehrer(in); Professor(in)
programa m.	Programm
programador/a	Programmierer(in)
programar	programmieren
pronto	bald; früh
pronunciación f.	Aussprache
pronunciar	aussprechen
propina	Trinkgeld
propio/a	eigene(r, s)
protagonista m. + f.	Hauptperson
proteger (de)	(be)schützen (vor)
próximo/a	nächste(r, s); nahe gelegen
pueblo	Dorf
puerta	Tür; Tor
puerto	Hafen
pulga	Floh
puntuación f.	Bewertung
puro	Zigarre

	Q
que	der, die, das; dass; als
qué	was? welche(r, s)?
qué gracia	eine nette Bescherung
qué rollo	langweilige Sache
qué tal	wie geht's?
qué va	ach was! i wo (denn)
quechua m.	Quechua
quedar	bleiben; verabreden; übrig sein
quedarse	bleiben
querer <e→ie>	wollen; mögen; lieben
querido/a	lieb
queso	Käse
quién(es)	wer?
quince	fünfzehn
quiosco	Kiosk
quizá(s)	vielleicht

	R
rabo	Schwanz
radio f.	Radio
radioyente m. + f.	Radiohörer(in)
ramo de flores	Blumenstrauß
ranura	Schlitz
rapidez f.	Schnelligkeit
rápido/a	schnell
rasgo de carácter	Charaktereigenschaft
rata	Ratte
ratón m.	Maus
razón f.	Vernunft; Grund
razonable	vernünftig
real	echt; königlich
realizar	durchführen; realisieren
recepcionista m.+ f.	Rezeptionist(in)
recibir	erhalten; empfangen
recién	soeben; frisch
recoger	abholen; (ein)sammeln
recomendación f.	Empfehlung
recomendar <e→ie>	empfehlen
reconocer <zc>	erkennen
recordar <o→ue>	(sich) erinnern
recorrer	bereisen
recreo	Pause
recuerdo	Souvenir
recuerdos m./Mz.	Grüße
red f.	Netz; Internet
reducir <-zc->	verringern; senken
refresco	Erfrischungsgetränk
regalar	schenken
regalo	Geschenk
regar <e→ie>	gießen
registrar	verzeichnen
regular	mittelmäßig (Befinden)
regularmente	regelmäßig
reina	Königin
reír(se) <e→i>	lachen
relación f.	Verhältnis
reloj m.	Uhr
RENFE (= Red Nacional de los Ferrocarriles Españoles) f.	nationales Netz der span. Eisenbahn
repartir	verteilen; austeilen
repetir <e→i>	wiederholen
reproductor m. MP3	MP3-Player
reservar	reservieren
resfriado	Erkältung
resolución f.	Auflösung
restaurante m.	Restaurant
resto	Rest
resultado	Ergebnis
resumen m.	Zusammenfassung
retraso	Verspätung
reunión f.	Versammlung; Sitzung
revisar	durchsehen
revista	Zeitschrift
rey	König
Reyes Magos m./Mz.	Heilige Drei Könige
rico/a	reich; lecker
río	Fluss
risa	Lachen
rítmico/a	rhythmisch
rizado/a	lockig
robar	stehlen
rodilla	Knie
rojo/a	rot
Roma	Rom
romántico/a	romantisch
romper	(zer)brechen; kaputt machen
ron m.	Rum
ropa	Kleidung
rosa	rosa; Rose
rubio/a	blond
ruido	Lärm
rumano/a	rumänisch; Rumäne, Rumänin
Rusia	Russland
ruso/a	russisch; Russe, -in

	S
sábado	Samstag
saber	wissen; können
sabor	Geschmack
sacapuntas m.	Spitzer
sacar	herausnehmen
sacar notas	Noten bekommen
sacar una entrada	eine Eintrittskarte kaufen
sal f.	Salz
sala de estar	Wohnzimmer
salado/a	salzig
salida	Ausgang; Abflug
salir	aus-, weggehen; verlassen; starten; abfahren
salón m.	Wohnzimmer
salón m. de actos	Versammlungsraum
salsa	Salsa (Tanz)
salto	Sprung
saludar	(be)grüßen
saludo	Gruß
sandalia	Sandale
sangre f.	Blut
sangría	Sangria (span. Rotweinbowle)
sano/a	gesund
sardina	Sardine
satisfacer	zufriedenstellen
seco/a	trocken
secretario/a	Sekretär(in)
secreto	Geheimnis
sed f.	Durst
seda	Seide
seguir <e→i>	folgen; verfolgen
segundo/a	zweite(r, s)
seguro/a	sicher
sello	Briefmarke; Stempel
selva	Urwald
semana	Woche
sencillo/a	einfach
señor m.	Herr (auch als Anrede); Mann
señora	Frau (auch als Anrede)
señorita	Fräulein (auch als Anrede)
sentarse <e→ie>	sich setzen
sentir(se) <e→ie>	(sich) fühlen
separado/a	getrennt
ser	sein
ser abierto	offen(herzig) sein
ser aburrido	langweilig sein
ser listo	klug sein

ser rico	reich sein
ser salado	salzig sein
ser una lástima	schade sein
serio/a	ernst
serpiente f.	Schlange
servicial	zuvorkommend
servicio	Dienst(leistung); Service
servicios m./Mz.	Toilette
servir <e→i>	dienen
sexo	Geschlecht
si	wenn; ob
sí	ja
siempre	immer
siesta	Mittagsruhe
siete	sieben
siglo	Jahrhundert
significar	bedeuten
silla	Stuhl
sillón m.	Armsessel
símbolo	Symbol
simpático/a	sympathisch
sin	ohne
sitio	Platz; Stelle
situación f.	Situation
sobre	auf; über
sobre m.	Briefumschlag
sobrina	Nichte
sobrino	Neffe
sofá m.	Sofa
sol m.	Sonne
soler <o→ue> hacer	gewöhnlich tun
sólo	nur
solo/a	allein
soltero/a	ledig; Junggeselle, -in
solución f.	Lösung
sombrero	Hut
sombrilla	Sonnenschirm
sonar <o→ue>	klingeln
soñar <o→ue> con	träumen von
sonreír <e→i>	lächeln
sopa	Suppe
sopa de letras	Buchstabensuppe
soportar	ertragen
sorprender	überraschen
sorpresa	Überraschung
su	seine(r, s)
suave	weich; sanft
subir	(ein-, auf-)steigen; hochgehen
suceder	ereignen, sich
sucio/a	schmutzig
Suecia	Schweden
sueco/a	schwedisch; Schwede, -in
suegro/a	Schwiegervater, -mutter
suegros m./Mz.	Schwiegereltern
suelo	Boden
suerte f.	Glück
sugerencia	Empfehlung
Suiza	Schweiz
suizo/a	schweizerisch; Schweizer(in)
supermercado	Supermarkt
sur m.	Süden
Suráfrica	Südafrika
suspender	durchfallen (Prüfung)
susto	Schreck(en)

T	
tabaco	Tabak
taburete m.	Hocker
también	auch
tambor m.	Trommel
tampoco	auch nicht
tan – como	so – wie

tanto – como	so viel – wie
tapas f./Mz.	Tapas (Appetithappen; Snack)
tardar	dauern
tarde	spät
tarde f.	Nachmittag; Abend
tardo/a	langsam
tarea	Hausübung
tarjeta	Karte; Kreditkarte
tarjeta de memoria	Speicherkarte
tarta	Torte
taxi m.	Taxi
taxista m. + f.	Taxifahrer(in)
taza	Tasse
teatro	Theater
técnico/a	Techniker(in)
teléfono	Telefon
televisión (tele) f.	Fernsehen
televisor m.	Fernseher
tema m.	Thema
temprano/a	früh
tenedor m.	Gabel
tener	haben
tener 10 años	zehn Jahre alt sein
tener buena pinta	gut aussehen
tener frío	kalt sein
tener que (+ Infinitiv)	müssen
tenis m.	Tennis
tercero/a	dritte(r, s)
terminar	beenden
terraza	Terrasse; Gastgarten
terror	Horror
texto	Text
tía	Tante
tiempo	Zeit; Wetter
tienda	Geschäft
tienda de modas	Modengeschäft
tigre m.	Tiger
tímido/a	schüchtern
tío	Onkel
típico/a	typisch
tiro	Schuss
toalla	Handtuch
tobillo	Knöchel
tocar	berühren; (Musikinstrument) spielen
tocino	Speck
todavía no	noch nicht
todo el mundo	jedermann
todo/a	ganz
tomar	nehmen
tomar una copa	ein Glas trinken
tomate m.	Tomate
tonto/a	dumm
torero	Stierkämpfer
toro	Stier
torre f.	Turm
torta	Kuchen; Torte
tortilla (española)	Tortilla (span. Kartoffelomelett)
tortuga	Schildkröte
tostada	Toastbrot
trabajador/a	fleißig
trabajar	arbeiten
trabajo	Arbeit
traducción f.	Übersetzung
traducir <-zc->	übersetzen
traer	bringen
tragar	schlucken
traje de baño m.	Badeanzug
traje m.	Anzug
tranquilo/a	ruhig; still
tranvía m.	Straßenbahn
tras	nach

trasto(s)	Möbelstück (Gerümpel)
travieso/a	lebhaft; schlimm; ungezogen
trece	dreizehn
tremendo/a	schrecklich; riesig
tren m.	Zug
tres	drei
triángulo	Dreieck
trigal m.	Weizenfeld
trigo	Weizen
triste	traurig
trompeta	Trompete
trozo	Stück
trucha	Forelle
tu	deine(r, s)
tú	du
turco/a	türkisch; Türke, -in
turista m. + f.	Tourist(in)
Turquía	Türkei

U	
últimamente	in letzter Zeit
último/a	letzte(r, s)
un, una	ein(e)
único/a	einzigartig
uno/a	eins
unos, unas	einige; ein paar
urbano/a	städtisch
uruguayo/a	uruguayisch; Uruguayer(in)
usar	verwenden; gebrauchen
usted, ustedes	Sie
útil	nützlich
utilizar	verwenden
uva	Weintraube

V	
vaca	Kuh
vacaciones f./Mz.	Urlaub; Ferien
vaciar	leeren
vacío/a	leer
vago/a	faul
vainilla	Vanille
vale	in Ordnung!
valle m.	Tal
valoración f. global	Gesamtbewertung
vaqueros Mz.	Jeans
variedad f.	Vielfalt
vaso	Glas
vecino/a	Nachbar(in)
veinte	zwanzig
vela	Kerze
veloz	schnell
vendedor/a	Verkäufer(in)
vender	verkaufen
venir	kommen
venta	Verkauf
ventana	Fenster

ver	sehen
ver la tele(visión)	fernsehen
verano	Sommer
verbo	Zeitwort
verdad f.	Wahrheit
verde	grün
verdulería	Gemüsehandlung
verdura	Gemüse
vestido	Kleidungsstück; Kleid
vestirse <e→i>	sich anziehen
vez f.	Mal
viajar	reisen
viaje m.	Reise
vida	Leben
vídeo	Video; Videorekorder
videojuego	Videospiel
viejo/a	alt
Viena	Wien
viernes m.	Freitag
vinagre m.	Essig
vino	Wein
vino tinto	Rotwein
violencia	Gewalt
violín m.	Geige
visita	Besuch
visitar	besuchen
vista	Sicht; Blick
vista panorámica	Panoramablick
viudo/a	Witwer, Witwe; verwitwet
vivir	wohnen; leben
vocabulario	Wortschatz
volcán m.	Vulkan
volver <o→ue>	bewegen; zurückkommen
vosotros/as	ihr
voz f.	Stimme
vuelo	Flug
vuelta	Rückfahrt; Wechselgeld
vulgar	alltäglich

Y	
y	und
ya	schon
yerno	Schwiegersohn
yo	ich
yogur m.	Joghurt

Z	
zanahoria	Karotte
zapatería	Schuhgeschäft
zapatillu de deporte	Turnschuh
zapato	Schuh
zoo	Zoo
zorro	Fuchs
zumo	(Frucht-)Saft
Zurich	Zürich

VERITAS
Lernen verbindet uns

Durchstarten Spanisch

Reinhard Bauer, Monika Veegh

Coachingbuch
jeweils 160 Seiten, 16,5 x 24 cm, 4-färbig, Broschur, mit Audio-CD
Band 1: ISBN 978-3-7058-7913-3
Band 2: ISBN 978-3-7058-7915-7

Übungsbuch
jeweils 112 Seiten, A4, SW-Grafiken, Broschur, inkl. Lösungsheft
Band 1: ISBN 978-3-7058-7914-0
Band 2: ISBN 978-3-7058-7916-4

Der Lernfortschritt im 1. und 2. Lernjahr wird in jedem Abschnitt durch deutschsprachige Erklärungen und kleinschrittige, abwechslungsreiche Übungseinheiten sichergestellt. Mit Lerntypentest und praktischen Lerntipps: Vokabellernen, Vorbereitung auf mündliche und schriftliche Prüfungen.

Das Übungsbuch ist der ideale Trainingspartner zum Wiederholen, Absichern und Vertiefen.

Durchstarten Spanisch Grammatik

Reinhard Bauer, Monika Veegh

Coachingbuch
176 Seiten, 16,5 x 24 cm, 4-färbig, Broschur
ISBN 978-3-7058-7131-1

Übungsbuch
112 Seiten, A4, SW-Grafiken, Broschur, inkl. Lösungsheft
ISBN 978-3-7058-7415-2

Leicht verständliche und übersichtliche Zusammenstellung der grundlegenden Kapitel der spanischen Sprachlehre. Zuverlässiger Begleiter und praktisches Nachschlagewerk für alle Spanischlerner:innen. Bewährtes Doppelseitenprinzip: links Theorie, rechts zahlreiche Übungsbeispiele. Lösungen zur Selbstkontrolle liegen bei.

Das Übungsbuch bietet tausende abwechslungsreiche Übungen zu sämtlichen Kapiteln der spanischen Grammatik.

Erhältlich direkt beim Verlag oder bei Ihrem Buchhändler

✉ kundenberatung@veritas.at
📞 +43 732 776451-2280
🌐 www.veritas.at

VERITAS
Lernen verbindet uns

Durchstarten Französisch

Coachingbuch
1. Lernjahr: ISBN 978-3-7058-7560-9
2. Lernjahr: ISBN 978-3-7058-7920-1

Übungsbuch
1. Lernjahr: ISBN 978-3-7058-7561-6
2. Lernjahr: ISBN 978-3-7058-7979-5
3.–5. Lernjahr: ISBN 978-3-7058-8516-5

Durchstarten Französisch Grammatik

Coachingbuch; ISBN 978-3-7058-7570-8

Übungsbuch; ISBN 978-3-7058-7413-8

Durchstarten Italienisch

Coachingbuch
1. Lernjahr: ISBN 978-3-7058-7186-1
2. Lernjahr: ISBN 978-3-7058-7187-8

Übungsbuch
1. Lernjahr: ISBN 978-3-7058-7188-5
2. Lernjahr: ISBN 978-3-7058-7189-2

Durchstarten Italienisch Grammatik

Coachingbuch; ISBN 978-3-7058-7190-8

Übungsbuch; ISBN 978-3-7058-7414-5

Durchstarten Latein

Coachingbuch
Band 1: ISBN 978-3-7058-7922-5
Band 2: ISBN 978-3-7058-8594-3

Übungsbuch
Band 1: ISBN 978-3-7058-7921-8
Band 2: ISBN 978-3-7058-8593-6

Durchstarten Latein Grammatik

Coachingbuch; ISBN 978-3-7058-7575-3

Übungsbuch; ISBN 978-3-7058-7416-9

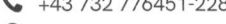

Erhältlich direkt beim Verlag oder bei Ihrem Buchhändler

✉ kundenberatung@veritas.at
📞 +43 732 776451-2280
🌐 www.veritas.at

10. Auflage 2024

ISBN 978-3-7058-7914-0

DURCH STARTEN

SPANISCH

1

VerfasserInnen: Monika Veegh und Reinhard Bauer

Die Autorin und der Autor danken Frau Carmen Stach de Lastra für ihre beratende Mitarbeit.

Diesem Buch ist ein Lösungsheft zu den Übungen beigelegt.

Entspricht der Rechtschreibreform 2006

Bibliografische Information der Deutschen Bibliothek:
Die Deutsche Bibliothek verzeichnet diese Publikation in der
Deutschen Nationalbibliografie; detaillierte bibliografische Daten
sind im Internet über http://dnb.ddb.de abrufbar.

VERITAS-VERLAG, Linz
www.durchstarten.at
Alle Rechte vorbehalten,
insbesondere das Recht der Verbreitung
(*auch durch Film, Fernsehen, Internet,
fotomechanische Wiedergabe, Bild-,
Ton- und Datenträger jeder Art*) oder
der auszugsweise Nachdruck

Lektorat: Klaus Kopinitsch
Grafische Gestaltung: Ingrid Zuckerstätter
Illustrationen: Helmut »Dino« Breneis
Satz: Anton Froschauer
Herstellung: Julia Dresch

Auf umweltfreundlichem Papier gedruckt bei: siehe
https://produkt.veritas.at/19750#additional

10. Auflage 2024   ISBN 978-3-7058-7914-0

VERITAS
Lernen verbindet uns

Inhaltsverzeichnis

Hola, amig@!

Möchtest du Spanisch lernen, weil dich die Sprache einfach fasziniert? Oder hast du vielleicht bereits einige Vorkenntnisse und möchtest diese nun vertiefen? Dann hältst du das richtige Buch in Händen: **„Durchstarten Spanisch 1 – Übungsbuch"** bietet dir beides. Als dein neuer Lernpartner gibt es dir einen kurzen Überblick über die Basisgrammatik, die du in mehr als 3000 Übungen gleich trainieren kannst, hilft dir aber auch als dein Übungspartner, deine bereits erworbenen Grundkenntnisse der spanischen Sprache zu wiederholen, zu vertiefen und abzusichern. Gleichzeitig erweiterst du deinen Wortschatz, verbesserst deinen Stil und erhältst so quasi den ersten Schlüssel für das Tor zur faszinierenden Welt der spanischen Sprache.

Jeder Abschnitt des Buches erklärt dir – so kurz wie notwendig – die Regeln und Ausnahmen, und dann kommen Übungen, Übungen und nochmals Übungen. Bist du Anfängerin oder Anfänger, so empfehlen wir dir eine lineare Arbeit mit dem Buch, hast du bereits Vorkenntnisse, so bleibt es dir überlassen, mit welchem Abschnitt du beginnst und in welcher Reihenfolge du die einzelnen Kapitel durcharbeitest. Da **„Durchstarten Spanisch 1 – Übungsbuch"** vor allem für ein Selbststudium konzipiert ist, gibt es natürlich auch ein Lösungsheft, damit du gleich siehst, was du richtig gemacht hast. Ein Vokabelverzeichnis am Ende des Lösungsheftes hilft dir, sollte dir einmal ein Wort nicht gleich einfallen.

Zum Abschluss noch ein Tipp: Arbeite mit Bleistift! Dann kannst du Antworten, die nicht ganz richtig sind, ausradieren und die Übung jederzeit wiederholen.

¡Bienvenid@ al mundo del español! und viel Erfolg bei der Arbeit mit dem Buch wünschen dir

Monika und Reinhard

1. KAPITEL: Wie bilde ich einen Satz? – ¿Cómo formar una frase?

Aussagesätze folgen dem Schema **Subjekt – Prädikat – Objekt:**

Subjekt	Prädikat	Objekt, Ergänzung
Nuria	*vive*	*en Madrid.*
Nuria	wohnt	in Madrid.
	Aprendemos	*español.*
Wir	lernen	Spanisch.

Das Personalpronomen kann im Unterschied zum Deutschen wegfallen, da es in der Verbform bereits enthalten ist. Es wird nur dann gebraucht, wenn es besonders hervorgehoben werden soll:

> *Nosotros* aprendemos español, *ellos* aprenden chino.
> **Wir** lernen Spanisch, **sie** lernen Chinesisch.

1   Ordne die folgenden Wörter zu Aussagesätzen:

1. un / tiene / Nuria / amigo.

   ....

2. amigo / llama / Michael / su / se.

   ....

3. aprender / quiere / Michael / español.

   ....

4. "castellano" / llama / este / se / idioma / también.

   ....

5. alemanes / muchos / español / hablan.

   ....

6. península / España / es / una.

   ....

7. hablan / en / cuatro / se / España / lenguas.

   ....

8. son / españoles / simpáticos / los / muy.

   ....

9. estudiante / Nuria / es.

   ....

10. cantante / llama / Julio / se / el.

    ....

11. taxistas / de / son / los / Madrid.

    ....

12. alemán / francés / Michael / y / habla.

    ....

13. en / piso / vive / moderno / un.

    ....

14. capital / Madrid / España / la / de / es.

    ....

15. turistas / Andalucía / van / a / muchos.

    ....

2 **Bilde mit den Elementen aus den drei Kästchen so viele Sätze wie möglich:**

> **Modelo:** *Trabaja en Madrid.*

Usted	soy	Nuria
Yo	es	un alumno
Michael	estudia	trabajador
Carmen y Carlos	en	español
Trabaja	de	Moscú
Vive	trabajan	Madrid
Aprende		un restaurante
Son		

2. KAPITEL: Wie kann ich nach etwas fragen? – *¿Cómo hacer una pregunta?*

Die wichtigsten Fragewörter sind:			
¿cómo? – wie?	*¿adónde?* – wohin?	*¿cuánto?* – wie viel?	*¿quién?* – wer?
¿qué? – was?	*¿de dónde?* – woher?	*¿por qué?* – warum?	*¿cuál?* – welche/r/s?
¿dónde? – wo?	*¿cuándo?* – wann?	*¿para qué?* – wofür?	

Die Fragewörter *cuánto/a/os/as* und *cuál/es* bzw. *quién/es* müssen in Geschlecht und/oder Zahl mit dem Hauptwort übereingestimmt werden:

> *¿Cuántas preguntas haces?* – Wie viele Fragen stellst du?
>
> *¿Cuáles son tus maletas?* – Welche sind deine Koffer?
>
> *¿Quiénes son tus amigos?* – Wer sind deine Freunde?

Wie im Deutschen können *qué* und *cuánto* mit einem Vorwort verbunden werden:

> *¿De qué estás hablando?* – Wovon sprichst du?
>
> *¿Para cuántos alumnos es?* – Für wie viele Schüler ist es?

3 **Wo beginnt ein neues Wort? Schreibe die Fragesätze auf:**

1. ¿Dedóndesonestoschicos? ....
2. ¿Quiénessonlosestudiantesaustríacos? ....
3. ¿Enquéciudadvives? ....
4. ¿Cómosellamaeseseñor? ....
5. ¿Cuántocuestalachaqueta? ....
6. ¿Quéhaces? ....
7. ¿Cuándoempiezalapelícula? ....
8. ¿Porquénoestudiasespañol? ....
9. ¿Adóndevas? ....
10. ¿Cómoseescribe? ....
11. ¿Quésignificaestapalabra? ....
12. ¿Cuálestunúmerodeteléfono? ....
13. ¿Dóndeestáelmuseo? ....
14. ¿Cómosepronunciaesteverbo? ....
15. ¿Dequiénestáshablando? ....
16. ¿Cómofuncionaelmóvil? ....
17. ¿Aquéhorasalesdeltrabajo? ....

4 Setze die fehlenden Fragewörter ein:

1. ¿................. te llamas? – Carlos.

2. ¿................. eres? – De Madrid.

3. ¿................. ciudad vives? – En Viena.

4. ¿................. profesión tienes? – Soy autora.

5. ¿................. estás? – Muy bien.

6. ¿................. son tus padres? – Son estos dos.

7. ¿................. amigos tienes? – Muchos.

8. ¿................. tienes que volver? – Mañana.

9. ¿................. está tu novia? – En Perú.

10. ¿................. vas a México? – En avión.

11. ¿................. nacionalidad tienes? – Española.

12. ¿................. lenguas hablas? – Tres.

5 Formuliere einen Dialog mit folgenden Wörtern:

Hola   gracias   Y   Cómo   Miguel   Qué   comida   Viaje   viaje   comida
la   Bien   Qué   a   Bienvenido   el   tal   España   no   tal   entiendo

A: ...., ... ¡ B................. ....! ¿ .... t............?

B: ...., ...

A: ¿ Q................. .... v.................? ¿ .... c.................?

B: ¿ C.................? ...., c................. . ... e................. .

6 Frage nach den unterstrichenen Satzgliedern:

> **Modelo:** <u>Goya y Picasso</u> son pintores famosos. ► **¿Quiénes son pintores famosos?**

1. Tengo <u>quince</u> años. ....

2. Quito está <u>en Ecuador</u>. ....

3. Vivo <u>en la calle de Barcelona, 66</u>. ....

4. <u>Federico</u> es argentino. ....

5. Nuria escribe <u>un e-mail</u>. ....

6. <u>La abuela</u> está en la cocina. ....

7. Nuestro perro está <u>en el jardín</u>. ....

8. Voy <u>en autobús</u> a la escuela. ....

9. Trabaja <u>de bibliotecario</u>. ....

10. Se llaman <u>Carmen y Maite</u>. ....

11. Mañana voy <u>a Francfort</u>. ....

12. Se dedica <u>a leer el libro de español</u>. ....

13. Vamos <u>al bar</u>. ....

14. Son <u>de Granada</u>. ....

15. Vienen <u>el viernes</u>. ....

16. Tiene <u>cinco</u> hermanos. ....

17. Aprende español <u>porque le gusta</u>. ....

18. Hace <u>unos ejercicios</u>. ....

19. Mi teléfono es <u>el 902 54 55 56</u>. ....

20. Paloma va <u>en coche</u>. ....

7 Stelle Fragen zu den folgenden 10 Antworten. Verwende dabei die passenden Fragewörter im Kästchen:

¿Cómo?   ¿Quién?   ¿Cuántas?   ¿Dónde?   ¿Por qué?   ¿Quién?

¿Cómo?   ¿De dónde?   ¿Cuándo?   ¿Qué?

1. Es Nuria. ....

2. Nuria vive en Madrid. ....

3. Michael es su amigo. ....

4. Michael es de Alemania. ....

5. Estudia español. ....

6. El fin de semana van a Andalucía. ....

7. Van en AVE. ....

8. Van allí porque los padres de Michael están en Sevilla. ....

9. El viaje tarda unas 2 horas. ....

10. El tren es muy cómodo. ....

8 Lies dir die folgende Anzeige der spanischen Eisenbahngesellschaft aufmerksam durch und beantworte dann die Fragen. Du musst dabei nicht alles verstehen, versuche einfach, die gefragte Information gezielt zu suchen!

Sube al Tren de Cervantes.
Hay viajes que son únicos.

Descubre el mágico mundo del Siglo de Oro y de Miguel de Cervantes a través de los personajes de la época y las obras más conocidas del genial escritor. Además podrás (= *du wirst können*) recorrer los lugares más interesantes de su ciudad natal, Alcalá de Henares, declarada Patrimonio de la Humanidad.
Ya sabes: te esperamos los sábados y domingos a las 11 de la mañana en la estación de Madrid-Atocha.
Del 18 de marzo al 10 de diciembre.

Venta de billetes en agencias de viajes y estación Renfe.
Precio: 17 € adultos y 12 € niños.
Teléfono Renfe: 902 24 02 02

---

1. ¿Cómo se llama el tren? ....

2. ¿Cómo son estos viajes? ....

3. ¿Quién es Cervantes? ....

4. ¿Cómo se llama su ciudad natal? ....

5. ¿Cuándo puedes ir a esta ciudad? ....

6. ¿De dónde salen los trenes? ....

7. ¿Dónde puedes comprar los billetes? ....

8. ¿Cuánto pagan los niños? ....

9. ¿Cuál es el número de teléfono de Renfe? ....

3. KAPITEL: Wie verneine ich? – *La negación*

Einfache Verneinung:

Bejaht	Verneint
Aprende español.	*No aprende español.*
Er lernt Spanisch.	Er lernt nicht Spanisch.
¿Eres Carmen?	*No, no soy Carmen, soy Nuria.*
Bist du Carmen?	Nein, ich bin nicht Carmen, ich bin Nuria.
Me despierto a las cinco y media.	*No me despierto a las cinco y media.*
Ich wache um halb sechs auf.	Ich wache nicht um halb sechs auf.
Tengo dinero.	*No tengo dinero.*
Ich habe Geld.	Ich habe **kein** Geld.

Doppelte Verneinung:

No veo a nadie.
Ich sehe niemanden.
No tomo nunca alcohol.
Ich trinke niemals Alkohol.
No quiero nada para comer.
Ich möchte nichts essen.
Aquí no hay ningún hotel moderno.
Hier gibt es kein modernes Hotel.

9 Verneine folgende Sätze:

> **Modelo:** *Michael hace deporte.* ► Michael no hace deporte.

1. Mi familia vive en el campo. ....
2. Me levanto a las 8 de la mañana. ....
3. Viajar en autobús es muy cómodo. ....
4. Los sábados mi mujer suele ir de compras. ....
5. Voy en tren a la escuela. ....
6. Trabajo de bibliotecario. ....
7. Navegar en Internet me gusta. ....
8. Los alumnos estudian mucho. ....
9. Van a ir a España en otoño. ....
10. Nuria tiene coche nuevo. ....
11. Michael quiere compartir piso. ....
12. Mañana celebra su cumpleaños. ....

10 Beantworte alle Fragen negativ:

> **Modelo:** *¿Aprendes chino?* ► No, no aprendo chino.

1. ¿Eres español? ....
2. ¿Trabaja usted en una oficina? ....
3. ¿Hacéis las tareas? ....
4. ¿Os gusta la música latinoamericana? ....
5. ¿Vas a viajar en avión? ....
6. ¿En España se hablan cinco lenguas? ....
7. ¿Barcelona es la capital de España? ....
8. ¿Austria limita con Francia? ....
9. ¿Compran ustedes las entradas? ....
10. ¿Vais a la biblioteca? ....
11. ¿Se llama usted Domingo? ....
12. ¿Vives en esta casa? ....
13. ¿Es su equipaje, señora? ....

11 Was sagst du in folgenden Situationen?

1. Sage, dass das nicht dein Gepäck ist.

   ....

2. Sage, dass du nicht zur Geburtstagsparty gehen kannst.

   ....

3. Sage, dass du normalerweise nicht um 6 Uhr aufstehst.

   ....

4. Sage, dass du keinen Hunger hast.

   ....

5. Sage, dass du nicht mit dem Zug fährst.

   ....

6. Sage, dass du nichts verstehst.

   ....

7. Sage, dass du nicht Französisch sprichst.

   ....

8. Sage, dass du kein Geld hast.

   ....

12 Bringe die Sätze in die richtige Reihenfolge:

1. chocolate / churros / comen / nunca / no / con

   ....

2. tomamos / mañana / nada / por / no / la

   ....

3. ¿libro / tenéis / vosotros / español / no / ningún?

   ....

4. Madrid / conoce / nadie / a / no / en / todavía / Michael

   ....

5. nada / estos / comprenden / chicos / no

   ....

6. pronunciación / es / no / española / difícil / la

   ....

7. ¿conoces / Nuria / Michael / no / a / y?

   ....

8. compro / chaqueta / porque / no / no / gusta / me / esta / nada

   ....

9. no / cabina / por / teléfono / ninguna / aquí / hay / de

   ....

10. alcohol / venden / menores / no / nunca / a / dieciséis / de / años

   ....

11. tienen / dinero / ellas / no / mucho

   ....

12. teatro / en / nunca / me / el / no / duermo

   ....

4. KAPITEL: Aussprache – *Pronunciación*

Das spanische Alphabet:

a	b	c	ch	d	e	f	g	h	i	j	k	l	ll	m
a	*be*	*ce*	*che*	*de*	*e*	*efe*	*ge*	*hache*	*i*	*jota*	*ka*	*ele*	*elle*	*eme*

n	ñ	o	p	q	r	rr	s	t	u	v	w	x	y	z
ene	*eñe*	*o*	*pe*	*cu*	*ere, erre*	*erre doble*	*ese*	*te*	*u*	*uve*	*uve doble*	*equis*	*i griega*	*zeta*

Bei der Aussprache ist vor allem auf folgende Buchstaben zu achten:

c vor **a, o, u** wie **/k/**	*Carmen, Cuba*
c vor **e, i** wie ein englisches **/th/** (thanks)	*Barcelona, internacional*
g vor **e, i** wie ein dt. **/ch/** in Sa**ch**e	*gente, Gibraltar*
g vor allen anderen Buchstaben wie in „Garten"	*Galápagos*
gue/gui wie dt. **/ge/ /gi/**, das **/u/** bleibt **stumm**!	*Miguel, guitarra* klingt wie /Migell/, /gitarra/
j immer wie dt. **/ch/** in Sa**ch**e	*mujer, Jorge*
ch wie dt. **/tsch/** in **Tsch**inelle	*chica, Chile, muchacho*
h bleibt **stumm**	*Honduras, Habana, hola*
ll ist ein eigener Laut, klingt ähnlich wie **/lj/** in Bi**ll**ard	*Mallorca*
ñ klingt wie **/nj/** in Kog**n**ak	*niña, español*
qu klingt wie dt. **/k/**, das **/u/** darf man nicht hören	*qué* klingt wie /ke/
z wie engl. **/th/**	*Zaragoza*

13 Die Aussprache kannst du sehr leicht mit diesen Zungenbrechern üben. Der Witz liegt darin, schnell und klar zu lesen und die Geschwindigkeit zu erhöhen, aber auf keinen Fall Wörter auszulassen. Versuche es einfach und du wirst sehen, es funktioniert und macht Spaß!

1. "Erre" con "erre" cigarro, "erre" con "erre" barril.
   Rápido corren los carros, cargados de azúcar del ferrocarril.
2. Tres tristes tigres, tragaban trigo en un trigal en tres tristes trastos.
   En tres tristes trastos tragaban trigo tres tristes tigres en un trigal.
3. El perro de San Roque no tiene rabo
   porque Ramón Ramírez se lo ha cortado.
4. El amor es una locura que solo el cura lo cura,
   pero el cura que lo cura comete una gran locura.
5. Como poco coco como, poco coco compro.
6. ¡Qué col colosal colocó en aquel local el loco aquél!
   ¡Qué colosal col colocó el loco aquél en aquel local!
7. Cuando cuentes cuentos, cuenta cuántos cuentos cuentas;
   cuenta cuántos cuentos cuentas, cuando cuentes cuentos.
8. Pablito clavó un clavito.
   – ¿Qué clavito clavó Pablito?
   – Un clavito chiquitito.
9. El vino vino, pero el vino no vino vino.
   El vino vino vinagre.
10. Ñoño Yáñez come ñame por las mañanas con el niño.
11. Mi caballo pisa paja, paja pisa mi caballo.
12. Bájame la jaula, Jaime, bájamela.
13. De Guadalajara vengo, jarra traigo, jarra vendo, a medio doy cada jarra.
    ¡Qué jarra tan cara traigo de Guadalajara!

14 In diesen Ländern spricht man Spanisch. Buchstabiere sie:

1. ARGENTINA: ....
2. BOLIVIA: ....
3. CHILE: ....
4. COLOMBIA: ....
5. COSTA RICA: ....
6. CUBA: ....
7. REPÚBLICA DOMINICANA: ....
8. ECUADOR: ....
9. EL SALVADOR: ....
10. ESPAÑA: ....
11. GUATEMALA: ....
12. GUINEA ECUATORIAL: ....
13. HONDURAS: ....
14. MÉXICO: ....
15. NICARAGUA: ....
16. PANAMÁ: ....
17. PARAGUAY: ....
18. PERÚ: ....
19. PUERTO RICO: ....
20. URUGUAY: ....
21. VENEZUELA: ....

15 Trage die fehlenden Vokale ein:

☐n ☐☐r☐p☐ s☐ h☐bl☐ ☐sp☐ñ☐l. ☐n ☐m☐r☐c☐ s☐ h☐bl☐ ☐sp☐ñ☐l.
☐n ☐fr☐c☐ s☐ h☐bl☐ ☐sp☐ñ☐l. ☐n ☐s☐☐ s☐ h☐bl☐ ☐sp☐ñ☐l.
S☐ t☐ t☐mb☐☐n h☐bl☐s ☐sp☐ñ☐l, t☐☐n☐s c☐☐tr☐ c☐nt☐n☐nt☐s
p☐r☐ ☐ l☐g☐r y m☐s d☐ v☐☐nt☐ p☐☐s☐s. C☐d☐ ☐n☐ d☐ ☐st☐s
p☐☐s☐s t☐ v☐ ☐ ☐fr☐c☐r c☐s☐s f☐nt☐st☐c☐s. ☐l m☐nd☐ d☐l ☐sp☐ñ☐l
☐s ☐nm☐ns☐. ¡D☐sc☐br☐ l☐!

16 Schreibe diesen Satz richtig auf:

ele – a – pe – ere – a – ce – te – i – ce – a – hache – a – ce – e – a – ele – eme – a – e – ese – te – ere – o

....

17 Schreibe folgende buchstabierte Namen richtig auf:

1. eme – i – ce – hache – a – e – ele   ....
2. ene – u – ere – i – a   ....
3. pe – a – ele – o – eme – a   ....
4. de – i – a – be – ele – o   ....
5. ce – a – ere – ele – o – ese   ....
6. jota – u – a – ene – a   ....

5. KAPITEL: Betonung – *Acentuación*

1. Die **vorletzte Silbe** wird betont, wenn ein Wort auf **Vokal, -n** oder **-s** endet: *amigo – elegante – hola*
2. Die **letzte Silbe** wird betont, wenn ein Wort auf einen anderen **Konsonanten** als -n oder -s **endet:** *autor – hospital – señor*
3. Alle Wörter, die von diesen beiden Regeln **abweichen**, tragen einen **Betonungsakzent**, um die betonte Silbe zu kennzeichnen: *información – día – música – periódico* (bei den letzten beiden Wörtern ist die drittletzte Silbe betont)

18 **Trage folgende Wörter nach ihrer Betonung in die Tabelle ein:**

~~semáforo~~, fiesta, frontera, capital, economía, ciudad, reina, autónomo, hotel, departamento, jefa, alumno, señorita, teléfono, español, pizarra, hablar, problema, compañera, silla, sofá, sillón, paella, llamada, periódico, reportero, televisión, ordenador, escáner, móvil, oficina, trabajo, supermercado, catálogo, internacional, escribir, Gibraltar, Córdoba, Jesús, real, Mediterráneo, página, inteligente, información, francés, austríaca, teatro, cine, tiempo, político, café, exámenes, familia, músico, canción

vorletzte Silbe	letzte Silbe	drittletzte Silbe
		semáforo

19 **Lies dir noch einmal die Anzeige über den *Tren de Cervantes* aus Übung 8 aufmerksam durch! Setze nun die fehlenden Akzente. Es sind genau 13! Anschließend kannst du diesen Text mit dem Original vergleichen!**

Sube al Tren de Cervantes.
Hay viajes que son unicos.

Descubre el magico mundo del Siglo de Oro y de Miguel de Cervantes a traves de los personajes de la epoca y las obras mas conocidas del genial escritor. Ademas podras recorrer los lugares mas interesantes de su ciudad natal, Alcala de Henares, declarada Patrimonio de la Humanidad.
Ya sabes: te esperamos los sabados y domingos a las 11 de la mañana en la estacion de Madrid-Atocha.
Del 18 de marzo al 10 de diciembre.

Venta de billetes en agencias de viajes y estacion Renfe.
Precio: 17 € adultos y 12 € niños.
Telefono Renfe: 902 24 02 02

6. KAPITEL: Artikel, Nomen, Adjektive – *Artículos, sustantivos, adjetivos*

BESTIMMTE ARTIKEL UND NOMEN – *ARTÍCULOS DETERMINADOS Y SUSTANTIVOS*

	Einzahl	Mehrzahl
Männlich	*el* viaje	*los* viajes
	die Reise	die Reisen
Weiblich	*la* ciudad	*las* ciudades
	die Stadt	die Städte

- Die Artikel stimmen im Spanischen nicht immer mit jenen im Deutschen überein. Meist kannst du aber an der Endung erkennen, ob ein Wort **männlich** oder **weiblich** ist:

  -o, -or bedeuten meist **männlich**: *el amigo, el pintor*

  -a, -ción, -dad bedeuten meist **weiblich**: *la amiga, la información, la ciudad*

- Nomen auf *-e* sind nicht eindeutig zu bestimmen, du musst den Artikel dazulernen:

  la leche, la noche, la tarde; aber: *el cine, el chocolate, el café*

- Es gibt auch ein paar Ausnahmen von diesen Regeln, wie zB **la radio, la foto, la moto** oder **el problema, el día, el mapa**.

  TIPP: Um Unsicherheiten zu vermeiden, lernst du am besten die Nomen gleich mit dem entsprechenden Artikel!

- Um die **Mehrzahl** zu bilden, hängt man an Wörter, die auf **Vokal** enden, ein *-s* an, endet ein Wort auf einen **Konsonanten**, hängt man *-es* an.

- Wörter, die bereits in der Einzahl auf *-es/-s* enden, verändern sich in der Mehrzahl nicht mehr:

  el jueves – der Donnerstag; *los jueves* – die Donnerstage bzw. donnerstags.

- Steht vor dem männlichen Artikel die Präposition *a* bzw. *de* , so wird zu *al* bzw. *del* verschmolzen:

  Voy al bar. – Ich gehe in die Bar.

  El bar está enfrente del estanco. – Die Bar befindet sich gegenüber dem Tabakladen.

UNBESTIMMTE ARTIKEL – *ARTÍCULOS INDETERMINADOS*

	Einzahl	Mehrzahl
Männlich	*un* viaje	*unos** viajes
	eine Reise	einige Reisen
Weiblich	*una* ciudad	*unas** ciudades
	eine Stadt	einige Städte

* Die Mehrzahl des unbestimmten Artikels wird im Sinne von „einige" verwendet; vor Zahlen für „etwa" bzw. „ungefähr".

- Vor *medio* und *otro* wird der unbestimmte Artikel weggelassen:

  ¡Otro mosto, por favor! – Noch einen Traubensaft, bitte!

20 **Welches Geschlecht haben folgende Wörter? Ordne sie zu – *¡ojo!* – einige tragen sowohl den Artikel *el* als auch *la*:**

terraza, bar, capital, viernes, café, tarta, helado, restaurante, mañana, manzana, puerto, abuelo, noche, ajedrez, adivinanza, día, armario, bandera, bicicleta, televisor, señor, bolígrafo, bizcocho, cabeza, caramelo, ciudad, coche, comparación, periódico, cita, cerveza, centro, colegio, dama, flor, momento, dentista, problema, turista, punto, detective, cuento, domingo, edad, discusión, ejercicio, elefante, madre, padre, hermana, cuñado, dulce, examen, ensalada, escritor, escuela, farmacia, fiesta, forma, francés, guerra, jamón, jefe, niebla, mayo, nariz, octubre, oficina, taxi, policía, postal, profesor, razón, revista, sofá, tomate, tortuga, tren, avión, tigre, chico, vino, zumo, vestido, volcán, zapato, rosa, saludo, seda, monumento, grupo, guitarra, hamburguesa, hijo, dormitorio, magdalena, cortado, favor, música, exposición, cena, médico, excursión, pera, balcón, invitación, marido, mensaje, serpiente, sobrino, sombrero, pregunta, programador, salón, cuarto de baño, piano, perro, novela, ojo, país, pan, papelería, limón, lunes, maleta, falda, foto, escritorio, curiosidad, descripción, diccionario, discusión, chocolate, beso, cibercafé, cocina, champán, bebida, botella, agente, almendra, barba, chica, felicidad, metro, muchacho, nevera, fin de semana, estudiante, reloj, rey, precio, oportunidad, ostra, palacio, pueblo, pluma, poema, política, pollo, ventana, solución, suerte, verdulería, tienda, oliva, pestaña

männlich – *masculino* el	weiblich – *femenino* la
	terraza,

21 Bilde nun von den Wörtern aus der Übung 20 die Mehrzahl! Denk daran, *sólo la práctica hace al maestro* – also, *¡ánimo!*, denn nur die Übung macht den Meister!

22 Ergänze die entsprechende männliche bzw. weibliche Form:

1. el joven ....
2. .... la dentista
3. el francés ....
4. el camarero ....
5. el abuelo ....
6. .... la hija
7. el médico ....
8. el empleado ....
9. .... la detective
10. el cocinero ....

11. el inglés ....
12. el mecánico ....
13. .... la limpiabotas
14. el electricista ....
15. el abogado ....
16. el pastor
17. el fotógrafo ....
18. .... la bibliotecaria
19. el intérprete ....
20. el enfermero ....

23 Ergänze mit *el / los / la / las*:

1. .... relojes
2. .... silla
3. .... zapatos
4. .... dientes
5. .... trabajo
6. .... cuaderno
7. .... excursión

8. .... exámenes
9. .... tienda
10. .... pared
11. .... peine
12. .... mapas
13. .... tele
14. .... radio

15. .... chocolate
16. .... jueves
17. .... noche
18. .... días
19. .... informaciones
20. .... motos
21. .... hojas

24 Ergänze mit *un / unos / una / unas*:

1. .... extranjeros
2. .... ventana
3. .... cocineras
4. .... sello
5. .... buzón
6. .... paraguas
7. .... jabón

8. .... zanahorias
9. .... mapa
10. .... bolso
11. .... sobre
12. .... viernes
13. .... botellas
14. .... casa

15. .... balcón
16. .... trajes
17. .... perros
18. .... gato
19. .... jirafa
20. .... elefantes
21. .... hoja

25 Wie lautet die Einzahl dieser Wörter?

1. los lunes ....
2. las cruces ....
3. unos árboles ....
4. los caballos ....
5. unas luces ....
6. los relojes ....
7. las reinas ....

8. unas actrices ....
9. las princesas ....
10. los exámenes ....
11. los paraguas ....
12. las noticias ....
13. unos momentos ....
14. los padres ....

26 *El arca de Noé* – **Noah nimmt jeweils ein männliches und ein weibliches Tier mit. Einige weibliche sind bereits im Boot. Wie heißen die männlichen?**

1. la leona ....

2. la mona ....

3. la perra ....

4. la burra ....

5. la elefanta ....

6. la coneja ....

7. la vaca ....

8. la loba ....

9. la osa ....

10. la gata ....

11. la gallina ....

12. la cierva ....

27 **Lies nun den folgenden Text und ergänze die bestimmten Artikel:**

Carlos es un camarero muy feliz. (**1.**) .... camareros españoles siempre suelen ser muy felices. Trabaja en

(**2.**) .... Plaza Mayor, en un bar. (**3.**) .... bar se llama " (**4.**) .... Gusto". Dentro (**5.**) de............. bar

se pueden ver unas fotos de (**6.**) .... toreros más famosos de toda España. (**7.**) .... fotos ya son un poco

viejas, pero a (**8.**) .... turistas les encantan. En verano a Carlos le gusta mucho trabajar en (**9.**) .... terraza.

Allí siempre hay muchas turistas guapas. (**10.**) .... chicas suelen escribir postales y beber refrescos. De vez

en cuando Carlos les compra (**11.**) .... postales a (**12.**) .... turistas en (**13.**) .... estanco de enfrente.

En (**14.**) .... plaza no hay árboles y en verano hace muchísimo calor. Pero Carlos es bastante inteligente: por

(**15.**) .... mañana pone sombrillas para proteger (**16.**) de............. sol a (**17.**) .... turistas más guapas.

(**18.**) A............. guía turístico, que acompaña a (**19.**) .... turistas, no le gusta mucho lo que hace (**20.**) ....

camarero. Pero a Carlos le encanta ponerle celoso (**21.**) a............. guía. Para fastidiar (= *ärgern*) un poco a Carlos

(**22.**) .... compañeros (**23.**) de............. pobre suelen decirle: »¡Carlos, otra cerveza, por favor!« Entonces Carlos

tiene que entrar en (**24.**) .... bar para recoger (**25.**) .... cervezas de (**26.**) .... barra.

28 **Ergänze in den folgenden „Tierweisheiten" den bestimmten bzw. unbestimmten Artikel:**

1. hacerse .... mosquita muerta; 2. matar dos pájaros de .... tiro; 3. hacer de .... pulga .... camello;

4. coger .... toro por .... cuernos; 5. ser más pesado que .... vaca en brazos; 6. ser más lento que

.... tortuga; 7. ser .... gallina; 8. ser .... oveja negra de .... familia; 9. estar loco como ....

cabra; 10. ser listo como .... zorro; 11. ser .... gallo de pelea; 12. aburrirse como .... ostra.

29 **Wie drückt man das auf Deutsch aus? Ordne den „Tierweisheiten" aus Übung 28 ihre deutsche Entsprechung zu:**

a. ein Streithahn sein; b. sich fürchterlich langweilen; c. sich tot stellen; d. den Stier an den Hörnern packen;
e. aus einer Mücke einen Elefanten machen; f. das schwarze Schaf in der Familie sein; g. lästig sein; h. spinnen;
i. ein Feigling sein; j. sehr langsam sein; k. schlau wie ein Fuchs sein; l. zwei Fliegen mit einer Klappe schlagen.

1.	2.	3.	4.	5.	6.	7.	8.	9.	10.	11.	12.

7. KAPITEL: Adjektive – *Adjetivos*

männlich	weiblich	männlich / weiblich
el chico alto	*la chica alta*	*el alumno / la alumna optimista*
der große Junge	das große Mädchen	der/die optimistische Schüler/in
el chico trabajador	*la chica trabajadora*	*el señor / la señora amable*
der fleißige Junge	das fleißige Mädchen	der/die freundliche Herr/Frau
		el lío fenomenal / la actuación fenomenal
		das außergewöhnliche Durcheinander / die einzigartige Aufführung
		un caballo veloz / una rata veloz
		ein schnelles Pferd / eine schnelle Ratte

- Adjektive, deren männliche Form auf *-o* endet, bilden die weibliche Form auf *-a*.

- Adjektive, die auf *-e, -ista* oder **Konsonant** enden, haben nur eine Endung für die weibliche und männliche Form und sind nur in der Zahl veränderbar.

- Adjektive auf *-or* hängen bei der weiblichen Form ein *-a* an.

- Adjektive müssen immer das gleiche Geschlecht und die gleiche Zahl wie das Nomen haben. Die Pluralbildung verläuft wie bei den Nomen (*el chico alto* ► *los chicos altos*), jedoch kann es zu orthografischen Veränderungen kommen: *feliz* ► *felices*, *joven* ► *jóvenes*.

- Das männliche Substantiv hat immer Vorrang: *Tanto sus hijas como sus hijos son altos.*

30 **Ergänze die entsprechende männliche bzw. weibliche Form der folgenden Adjektive:**

männlich	weiblich	männlich	weiblich
1. libre		21. enorme	
2. bonito		22.	oscura
3.	larga	23. rico	
4. corto		24. rizado	
5.	pequeña	25. rubio	
6.	tímida	26. bajo	
7.	alta	27. delgado	
8.	clara	28.	gorda
9. trabajador		29. pelirrojo	
10. formal		30. sucio	
11. nuevo		31. guapo	
12. elegante		32. rápido	
13.	pesimista	33.	positiva
14.	interesante	34.	antigua
15.	hermosa	35.	moderna
16. espectacular		36. simpático	
17. joven		37. tonto	
18. fijo		38. vago	
19.	habladora	39.	antipática
20. inteligente		40. negativo	

31 Welche der folgenden Adjektive können mit welchem Nomen verbunden werden? Bilde sinnvolle Kombinationen und stimme die Endungen der Adjektive mit den Nomen überein:

famoso/a – inteligente – limpio/a – bajo/a – grande – antiguo/a – turístico/a – sucio/a – bonito/a – guapo/a – moderno/a – gordo/a – aburrido/a – pequeño/a – largo/a – cómodo/a – pelirrojo/a – alto/a – útil – barato/a – serio/a – simpático/a – peligroso/a – maravilloso/a – nuevo/a – tranquilo/a – moreno/a – optimista – feo/a – activo/a – trabajador/a – bueno/a – fantástico/a – vago/a – pobre – tonto/a

chico	ciudades	playa	libros

32 Streiche die falschen Formen durch. Einige Nomen sind sowohl männlich als auch weiblich!

1. un / una **casa** grande
2. unos / unas **clases** aburridos / aburridas
3. un / una **libro** caro / cara
4. el / la **mapa** importante
5. el / la **situación** incómodo / incómoda
6. los / las **ojos** claros / claras
7. unos / unas **chicas** guapos / guapas
8. el / la **taxista** amable
9. un / una **juego** divertido / divertida
10. los / las **exámenes** difíciles
11. unos / unas **actrices** famosos / famosas
12. el / la **intérprete** curioso / curiosa
13. un / una **sopa** rico / rica
14. unos / unas **playas** sucios / sucias
15. el / la **árbol** alto / alta
16. un / una **elefante** fuerte
17. unos / unas **mensajes** tontos / tontas
18. el / la **restaurante** caro / cara
19. los / las **profesoras** habladores / habladoras
20. el / la **capital** tranquilo / tranquila
21. los / las **trajes** estrechos / estrechas
22. el / la **corbata** elegante
23. un / una **zorro** inteligente
24. el / la **pronunciación** difícil
25. unos / unas **padres** generosos / generosas
26. unos / unas **deportistas** delgados / delgadas
27. unos / unas **países** ricos / ricas
28. el / la **idioma** extranjero / extranjera
29. un / una **programa** nuevo / nueva
30. unos / unas **motos** caros / caras

33 Ergänze in den folgenden Sätzen die Endungen, wo es notwendig ist:

1. Me gustan los alumnos trabajador...............
2. El ordenador portátil............... está estropead...............
3. Tengo los pantalones rot...............
4. Sancho Panza es gord............... y baj...............
5. Don Quijote es delgad............... y alt...............
6. Carmen, ¿por qué estás tan content............... hoy?
7. Estos chicos tienen el pelo rubi...............
8. Estos melones no están muy dulc...............
9. Los dos gatos son unos vag...............
10. Este libro y la película son muy interesant...............
11. Los asientos son incómod...............
12. Sus padres son muy ric...............
13. He visto una obra bastante aburrid...............
14. La chica lleva un vestido gracios...............
15. El señor lleva una corbata muy cort...............
16. Estas mujeres son muy simpátic...............
17. El vocabulario es fácil...............
18. Mis amigos viven en una casa bonit...............
19. Tus dos hijos y tu hija son muy simpátic...............
20. Los zapatos son nuev...............
21. La cama es bastante cómod...............
22. La botella ya está vací...............
23. Estos ejercicios son difícil...............
24. Este vídeo es aburrid...............

34 *Despedacigrama: Correo electrónico desde Madrid.*

Dieses E-Mail besteht aus einem kurzen zusammenhängenden Text, kam aber durch einen Fehler in vielen kleinen Stücken an. Setze die einzelnen Teile wieder zu einem vollständigen Text zusammen. Jedes Wortende wird durch ein schwarzes Feld angezeigt:

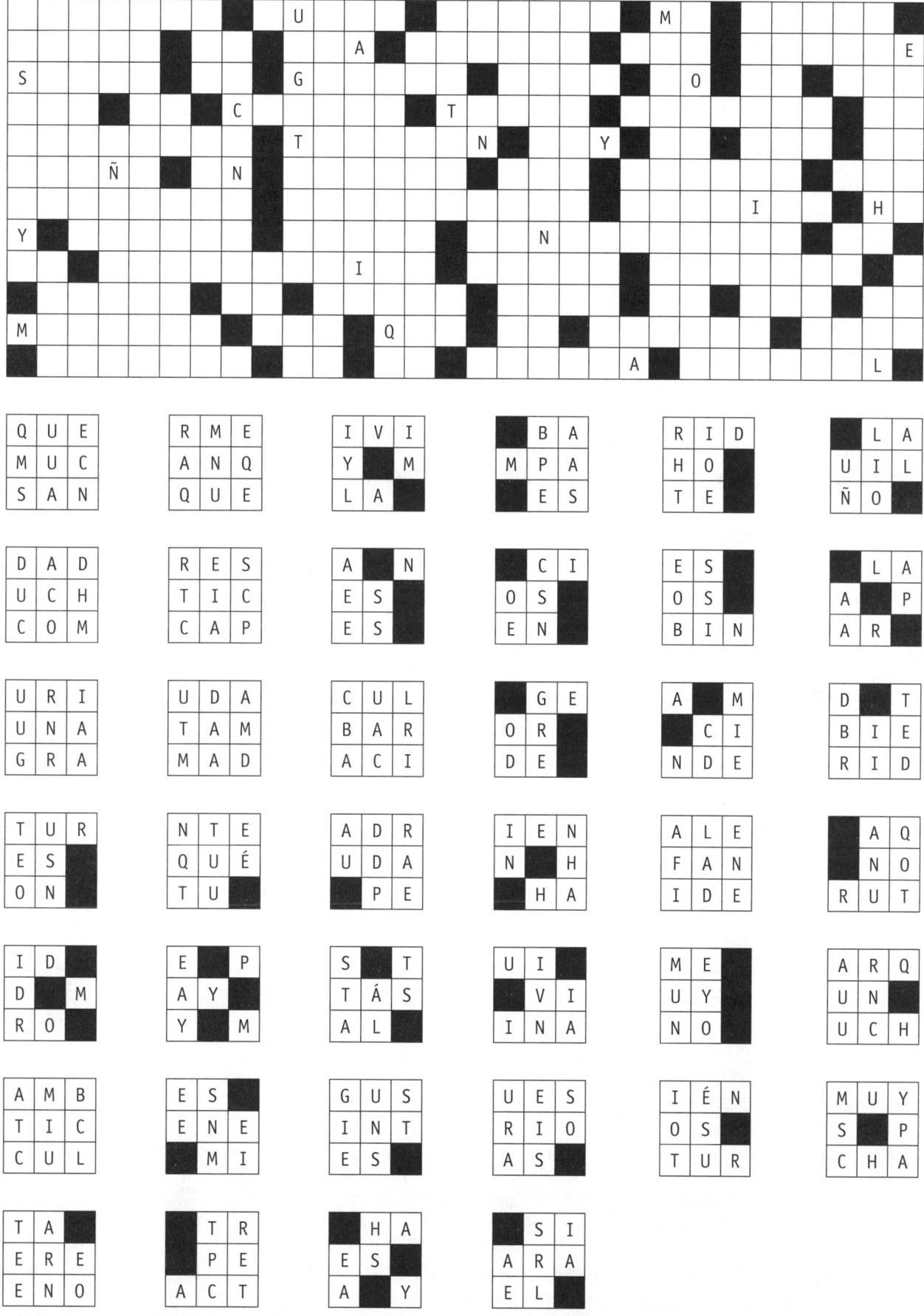

35 **Wie lautet das entsprechende Gegenteil der Adjektive in diesen Sätzen?**

1. Estamos *tristes*. ....

2. La calle es *ancha*. ....

3. La pared es *blanca*. ....

4. La playa está *limpia*. ....

5. El edificio es *bonito*. ....

6. Los pantalones son muy *cortos*. ....

7. Esa mujer es *joven*. ....

8. La película es *aburrida*. ....

9. Tiene unos pies *grandes*. ....

10. Esa chica es muy *alta*. ....

11. La ropa de esta tienda es bastante *barata*. ....

12. Mira, ¡qué chica tan *guapa*! ....

13. Antes de hablar con mi profesor siempre estoy muy *nervioso*. ....

14. Hablar ruso es bastante *difícil*. ....

15. Michael es un chico muy *trabajador*. ....

16. Nuria es una persona *optimista*. ....

17. Este señor es *simpático*. ....

18. La tía americana es bastante *rica*. ....

36 ***Las partes del cuerpo*** **– Finde in der Buchstabensuppe die spanischen Wörter für diese Körperteile. Die verbleibenden 14 Buchstaben ergeben den Titel eines Märchens (auf Deutsch „Rotkäppchen"), in dem Körperteile eine wichtige Rolle spielen. Wie lautet der Titel auf Spanisch?**

N	E	S	P	A	L	D	A	M	■
A	R	B	O	C	A	O	J	A	E
R	A	R	C	A	R	A	A	N	S
I	T	A	O	L	L	I	B	O	T
Z	C	Z	I	L	E	P	E	L	O
O	J	O	C	I	N	I	T	O	M
R	U	R	O	D	G	E	N	H	A
E	D	E	D	O	U	R	E	C	G
A	P	J	O	R	A	N	I	E	U
C	C	A	B	E	Z	A	D	P	■

1. KOPF ....
2. AUGE ....
3. OHR ....
4. NASE ....
5. ARM ....
6. MUND ....
7. FINGER ....
8. ELLBOGEN ....
9. BEIN ....
10. FUSS ....
11. KNIE ....

12. KNÖCHEL ....
13. RÜCKEN ....
14. HAND ....
15. HAAR ....
16. GESICHT ....
17. ZUNGE ....
18. BRUST ....
19. ZAHN ....
20. BAUCH ....

Lösung:

– – – – – – – – – – – – – –

NATIONALITÄTSADJEKTIVE

männlich	weiblich	männlich / weiblich	
el chico italiano	*la chica italiana*	*el alumno / la alumna estadounidense*	
der italienische Junge	das italienische Mädchen	der / die amerikanische Schüler/in	
el diccionario español	*la cultura española*	*el chico / la chica belga*	
das spanische Wörterbuch	die spanische Kultur	der / das belgische Junge / Mädchen	

- Enden sie auf **-o** oder **Konsonant**, bilden sie die weibliche Form auf **-a**.
  Achtung: Bei der weiblichen Form fällt der Akzent weg, da die vorletzte Silbe betont wird!
  inglés – inglesa
- Einige haben für die männliche und weibliche Form nur eine Endung.
- Die Pluralbildung verläuft wie bei den Adjektiven: *los/las chicos/**as** italianos/**as***

37 **In welchen Ländern wohnen diese Menschen? Notiere das entsprechende Land:**

1. alemanas	▸	13. egipcio	▸ ....
2. sueca	▸	14. escoceses	▸ ....
3. portugueses	▸	15. indio	▸ ....
4. rusas	▸	16. peruanas	▸ ....
5. estadounidenses	▸	17. cubana	▸ ....
6. japonesas	▸	18. argentino	▸ ....
7. inglés	▸	19. mexicano	▸ ....
8. italiana	▸	20. brasileñas	▸ ....
9. griegas	▸	21. israelí	▸ ....
10. suizos	▸	22. uruguayo	▸ ....
11. francés	▸	23. austríacas	▸ ....
12. australiano	▸	24. rumanos	▸ ....

38 **Wie heißen die Bewohnerinnen/Bewohner dieser Länder:**

1. Österreich	▸ *austríacos, austríacas*	7. England	▸ ....
2. Polen	▸	8. Nicaragua	▸ ....
3. Ungarn	▸	9. Schweiz	▸ ....
4. Türkei	▸	10. Schweden	▸ ....
5. Griechenland	▸	11. China	▸ ....
6. Spanien	▸	12. Japan	▸ ....

FARBADJEKTIVE

männlich	weiblich	männlich / weiblich
el zapato rojo	*la camisa negra*	*el zapato / la camisa verde*
der rote Schuh	das schwarze Hemd	der grüne Schuh / das grüne Hemd
		el traje / la casa azul
		der blaue Anzug / das blaue Haus

- Enden sie auf **-o**, bilden sie die weibliche Form auf **-a**.
- Enden sie auf **-e** oder **Konsonant**, haben die weibliche und männliche Form nur eine Endung und sind nur in der Zahl veränderbar: *los zapatos / las camisas verdes*
- **Achtung:** In Geschlecht und Zahl unveränderlich sind Farbadjektive, die von einem Nomen abgeleitet werden (zB *naranja, rosa, violeta, lila*) oder die zusammengesetzt sind (zB *azul claro, verde oscuro*):
  los zapatos naranja – die orangefarbigen Schuhe, *las corbatas azul claro* – die hellblauen Krawatten

39 **Antworte auf folgende Fragen:**

1. ¿De qué color es la nieve? ....

2. ¿De qué color es el cielo? ....

3. ¿De qué color es la sangre? ....

4. ¿De qué color es la hierba? ....

5. ¿De qué color son las hojas de los árboles en otoño? ....

6. ¿De qué color son los tomates maduros normalmente? ....

7. ¿De qué color son las nubes antes de la lluvia? ....

8. ¿De qué color es la lechuga? ....

40 *¿Quién quiere ser millonari@?* – **Findest du die Fehler in den folgenden Antworten? Welche Farben haben die Flaggen wirklich? Korrigiere sie:**

1. La bandera de Canadá es **azul** y **blanca**. Tiene una hoja **verde**.
2. La bandera de Bolivia es **amarilla**, **roja** y **verde**.
3. La bandera de Austria es **blanca**, **roja** y **blanca**.
4. La bandera de Paraguay es **roja**, **blanca** y **azul**.
5. La bandera de Irlanda es **azul**, **roja** y **naranja**.
6. La bandera de Bélgica es **negra**, **amarilla** y **roja**.
7. La bandera de Cuba se compone por cinco franjas, tres **azules** y dos **verdes**, y tiene un triángulo **verde** que lleva en su centro una estrella **blanca**.
8. La bandera de México es **verde**, **roja** y **blanca**. En su centro lleva un escudo con águila.
9. La bandera de Ecuador es **naranja**, **verde** y **roja**.
10. La bandera de España es **amarilla**, **roja** y **amarilla**. En su centro lleva el escudo real.

41 **Rätsel über Rätsel ... Findest du die richtige Antwort?**

Tres amigas, Rosa, Blanca y Celeste se encuentran en una fiesta. En un momento dado Rosa dice: "¿Os dais cuenta de que las tres nos hemos puesto vestidos de color rosa, blanco y celeste?" – "Sí", le contesta la que lleva el vestido blanco, "pero ninguna se ha puesto con un color igual al de su nombre."
¿De qué color es el vestido de cada una?

1. Rosa lleva un vestido ....
2. Blanca lleva un vestido ....
3. Celeste lleva un vestido ....

STELLUNG DER ADJEKTIVE

- Im Gegensatz zum Deutschen steht das Adjektiv fast immer hinter dem Nomen:

  *Nuria tiene un gato **inteligente**.* Nuria hat eine **kluge** Katze.

- Steht ein Adjektiv vor dem Nomen, ändert es meist seine Bedeutung:

  *un hombre **pobre*** – ein **armer** Mann, *un **pobre** hombre* – ein **bedauernswerter** Mann

- Immer nachgestellt werden Farb- und Nationalitätsadjektive:

  *Me gusta el cielo **azul**.* Ich mag den blauen Himmel.

- Immer vorgestellt werden die Adjektive ***mucho*** (viel), ***poco*** (wenig), ***otro*** (ein andere/r/s, noch ein) und ***medio*** (halb):

  *En este bar hay **mucha** / **poca** gente.* In dieser Bar sind viele / wenige Leute.

  Otro und ***medio*** werden dabei immer ohne unbestimmten Artikel gebraucht:

  ***otro** café* – noch ein Kaffee, ***medio** litro de leche* – ein halber Liter Milch

- Die Adjektive ***bueno*** (gut), ***malo*** (schlecht), ***primero*** (erste/r/s) und ***tercero*** (dritte/r/s) können vor dem Nomen stehen. Vor männlichen Nomen verlieren sie dann in der Einzahl die Endung *-o*:

  *un **buen** hotel* – ein gutes Hotel   ABER: *una **buena** idea* – eine gute Idee
  *el **primer** día* – am ersten Tag, *en el **tercer** piso* – im dritten Stock

- Steht das Adjektiv ***grande*** (groß) vor einem Nomen, so wird es sowohl vor einem männlichen als auch weiblichen Nomen zu *gran* verkürzt und ändert seine Bedeutung:

  *un país **grande*** – ein **großes** Land   ▶ *un **gran** país* – ein **großartiges** Land
  *una ciudad **grande*** – eine **große** Stadt   ▶ *una **gran** ciudad* – eine **bedeutende** Stadt

42 **Bring die Wörter in die richtige Reihenfolge:**

1. medios / moderno / mundo / muchos / de / comunicación / nuestro / En / hay

   ....

2. importante / el / Entre / papel / Internet / ellos / desempeña / más

   ....

3. Internet / cosas / aprender / Con / nuevas / podemos / muchas

   ....

4. personal / tener / Mucha / suele / un / con / ordenador / gente / cuarto

   ....

5. red / información / alumnos / la / para / Muchos / buscar / utilizan

   ....

6. largas / permite / Internet / también / cartas / correo / por / nos / enviar / electrónico

   ....

7. temas / de / grupos / En / noticias / podemos / debates / diferentes / realizar / sobre

   ....

8. parte / Internet / tiene / Pero / su / también / negativa

   ....

9. por / Navegar / peligrosa / Internet / una / el / actividad / día / es / todo

   ....

10. Muchos / a / red / están / adictos / la

    ....

11. tercer / ordenadores / Los / se / en / venden / piso / el / portátiles

    ....

12. videojuego / Es / vez / que / un / me / primera / la / compro

    ....

43 **In diesem *revoltigrama* sind bekannte Vokabeln in ihre einzelnen Buchstaben zerlegt und neu zusammengesetzt worden. Wie lautet die richtige Buchstabenfolge? Die grauen Kästchen ergeben, in die richtige Reihenfolge gebracht, ein wichtiges Utensil für den Detektiv Eusebio Gafas:**

1. FORCIINMAON ___ ___ ___ ___ ___ ___ ___ ___ ___ ▢ ___

2. NITRETEN ___ ___ ___ ▢ ___ ___ ___ ___

3. SAICITON ▢ ___ ___ ___ ___ ___ ___ ___

4. RECORO ___ ___ ___ ▢ ___ ___

5. GARVENA ___ ___ ___ ___ ___ ▢ ___

6. EÑESPARDEM ▢ ___ ___ ___ ___ ___ ___ ___ ___ ___

7. COLECETONIR ___ ___ ___ ___ ___ ___ ___ ▢ ___ ___

8. ARTACS ___ ▢ ___ ___ ___ ___

9. ACIDDATIV ___ ___ ___ ___ ___ ▢ ___ ___

Lösung: ▢ ▢ ▢ ▢ ▢ ▢ ▢ ▢ ▢

VERGLEICH UND STEIGERUNG – *COMPARACIONES*

POSITIV (Grundform)		*Este gato es **vago**.*	Diese Katze ist **faul**.
KOMPARATIV (Vergleichsform)	**1. Gleichheit**	*Este gato es **tan** vago **como** el otro.*	Diese Katze ist so faul wie die andere.
	2. Überlegenheit	*Este gato es **más** vago **que** el otro.*	Diese Katze ist fauler als die andere.
	3. Unterlegenheit	*Este gato es **menos** vago **que** el otro.*	Diese Katze ist weniger faul als die andere.
SUPERLATIV		*Este gato es **el más** vago.*	Diese Katze ist die faulste.

Adjektive können mit *más* und *menos* gesteigert werden:

- Gleichen die Elemente einander, verwendet man *tan* + Adjektiv + *como*:

  *Este gato es **tan** vago **como** el otro.* (= Gleichheit)

- Für den Komparativ verwendet man *más / menos* + Adjektiv + *que*:

  *Este gato es **más** vago **que** el otro.* (= Überlegenheit)
  *Este gato es **menos** vago **que** el otro.* (= Unterlegenheit)

- Für den Superlativ verwendet man *el/la/los/las* + *más / menos* + Adjektiv:

  *Este gato es **el más** vago.*

- Unregelmäßige Steigerungsformen:

  bueno (gut) ► ***mejor*** (besser)
  malo (schlecht) ► ***peor*** (schlechter)
  grande (groß, alt ► *viejo*) ► ***mayor*** (älter)
  pequeño (klein, jung ► *joven*) ► ***menor*** (jünger)

- Beim **absoluten Superlativ** wird die Endung *-ísimo/a/os/as* an den Stamm des Adjektivs angehängt. Endet das Adjektiv auf Vokal, fällt dieser weg: *guapo* ► *guap**ísimo**, fácil* ► *facil**ísimo***
  Die Endung *-ísimo* hebt eine Eigenschaft besonders hervor, stärker als *muy*:

  Este gato es muy inteligente. Diese Katze ist sehr klug.
  Este gato es inteligentísimo. Diese Katze ist wirklich sehr klug.

44 **Die Freunde von Nuria und Michael sprechen über ihre Vorlieben. Leider sind ihre Sätze durcheinandergeraten. Verbinde die zusammenpassenden Satzteile:**

1. Este jersey es muy estrecho,
2. Estas gafas de sol son demasiado caras,
3. Estos pantalones son un poco cortos, ¿no?,
4. Estos zapatos son muy elegantes,
5. Este móvil parece muy anticuado,
6. Esta falda me queda un poco pequeña,

a. las buscamos un poco más baratas.
b. los prefiero más deportivos.
c. la quiero más grande.
d. lo prefiero más moderno.
e. los quiero un poco más largos.
f. lo prefiero más ancho.

45 **Ergänze mit *como / que / más / menos / tan*:**

1. Michael no baila tan bien .... Carlos.
2. Este chico es menos gracioso .... el otro.
3. Mis calcetines son más cortos .... los tuyos.
4. Hoy Nuria está más guapa .... ayer.
5. Miró es .... moderno que Velázquez.
6. Miguel de Cervantes es .... moderno que Gabriel García Márquez.
7. Estos pantalones no son .... cortos como aquéllos.

8. Este DVD no nos gusta porque es .... entretenido que ése.
9. Este chico es mucho .... listo que ésos.
10. Aquel árbol es .... alto que esta casa.
11. Hablar bien español es .... difícil que entenderlo.
12. Yo soy casi tan alto .... mi padre.
13. Navegar en Internet puede ser .... peligroso como beber alcohol.
14. Estos chicos son menos inteligentes .... sus compañeros.

46 **Nuria und Michael stehen vor dem Schaufenster einer Modeboutique. Lies dir die Beschreibung der Kleidungsstücke durch und ergänze dann die Sätze:**

prenda de vestir	color	precio
vaqueros estrechos	azul	€ 19,50
chaqueta	verde	€ 300
chaqueta	rojo	€ 180
calcetines cortos	blanco	€ 1,50
calcetines largos	blanco	€ 2,50
vaqueros anchos	azul	€ 26,90
jersey	amarillo	€ 26,90
jersey	azul	€ 26,90

1. Los calcetines cortos son .... baratos.
2. Los jerseys son .... baratos .... las chaquetas.
3. La chaqueta roja es .... bonita .... la chaqueta verde.
4. El jersey amarillo es tan .... como los vaqueros anchos.
5. Los vaqueros estrechos son .... baratos .... los anchos.
6. La chaqueta verde es .... cara.
7. Los calcetines cortos son .... caros .... los largos.
8. El jersey amarillo es tan .... como el azul.
9. Los vaqueros anchos son más .... que la chaqueta roja.
10. El jersey azul es .... bonito .... el amarillo.

47 **Ergänze mit den unregelmäßigen Steigerungsformen des Adjektivs:**

1. Su móvil es (*bueno*) .... que el mío.
2. El examen de Michael ha sido (*malo*) .... que el nuestro.
3. Nuria es (*joven*) .... que su hermana Juana.
4. Ella es (*viejo*) .... que yo.
5. Estos CDs regrabables son (*malo*) .... que ésos.
6. Esta resolución de pantalla es (*bueno*) .... que ésa.

48 **Was sagst du in folgenden Situationen?**

1. Sage, dass er älter ist als sein Bruder.
2. Frage, ob in Spanien der Winter so schön ist wie der Frühling.
3. Sage, dass das Theater interessanter ist als das Fernsehen.
4. Frage, ob ihr Land so groß ist wie Spanien.
5. Sage, dass die moderne Musik schlechter als die klassische ist.
6. Frage, ob sie glauben, dass das Wasser besser ist als der Wein.
7. Frage, ob das europäische Essen besser ist als das asiatische.
8. Sage, dass deine Mutter so groß wie dein Vater ist.
9. Sage, dass Flugzeuge schneller sind als Autos.
10. Sage, dass das Leben auf dem Land lustiger ist als das Leben in der Stadt.

49 **Ergänze den Superlativ der folgenden Adjektive:**

1.	grande	*muy grande*	
2.	pequeño		
3.	barato		
4.	normal		
5.	enfadado		
6.	feo		
7.	guapo		*guapísimo*
8.	inteligente		
9.	interesante		
10.	tonto		
11.	nervioso		
12.	importante		
13.	difícil		
14.	bueno		

DAS HINWEISENDE ADJEKTIV (DEMONSTRATIVADJEKTIV)

	Einzahl	Mehrzahl	**Gegenstände** oder **Personen**
männlich	*este ordenador portátil*	*estos ordenadores portátiles*	sind nahe beim Sprecher / bei der Sprecherin (*aquí* = hier),
	dieser Laptop	diese Laptops	
weiblich	*esta vendedora*	*estas vendedoras*	
	diese Verkäuferin	diese Verkäuferinnen	
männlich	*ese ordenador portátil*	*esos ordenadores portátiles*	nahe beim Zuhörer / bei der Zuhörerin (*ahí* = da)
	dieser Laptop (da)	diese Laptops (da)	
weiblich	*esa vendedora*	*esas vendedoras*	
	diese Verkäuferin (da)	diese Verkäuferinnen (da)	
männlich	*aquel ordenador portátil*	*aquellos ordenadores portátiles*	weiter entfernt vom Sprecher bzw. Zuhörer / von der Sprecherin bzw. Zuhörerin (*allí* = dort)
	dieser Laptop (dort)	diese Laptops (dort)	
weiblich	*aquella vendedora*	*aquellas vendedoras*	
	diese Verkäuferin (dort)	diese Verkäuferinnen (dort)	

- Dieses Adjektiv verwendet man, um auf eine ganz bestimmte Person oder Sache hinzuweisen. Es steht immer vor dem Nomen und muss mit diesem in Geschlecht und Zahl übereingestimmt werden.

- **Achtung:** Das **hinweisende Fürwort** (Demonstrativpronomen) hat dieselbe Form, steht aber im Unterschied zum Adjektiv allein, da es ein Nomen ersetzt, mit dem es in Geschlecht und Zahl übereingestimmt wird. Zur besseren Unterscheidung vom Adjektiv **kann** es einen Akzent tragen:

  *¿Cuál es tu ordenador portátil, **éste** o **aquél**?*
  Welcher Laptop gehört dir, dieser hier oder dieser dort?

50 **Ergänze *este/estos* bzw. *esta/estas*:**

1. .... problema	9. .... encendedor	17. .... calles	25. .... botas
2. .... sol	10. .... gafas	18. .... guitarra	26. .... billetes
3. .... foto	11. .... coches	19. .... mesa	27. .... armario
4. .... toro	12. .... hierba	20. .... artista	28. .... chaquetas
5. .... programas	13. .... lata de cerveza	21. .... tenedor	29. .... actor
6. .... día	14. .... papel	22. .... lunes	30. .... mensaje
7. .... cuchillos	15. .... cenciceros	23. .... pantalones	31. .... vaso
8. .... pescado	16. .... temas	24. .... carne	32. .... mapas

51 Bilde die Einzahl bzw. Mehrzahl:

1. ese profesor ....
2. esa directora ....
3. esa clase ....
4. ese cuchillo ....
5. ese hombre ....
6. esos lápices ....

7. esas nubes ....
8. esos sillones ....
9. esos aviones ....
10. ese móvil ....
11. esa mujer ....
12. esas rosas ....

52 Wie lautet die Einzahl?

1. aquellos lunes ....
2. aquellas jirafas ....
3. aquellas cruces ....
4. aquellos pañuelos ....
5. aquellos árboles ....
6. aquellos relojes ....

7. aquellos marroquíes ....
8. aquellas luces ....
9. aquellos paraguas ....
10. aquellos días ....
11. aquellos caballos ....
12. aquellas ventanas ....

53 In dieser Übung ändert sich für die Gegenstände und Personen der Grad der Nähe zum Sprecher bzw. zur Sprecherin. Ergänze die Tabelle:

	estos chicos (aquí)	esos chicos (ahí)	aquellos chicos (allí)
1.		esa niña	
2.			aquellos elefantes
3.	este señor		
4.	esta manzana		
5.		esas casas	
6.		esos árboles	
7.		esa carta	
8.			aquel botón
9.			aquellas flores
10.			aquella dama
11.		ese jersey	
12.		ese libro	
13.	estos productos		
14.	estas jirafas		
15.			aquella vaca
16.		esos ordenadores	
17.		ese reproductor MP3	
18.	este profesor		
19.		ese chiringuito	
20.			aquellas tapas

54 Was sagst du in folgenden Situationen?

1. Sage, dass es in dieser Stadt dort nicht viele Geschäfte gibt.

   ....

2. Frage, ob es in dieser Straße da ein Postamt gibt.

   ....

3. Sage, dass in diesem Zimmer hier ein Computer steht.

   ....

4. Sage, dass es in dieser Papierhandlung dort keine Briefmarken gibt.

   ....

5. Frage, ob es in diesem Dorf hier eine Apotheke gibt.

   ....

6. Sage, dass die Schule nicht weit von diesem Haus dort ist.

   ....

55 Der Detektiv Don Eusebio Gafas muss verreisen und braucht daher einen Koffer und eine Laptop-Tasche. Ergänze im folgenden Dialog die entsprechenden Demonstrativadjektive und -pronomen bzw. die Adverbien *aquí*, *ahí* und *allí*:

Gafas: Buenos días, señora.

Vendedora: Buenos días, señor. ¿En qué puedo servirle?

G: Necesito una maleta. ¿Cuánto cuestan (1.) .... que están ahí?

V: ¿(2.) .... que están aquí?

G: Sí.

V: (3.) .... marca es un poco cara, es de Samson y Delilah.

G: Y aquéllos que están (4.) .... a la izquierda, ¿también son casas?

V: No, señor, (5.) .... marca es de Delsí y cuesta sólo cuarenta y nueve euros con cincuenta.

G: Déme una de (6.) .... maletas que están allí, al lado de las mochilas.

V: ¿Algo más?

G: Sí, déme también un bolso para mi ordenador portátil.

V: No hay bolsos para ordenadores, señor. Pero aquí tengo unas mochilas muy prácticas. ¿Qué le parecen

   (7.) .... que tengo allí?

G: No me gustan. Y (8.) .... bolsos de viaje que están ahí, ¿cuánto cuestan?

V: ¿Éstos que están (9.) ....?

G: Sí, ésos de (10.) ...., los rojos.

V: (11.) .... bolsos de viaje cuestan 23 euros.

G: No son muy caros. Déme uno de (12.) ....

56 Lies den Dialog noch einmal aufmerksam durch und kreuze an, ob die unten stehenden Sätze wahr (V) oder falsch (F) sind:

	V	F
1. Don Eusebio necesita una mochila.		
2. Le sirve una vendedora.		
3. Las maletas de la marca Samson y Delilah son un poco caras.		
4. Las maletas de la marca Delsí cuestan menos de cincuenta euros.		
5. Don Eusebio se compra una mochila.		
6. En la tienda hay muchas marcas diferentes de bolsos para ordenadores.		
7. Don Eusebio se compra un bolso de viaje.		
8. El bolso de viaje es de color verde.		

DAS BESITZANZEIGENDE ADJEKTIV (POSSESSIVADJEKTIV)

- **Das unbetonte Possessivadjektiv**

Einzahl		Mehrzahl	
mi	mein, meine	*mis*	meine
tu	dein, deine	*tus*	deine
su	sein, seine	*sus*	seine
	ihr, ihre		ihre
	Ihr, Ihre		Ihre
nuestro, -a	unser, unsere	*nuestros, -as*	unsere
vuestro, -a	euer, eure	*vuestros, -as*	eure
su	ihr/ihre	*sus*	ihre
	ihre		ihre
	Ihr, Ihre		Ihre

Die **unbetonten Formen** stehen immer **vor einem Nomen:**
mi amigo – mein Freund.
Sie stimmen in Geschlecht und Zahl mit dem „Besitzobjekt" überein, nicht mit dem „Besitzer":
Nuestras amigas son muy guapas.
Unsere Freundinnen sind sehr hübsch.

- **Das betonte Possessivadjektiv**

		1. Person	2. Person	3. Person
Ez.	**männl.**	*mío*	*tuyo*	*suyo*
	weibl.	*mía*	*tuya*	*suya*
Mz.	**männl.**	*míos*	*tuyos*	*suyos*
	weibl.	*mías*	*tuyas*	*suyas*
Ez.	**männl.**	*nuestro*	*vuestra*	*suyo*
	weibl.	*nuestra*	*vuestra*	*suya*
Mz.	**männl.**	*nuestros*	*vuestros*	*suyos*
	weibl.	*nuestras*	*vuestras*	*suyas*

Die **betonten Formen** stehen immer **hinter einem Nomen**, das von einem Artikel, einem Demonstrativadjektiv oder einem Zahlwort begleitet wird:
un amigo **mío** – einer meiner Freunde
Wie die unbetonten Formen müssen sie mit ihrem Bezugswort (= „Besitzobjekt") in Geschlecht und Zahl übereinstimmen:
una amiga **mía** – eine meiner Freundinnen

- **Achtung:** Das **besitzanzeigende Fürwort** (Possessivpronomen) hat dieselbe Form wie das betonte Possessivadjektiv. Es ersetzt ein Nomen, mit dem es in Geschlecht und Zahl übereingestimmt wird, und hat immer den bestimmten Artikel bei sich:

  No llevo mi móvil, ¿puedo usar **el tuyo***?*
  Ich habe mein Handy nicht mit, darf ich deines benutzen?

57 **Ergänze in den folgenden Sätzen die Possessivadjektive:**

1. .... carpeta es azul. (*yo*)

2. .... jardín está cerca del lago. (*nosotros*)

3. .... exámenes ya están corregidos. (*vosotros*)

4. ¿Ya han llegado .... hijos? (*tú*)

5. ¿Dónde están .... maletas? (*de ellos*)

6. ¿Has visto a .... abuelos? (*de ella*)

7. .... padre está contento. (*de ellas*)

8. .... perros ladran muchísimo. (*de él*)

58 ***La familia* – In dieser Ellipse sind 15 weibliche Verwandtschaftsbezeichnungen verborgen. Finde und notiere sie:**

1. bisabuela

2. ....

3. ....

4. ....

5. ....

6. ....

7. ....

8. ....

9. ....

10. ....

11. ....

12. ....

13. ....

14. ....

15. ....

59 **Wie lauten die entsprechenden männlichen Formen aus Aufgabe 58?**

1. ....

2. ....

3. ....

4. ....

5. ....

6. ....

7. ....

8. ....

9. ....

10. ....

11. ....

12. ....

13. ....

14. ....

15. ....

60 **Ergänze die Verwandtschaftsverhältnisse:**

1. Los padres de mi madre son mis ....

2. La hermana y el hermano de mi padre son mis ....

3. La mujer de mi hermano es mi ....

4. El hijo de mi tía es mi ....

5. Los hijos de mi hermana son mis ....

6. Los padres de mi mujer son mis ....

7. La madre de mi abuelo es mi ....

8. Los hijos de mi hija son mis ....

61 **Ergänze die entsprechenden Possessivadjektive bzw. -pronomen:**

1. ¿Nuria es tu hermana? – No, es una amiga ....

2. Carlos, ¿aquella chica es la novia de Michael? – No, es ....

3. ¿Éstas son vuestras mochilas? – No, ... están encima del taburete.

4. Señor Gafas, ¿quiénes son sus primos? – .... son aquellos dos que están hablando continuamente.

5. Señor Buenolfato, ¿Eusebio Gafas es un cliente ....? – No, es .... compañero de trabajo.

6. Nuria, ¿cómo es .... familia? – .... familia es muy alegre.

7. ¿Juana es la jefa de Nuria? – No, es una hermana ....

8. Mis sobrinos son guapísimos. ¿Y los tuyos? – .... también.

9. ¿Estas gafas son de Carmen? – Sí, son ....

10. Señor Buenolfato, ¿esta maleta es suya? – Sí, sí, es ....

62 ***Una foto de mi familia* – Der Großvater zeigt Carlitos ein altes Familienfoto.**
Ergänze die Possessivadjektive und finde heraus, wie er mit vollem Namen heißt.
Achtung: In spanischsprachigen Ländern hat jeder mindestens zwei Familiennamen:
Der erste ist der erste Name des Vaters, der zweite der erste der Mutter!

(**1.**) .... (*mein*) padre, Esteban Ariza Gomis, tiene 35 años. Es profesor. (**2.**) .... (*seine*)

esposa se llama María Pilar Paniagua García, es la hija de Antonio Paniagua Ruiz y de Adoración García Zamora,

(**3.**) .... (*mein*) abuelo y (**4.**) .... (*meine*) abuela. (**5.**) .... (*mein*) padre ya no

tiene padres, es huérfano (= *Waise*). Pero tiene una hermana, (**6.**) .... (*meine*) tía Paloma, que es

profesora también. Entre (**7.**) .... (*meine*) madre y (**8.**) .... (*meine*) tía está Carlos, el primo

de (**9.**) .... (*meinem*) padre. Tiene 45 años, y es periodista. El hombre detrás de (**10.**) ....

(*meinem*) abuelo se llama Federico, es (**11.**) .... (*mein*) tío, el hermano de (**12.**) .... (*meiner*)

madre. Tiene 32 ó 33 años, no lo sé exactamente. Entre (**13.**) .... (*meinen*) padres está (**14.**) ....

(*seine*) esposa, Sofía. ¿ (**15.**) .... (*ihr*) edad? Pues, esto es un secreto de familia. Bueno, ahora conoces a

toda la familia. ¿A toda (**16.**) .... (*meine*) familia? No, está también Cosa, el perro de (**17.**) ....

(*meinen*) abuelos. ¿Y yo? Me llamo Enrique. No estoy en la foto de boda de (**18.**) .... (*meinen*) padres,

¡claro que no! Hoy tengo 62 años, y soy fotógrafo. ¿Y cuál es mi apellido? Soy Enrique ....

63 **Ergänze nun den *árbol genealógico*, den Stammbaum der Familie von Enrique:**

64 **Michael beschreibt seinen „Zwillingsbruder", seinen grafischen Stellvertreter in seinem**
Lieblingscomputerspiel. Übersetze die Beschreibung:

Mein „Avatar" (= "avatar") ist sehr jung, blond und hat große blaue Augen. Er trägt eine kleine Brille, ist nicht sehr groß, aber ziemlich schlank. Seine Haare sind lang und gelockt. Seine Nase ist klein und immer rot. Er trägt immer blaue Jeans, ein weißes Hemd, eine grüne Krawatte, eine rote Jacke und kurze gelbe Socken. Er hat eine orange Laptop-Tasche und einen großen schwarzen Koffer. Er ist sehr sympathisch und zuvorkommend.

8. KAPITEL: Das Umstandswort (Adverb) – *El adverbio*

Adjektiv	Grundform	Übergangsform	+ *-mente*
auf **o/a**	*rápido/a*	*rápida* (weibl.)	*rápida***mente**
auf **e**	*paciente*	*paciente*	*paciente***mente**
auf **Konsonant**	*natural*	*natural*	*natural***mente**

Die spanische Endsilbe *-mente* ist vergleichbar mit dem englischen *-ly*, zB *patiently* (geduldig).

- Grundsätzlich kann aus jeder weiblichen Form des Adjektivs ein Adverb gebildet werden, wenn damit beschrieben werden soll, wie etwas geschieht oder gemacht wird. Anders als die ursprünglichen oder einfachen Adverbien wie *bien* (gut) oder *mal* (schlecht) enden diese abgeleiteten Adverbien auf *-mente*.

- Trägt das Adjektiv einen Akzent wie zB *rápido*, bleibt dieser beim Adverb erhalten, obwohl die Hauptbetonung auf *-mente* liegt.

- Manche Adjektive wie zB *mucho* (sehr, viel) werden in ihrer männlichen Form als Adverb verwendet.

Achtung: *muy* ≠ *mucho* und *tan* ≠ *tanto*

*Carmen es **muy** trabajadora.*	≠	*Carmen trabaja **mucho**.*
*Cantan **muy** bien.*	≠	*Cantan **mucho**.*
*¡Qué mujer **tan** habladora!*	≠	*Habla **tanto**.*

▼ | ▼

muy (sehr) / **tan** (so)
steht vor Adjektiv oder Adverb

mucho (sehr, viel) / **tanto** (so viel)
steht bei einem Zeitwort

Ebenso: *bien* ≠ *bueno* und *mal* ≠ *malo*:

*Este yogur sabe **bien**.*	≠	*Es un yogur **bueno**.*
Dieses Joghurt schmeckt gut.		Das ist ein gutes Joghurt.
*Carlos escribe **mal**.*	≠	*Es un alumno **malo**.*
Carlos schreibt schlecht.		Er ist ein schlechter Schüler.

Achtung: *Estoy bien / mal.* Mir geht es gut / schlecht.

65 Leite von folgenden Adjektiven die entsprechenden Adverbien ab:

1. amable ....
2. abierto ....
3. directo ....
4. seguro ....
5. exacto ....
6. fuerte ....
7. general ....
8. inteligente ....
9. lento ....
10. loco ....

11. natural ....
12. necesario ....
13. completo ....
14. normal ....
15. nuevo ....
16. paciente ....
17. perfecto ....
18. rápido ....
19. suave ....
20. regular ....

66 Ein Gespräch zwischen zwei Vätern:

> **Modelo:** *mi hija Nuria / ser muy guapa; mi hija Carmen / estudiar mucho* ▶
> a. **Mi hija Nuria es muy guapa. – Bueno, mi hija Carmen es tan guapa como Nuria.**
> b. **Mi hija Carmen estudia mucho. – No creas, mi hija Nuria estudia tanto como Carmen.**

1. Nuria / ser poco charlatana; Carmen / tener muchísimos amigos

   a. ....

   b. ....

2. Nuria / ser poco gastadora; Carmen / jugar muy bien al fútbol

   a. ....

   b. ....

3. Nuria / ser muy simpática; Carmen / tocar muy bien el violín

   a. ....

   b. ....

4. Nuria / ser muy trabajadora; Carmen / saber cocinar muy bien

   a. ....

   b. ....

5. Nuria / ser inteligentísima; Carmen / no pelearse mucho con sus hermanos

   a. ....

   b. ....

6. Nuria / ser muy servicial; Carmen / hacerme muchísimos regalos

   a. ....

   b. ....

7. Nuria / ser bastante razonable; Carmen / ver muy poco la tele

   a. ....

   b. ....

8. Nuria / ser bastante delgada; Carmen / conducir muy bien mi coche

   a. ....

   b. ....

9. Nuria / ser muy amable; Carmen / leer cinco libros a la semana

   a. ....

   b. ....

10. Nuria / ser bastante dotada; Carmen / no salir mucho

    a. ....

    b. ....

67 Ergänze in den folgenden Sätzen *muy* bzw. *mucho*:

1. Sé ....

2. Esta mujer habla ....

3. Nos gusta la carne .... hecha.

4. Hemos vivido ....

5. Es una chica .... formal.

6. Esto está .... bien.

7. Estáis .... contentos.

8. Trabajan .... y .... bien.

9. Nuria y Michael son .... simpáticos.

10. Te quiero ....

11. Encuentro a Carlos .... triste.

12. Diablo está .... cansado de tanto correr.

68 *¿Qué te parece chate@r un poco?* Was schreibst du in folgenden Situationen deiner spanischen Chat-Partnerin/deinem spanischen Chat-Partner?

1. Schreibe, dass du sehr gut/schlecht kochen kannst.

   ....

2. Schreibe, dass die österreichische Küche sehr gut schmeckt.

   ....

3. Schreibe, dass du ein guter Schüler/eine gute Schülerin bist.

   ....

4. Schreibe, dass es dir gut/schlecht geht.

   ....

5. Schreibe, dass dir dieser Chat gut gefällt.

   ....

6. Schreibe, dass du noch sehr viel lernen musst.

   ....

7. Schreibe, dass du noch nicht sehr gut Spanisch sprichst.

   ....

8. Schreibe, dass du sehr gut/schlecht Französisch sprichst.

   ....

9. Schreibe, dass in Österreich momentan schönes/schlechtes Wetter ist.

   ....

10. Schreibe, dass du dich selten schlecht fühlst.

    ....

11. Schreibe, dass deine Schwester sehr gut/schlecht singt.

    ....

12. Schreibe, dass du gute/schlechte Noten (= *sacar ... notas*) bekommen hast.

    ....

69 Lies folgenden Ausschnitt aus dem *buzón de sugerencias* der Webseite der Bar *El Gusto*, in der Carlos arbeitet, und beantworte die Fragen:

Buzón de sugerencias
Queremos mejorar con su ayuda y para ello hemos puesto a su disposición este buzón de sugerencias

Su dirección de e-mail: michael_17@hotmail.de   **Sexo:** ⊙ Hombre ○ Mujer
País: Alemania   **Profesión:** Estudiante   **Edad:** 17

Puntuación: del 1 (mínimo) al 5 (máximo)
Servicio: Relación calidad/precio: 2
Rapidez y eficacia del personal: 5   **Establecimiento:**
Amabilidad del personal: 5   Limpieza: 4
Producto: Decoración: 4
Calidad de los platos y bebidas: 4   Ambiente: 4
Variedad de la oferta: 3   **Valoración global:** 4

¿Qué aspectos considera mejorables o qué falta?

Escriba su sugerencia

El personal es muy majo y rápido – sobre todo Carlos (!) – y siempre intenta satisfacer todos los caprichos de sus clientes.
La comida está bien, aunque de vez en cuando las sopas están frías. El bar está muy limpio y bien cuidado. El único aspecto negativo: Los fines de semana hay demasiados papelitos por el suelo.

Frecuencia de visitas: ○ Primera visita ⊙ A diario ○ Sólo fines de semana

Por favor, indíquenos su opinión sobre la web: 4

	V	F
1. Michael es alemán.		
2. Michael trabaja de profesor de idiomas.		
3. Los camareros no son muy amables.		
4. El servicio es muy rápido.		
5. Los platos no le gustan a Michael en absoluto.		
6. La oferta de platos y bebidas es muy variada.		
7. La relación calidad/precio le parece bien a Michael.		
8. El bar está limpio.		
9. El bar es bonito y cómodo.		
10. Michael va a este local una vez a la semana.		
11. A Michael le encanta la página web.		

70 **Lies das Märchen und ergänze die entsprechenden Adjektive bzw. Adverbien:**

Caperucita (1.) .... (*rot*)

Érase una vez una niña llamada Caperucita (2.) .... (*rot*). Una mañana de sol salió de su casa

(3.) .... (*klein*) llevando una cesta (4.) .... (*groß*) con pan (5.) .... (*frisch*), tortas

(6.) .... (*süß*) y una jarrita de miel para su abuela (7.) .... (*alt*) que estaba enferma y vivía en el

corazón del bosque (8.) .... (*dunkel*).

Caperucita (9.) .... (*rot*) en medio del bosque (10.) .... (*dunkel*) se encontró con el lobo

(11.) .... (*böse*) que la engañó para ir por el camino más (12.) .... (*lang*) y así él llegar antes a casa

de la abuela (13.) .... (*krank*).

El lobo (14.) .... (*böse*) entró en la casa (15.) .... (*klein*) de la abuela y ella, de un salto, se

escondió en el armario (16.) .... (*alt*) de su dormitorio.

El lobo (17.) .... (*böse*) se disfrazó de abuela y se metió en la cama (18.) .... (*niedrig*), esperando a

que llegara Caperucita (19.) .... (*rot*) para comérsela. Cuando por fin llegó la niña (20.) .... (*brav*),

exclamó, muy asombrada:

– ¡Ay! Abuelita, qué ojos más (21.) .... (*groß*) tienes.

Son para verte (22.) .... (*besser*) nietecilla.

– ¡Ay! Abuelita, qué orejas más (23.) .... (*groß*) tienes.

Son para oírte (24.) .... (*besser*), Caperucita.

– ¡Ay! Abuelita, qué manos más (25.) .... (*groß*) tienes.

Son para cogerte (26.) .... (*besser*).

– ¡Ay! Abuela, qué boca más (27.) .... (*groß*) tienes.

¡¡¡ Es para comerte (28.) .... (*besser*)!!!

De un salto el lobo (29.) .... (*böse*) se abalanzó sobre Caperucita que salió gritando del susto, llamando la

atención del cazador (30.) .... (*jung*) y su perro (31.) .... (*brav*) que pasaban por allí.

Rápidamente el cazador con su fusil (32.) .... (*neu*) disparó, ¡bang, bang!, dio su merecido al lobo y fue

tan (33.) .... (*groß*) el escarmiento que jamás volvimos a saber de él, y colorín colorado este cuento se ha

acabado.

71 Im folgenden Computerausdruck fehlen einige Wörter und Buchstaben. Kannst du sie ergänzen? Achte darauf, dass bestimmte Wörter übereingestimmt werden müssen:

1. A much........ gente le molestan .... gritos de .... niños pequeñ........ .

2. Me duelen .... pies de tanto andar.

3. A Carlos le gustan .... coches rápid........ y segur........ .

4. Nos gustan .... fotos de tu familia.

5. .... DVDs de Carmen son bastante buen........, pero .... de Juana no me gustan nada.

6. ¿Te encanta aquell........ moto roj........?

7. Tenemos un........ profesoras muy pesad........ y antipátic........ .

8. Me duelen .... manos y .... piernas.

9. Est........ película la encuentro muy aburrid........ . ¿No os parece?

10. Me gustan algun........ tapas, pero no tod........ .

11. Mi........ compañeros de trabajo son muy simpátic........ y divertid........ .

12. Es........ chaquetas me parecen bastante modern........ y llamativ........ .

13. ¿Os interesan .... películas románt........?

14. ¡Mirad! Hay un........ flores encima de .... moto.

15. Est........ ciudades nos parecen muy bonit........ .

16. .... mayoría de .... vídeojuegos son muy mal........ y creo que tienen much........ violencia.

17. .... protagonistas de .... películas norteamerican........ son bastante guap........, ¿no?

18. ¿Guapos? No, yo los encuentro muy fe........ .

19. .... pantalones negr........ están encima de .... sofá.

20. Señor, ¿qué contiene su maleta grand........? – Pues, en m........ maleta hay un....... camiseta de manga cort........,

un jersey mu........ barat........, un........ zapatos de color naranj........ y dos pantalon........, un....... azul........ y

otr........ roj........ .

72 Don Eusebio Gafas schreibt ein E-Mail an seinen Freund Buenolfato. Ergänze folgende Adjektive bzw. Adverbien an der passenden Stelle:

optimista – generoso – triste – cubanas – nervioso – últimos – buenas – simpático – tímido – mucha – mucho – fuerte – caliente – norteamericano – mayor – antipática – bien – pesada – deliciosos

Hola compañero mío:

¿Cómo va todo por ahí? Yo estoy muy (1.) .... porque tú no estás conmigo disfrutando del sol

(2.) .... y de las playas (3.) .... Mi hijo (4.) .... todavía está un poco

(5.) .... porque no sabe el resultado de los (6.) .... exámenes de la Universidad. Andrea,

mi secretaria, en cambio, es muy (7.) .... y está convencida de que no va a suspender ninguno, sino

aprobar todos y con (8.) .... notas.

¿Sabes qué? He conocido a un compañero (9.) ...., un tío muy (10.) .... Se llama Tom y es

muy (11.) ...., siempre nos está invitando a unos cócteles (12.) .... También me cae

(13.) .... porque es (14.) ...., o sea, le cuesta (15.) .... hablar cuando hay

(16.) .... gente y no le gusta ser el centro de la atención. Hay una cosita que no me gusta, es que Tom

tiene una esposa muy (17.) .... que siempre viene con nosotros a todas partes y no se da cuenta de

que molesta. Además es bastante (18.) .... Espero noticias tuyas.

Un abrazo (19.) ...., Eusebio.

9. KAPITEL: Regelmäßige Zeitwörter – *Verbos regulares*

Man unterscheidet **drei Verbkonjugationen** nach der Endung des Infinitivs auf **-ar, -er** und **-ir:**

	comprar kaufen	*aprender* lernen	*abrir* öffnen
yo	comp**ro**	aprend**o**	abr**o**
tú	comp**ras**	aprend**es**	abr**es**
él, ella, usted	comp**ra**	aprend**e**	abr**e**
nosotros, -as	comp**ramos**	aprend**emos**	abr**imos**
vosotros, -as	comp**ráis**	aprend**éis**	abr**ís**
ellos, ellas, ustedes	comp**ran**	aprend**en**	abr**en**

Die **Endungen** enthalten bereits die **vollständige Personalform**, d. h., man muss das Personalpronomen (*yo, tú, ...*) nicht immer dazusagen.

73 **Verbinde die Verben mit den entsprechenden Personalpronomen:**

1. ayudo
2. escuchamos
3. preguntas
4. comen
5. bebéis
6. vivimos
7. trabajan
8. escribís
9. recibo
10. abren
11. pronuncia

a. yo
b. tú
c. él / ella / usted
d. nosotros / -as
e. vosotros / -as
f. ellos / ellas / ustedes

74 **Schreibe folgende Formen auf Spanisch:**

1. ich arbeite – ....
2. wir sprechen – ....
3. sie fragen – ....
4. ihr wohnt – ....
5. ihr kauft – ....

6. du hilfst – ....
7. wir lernen – ....
8. er arbeitet – ....
9. ich höre – ....
10. sie essen – ....

75 **Bilde die Verbformen zur angegebenen Person:**

1. yo	.... ayudar	.... leer	.... estudiar	.... escuchar	.... escribir
2. tú	.... preguntar	.... comprender	.... hablar	.... vivir	.... viajar
3. él, ella, usted	.... beber	.... pronunciar	.... abrir	.... pagar	.... creer
4. nosotros, nosotras	.... trabajar	.... desear	.... aprender	.... escribir	.... tomar
5. vosotros, vosotras	.... abrir	.... creer	.... vender	.... hablar	.... ayudar
6. ellos, -as, ustedes	.... viajar	.... funcionar	.... sorprender	.... discutir	.... contestar

76 Ergänze die Verbformen in Einzahl und Mehrzahl:

Einzahl	Mehrzahl
1. bailo	
2.	vendemos
3. ayudas	
4.	comprenden
5. escucha	
6.	trabajáis
7. tomas	
8.	deseamos
9. escribes	
10.	coméis

77 Setze die Verbformen ein:

1. Yo (*estudiar*) .... español e inglés. Y tú, ¿qué (*estudiar*) ....?
2. Mis amigos (*comprar*) .... recuerdos para su familia.
3. ¿Dónde (*trabajar, tú*) ....? – (*Trabajar, yo*) .... en una oficina.
4. ¿Qué (*tomar, tú*) ....? – (*Tomar, yo*) .... un café con leche y una tostada.
5. Muchos jóvenes no (*desayunar*) .... nada. Yo por lo menos (*tomar*) .... una taza de chocolate.
6. La gente en España (*hablar*) .... muy rápido.
7. (*Escribir, nosotros*) .... muchos correos electrónicos.
8. ¿Qué (*desear, usted*) ....? – Medio kilo de gambas, por favor.
9. Los españoles (*comer*) .... más pescado que los alemanes.
10. ¿Qué te (*pasar*) ....? ¿Por qué no me (*contestar, tú*) ....?
11. Cada día (*aprender, nosotros*) .... dos o tres palabras nuevas.
12. Mi hermana y yo también (*hablar*) .... un poco de italiano.
13. Mi amigo Carlos (*trabajar*) .... de camarero en un bar.
14. Mi teléfono móvil no (*funcionar*) ...., ¡qué rollo!
15. ¿A qué hora (*comer, vosotros*) ....? – Normalmente (*comer, nosotros*) .... entre las dos y las tres.
16. ¿Qué música (*escuchar, tú*) .... normalmente?
17. No (*beber, nosotros*) .... mucho alcohol.
18. Carmen y su marido (*viajar*) .... mucho.
19. Mi hermano y yo (*discutir*) .... a veces.
20. Los estudiantes (*esperar*) .... a su profesor.
21. Mi novio (*trabajar*) .... mucho, pero (*ganar*) .... poco dinero.
22. ¿Cómo (*pagar, tú*) ....? – (*Pagar, yo*) .... con tarjeta.
23. Muchos padres no (*comprender*) .... muy bien a sus hijos.
24. ¿(*Tomar, nosotros*) .... una copa en ese bar? – Sí, genial.
25. ¿A qué hora (*abrir*) .... el museo? – (*Creer, yo*) .... que a las diez.
26. Los niños me (*ayudar*) .... mucho en la casa.
27. ¿(*Preguntar, nosotros*) .... a un policía por el camino?
28. ¿Tú (*leer*) .... mucho? – Sí, yo (*leer*) .... muchos libros y también (*escribir*) .... poemas.
29. Yo (*vivir*) .... en un pequeño pueblo. Y tú, ¿dónde (*vivir*) ....?
30. ¿Cómo se (*pronunciar*) .... este nombre?

78 Stelle die passenden Fragen:

1.	– Vivimos en Austria, en Salzburgo.
2.	– Hablo alemán, inglés y un poco de español.
3.	– Trabajo en una agencia de viajes.
4.	– El autobús llega a las nueve.
5.	– Pago en efectivo.

79 Kreuze an, ob die folgenden Fragen per Du oder in der Höflichkeitsform gestellt sind:

	Tú	Usted
1. ¿Estudias o trabajas?		
2. ¿Desde cuándo aprende español?		
3. ¿Dónde vive?		
4. ¿Cómo te llamas?		
5. ¿En qué trabaja?		
6. ¿Necesita este periódico?		
7. ¿Tomas café o té?		
8. ¿Viaja en avión o en tren?		
9. ¿Me comprende?		
10. ¿Vives en Madrid?		

80 Bringe die Wörter in die richtige Reihenfolge:

1. oficina / Miguel / en / trabaja / una

....

2. hermana / mi / inglés / bien / habla / muy / no

....

3. ¿casa / en / vives / una / piso / en / un / o?

....

4. ¿calle / qué / usted / en / vive?

....

5. viajamos / mañana / Francia / a

....

81 Was sagst du in folgenden Situationen?

1. Frage Juan, ob er in der Schule Deutsch lernt.

....

2. Sage, dass du Englisch und ein wenig Spanisch sprichst.

....

3. Frage Herrn Sampere, wo er wohnt.

....

4. Frage am Schalter, wann der Zug ankommt.

....

5. Sage, dass du ein Schokoladeeis nimmst.

....

6. Sage, dass du in bar bezahlst.

....

82 Setze die Verbformen auf Spanisch ein:

1. Más de 400 millones de personas (*sprechen*) .... español.

2. ¿Vosotros también (*lernen*) .... alemán?

3. ¿Me (*helfen, du*) .... un poco?

4. Carlos y yo (*trinken*) .... una botella de vino.

5. ¿Qué (*schreiben, wir*) ....?

6. ¿Cuándo (*öffnen*) .... la tienda?

7. No (*hören, wir*) .... música clásica.

8. ¿Me (*verkaufen, du*) .... tu moto?

9. Mis padres y yo (*reisen*) .... a Mallorca este año.

10. ¿Qué (*wünschen, Sie*) ...., señora?

11. Mi novio (*arbeiten*) .... en un hospital.

12. Carmen y Ana nunca (*trinken*) .... alcohol.

13. Los jóvenes (*tanzen*) .... cada fin de semana.

14. Los alumnos (*fragen*) .... muchas cosas.

15. ¿Cómo se (*aussprechen*) .... esta palabra?

16. "Honduras" se (*schreiben*) .... con hache, ¿verdad?

17. ¿Qué (*essen, wir*) ....? ¿Pizza o pasta?

18. (*Kaufen, wir*) .... una bicicleta para Marcos.

19. No (*verdienen, ich*) .... mucho con este trabajo.

20. ¡Hoy (*zahlen*) .... yo!

10. KAPITEL: Verben mit Diphthong – *Verbos con diptongo*

Besonders achten musst du auf die **Verben mit Diphthong** in den **stammbetonten** Formen, am besten machst du dir im Vokabelheft einen Vermerk zur Nennform des betreffenden Zeitworts:

e ▸ ie	o ▸ ue	u ▸ ue
empezar – beginnen	***poder*** – können	***jugar*** – spielen
emp**ie**zo	p**ue**do	j**ue**go
emp**ie**zas	p**ue**des	j**ue**gas
emp**ie**za	p**ue**de	j**ue**ga
empezamos	podemos	jugamos
empezáis	podéis	jugáis
emp**ie**zan	p**ue**den	j**ue**gan

Weitere wichtige Verben mit diesen Veränderungen sind:

e ▸ ie: *cerrar, comenzar, despertar(se), encender, entender, mentir, nevar, pensar, perder, preferir, querer, recomendar, sentar(se), sentir(se)*

o ▸ ue: *acostar(se), contar, costar, doler, dormir, encontrar, llover, morir, mostrar, mover, oler, probar, sonar, soñar, recordar, volver*

83 Ergänze im Raster die fehlenden Formen:

Infinitivo	yo	tú	él/ella/usted	nosotros/-as	vosotros/-as	ellos/-as/ustedes
	pienso					
		quieres				
			cierra			
				podemos		
					preferís	
						vuelven

84 Ergänze die Verbformen in Einzahl und Mehrzahl:

Einzahl	Mehrzahl
1. duermo	
2.	entendéis
3. recomiendas	
4.	encendemos
5. juego	
6.	pensáis
7. cuesta	
8.	duelen
9. sueño	
10.	contáis

85 Was möchtest du am Wochenende tun oder nicht tun?

Modelo: *Ir al cine / trabajar en el jardín* ► Quiero ir al cine y no quiero trabajar en el jardín.

1. Navegar por la red / hacer la tarea ► ....
2. Ir al cine / estudiar la gramática ► ....
3. Ver la tele / cocinar ► ....
4. Jugar al fútbol con mis amigos / leer un libro aburrido ► ....
5. Charlar con mi amiga / ayudar en la casa ► ....
6. Salir con mis amigos / quedarme en casa ► ....
7. Ir de compras / dar un paseo con la abuela ► ....

86 Welche von diesen Tätigkeiten machst du lieber?

Modelo: *Ver la tele / jugar vídeojuegos* ► Pues yo **prefiero** ver la tele. / Pues yo **prefiero** jugar vídeojuegos.

1. Estudiar español / estudiar inglés ► ....
2. Ir a la discoteca / ir a un bar ► ....
3. Salir con el perro / jugar con el gato ► ....
4. Viajar en avión / viajar en tren ► ....
5. Tomar café / tomar chocolate ► ....
6. Vivir en un pueblo / vivir en la ciudad ► ....
7. Trabajar solo / trabajar en grupo ► ....

87 **Setze die Formen der diphthongierenden Verben ein:**

1. Los domingos (*dormir, yo*) .... hasta las once.

2. Yo (*jugar*) .... mucho al fútbol, mi hermano (*preferir*) .... jugar al balonmano.

3. ¿Qué (*querer, tú*) .... tomar? – Un zumo de naranja, por favor.

4. ¿(*Poder, tú*) .... encender la luz, por favor?

5. ¿Tienes una aspirina? Es que me (*doler*) .... mucho la cabeza.

6. ¿Dónde están las llaves? No las (*encontrar, yo*) ....

7. Ahora (*entender, nosotros*) .... la gramática.

8. Juan, ¿(*cerrar, tú*) .... la ventana, por favor?

9. Mi abuelo siempre me (*contar*) .... cosas interesantes.

10. ¿Cuánto (*costar*) .... esta blusa? – (*Costar*) .... sólo 19 euros, señora.

11. ¿A qué hora (*empezar*) .... el espectáculo? – Creo que (*empezar*) .... a las nueve.

12. Si (*empezar, nosotros*) .... ahora, tenemos tiempo para ir al cine después.

13. ¿Qué me (*recomendar, usted*) ....? – Pues (*recomendar, yo*) .... los calamares, están muy ricos.

14. Si esta tarde (*llover*) ...., no (*poder, nosotros*) .... ir al parque con los niños.

15. ¿(*Jugar, nosotros*) .... un partido de tenis? – Sí, buena idea.

16. Tengo vino y cerveza. ¿Qué (*preferir, tú*) ....?

17. Este jersey es muy bonito, me lo (*probar, yo*) ....

18. ¿(*Probar, nosotros*) .... esta tarta? Tiene muy buena pinta.

19. Lo (*sentir, yo*) .... mucho, pero no (*poder, yo*) .... ir a tu fiesta de cumpleaños.

20. Vamos a tomar algo. ¿No (*querer, vosotros*) .... venir con nosotros?

21. ¿Quién es este chico? No (*recordar, yo*) .... su nombre.

22. Perdóname un momento, me parece que (*sonar*) .... el teléfono.

23. Los niños (*dormir*) .... todavía.

24. En Ibiza (*poder, tú*) .... hacer muchas cosas, no sólo ir a la playa.

25. Estos discos sólo (*costar*) .... 10 euros cada uno.

26. ¿Aquí se (*poder*) .... fumar?

88 **Wo kann man folgende Sätze bzw. Fragen hören?**

restaurante – bar – verdulería – frutería – agencia de viajes – papelería – estanco – tienda de ropas –

zapatería – charcutería – pastelería – hotel

1. ¿Prefiere manzanas verdes o rojas, señora? – ....

2. Quiero reservar un vuelo directo a Lima, por favor. – ....

3. ¿Prefiere una habitación interior o exterior? – ....

4. ¿Puede traerme esas botas en 39, por favor? – ....

5. ¿Quiere probarse este vestido? – ....

6. Les recomiendo el menú del día. – ....

7. ¿Puede ponerme un vaso de agua con el café? – ....

8. ¿Puede enseñarme esas carpetas, por favor? – ....

9. ¿Prefiere jamón de york o jamón serrano? – ....

10. ¿Quiere sellos para Europa o para América? – ....

11. ¿Prefiere tomates maduros o un poco verdes? – ....

12. ¿Quiere la napolitana con chocolate o con crema de vainilla? – ....

89 Mit *puedo* (darf ich) bzw. *se puede/n* (darf man) kannst du um eine Erlaubnis fragen. Was sagst du in folgenden Situationen?

Frage, ob ...

1. ... du das Fenster öffnen darfst. – ....

2. ... man Fotos machen darf. – ....

3. ... du das Buch nehmen darfst. – ....

4. ... du eintreten darfst. – ....

5. ... man rauchen darf. – ....

6. ... du den Computer benützen darfst. – ....

7. ... du fernsehen darfst. – ....

8. ... man das Wasser trinken darf. – ....

9. ... du ein Eis essen darfst. – ....

10. ... du die Zeitung haben kannst. – ....

11. ... du die Paella kosten darfst. – ....

90 Übersetze folgende Verbformen. Nicht bei allen handelt es sich um diphthongierende Verben!

1. wir sprechen – ....
2. sie können – ....
3. ich nehme – ....
4. du darfst – ....
5. sie verkaufen – ....
6. es kostet – ....
7. es regnet – ....
8. ich möchte – ....
9. wir verstehen – ....
10. ihr lernt – ....
11. sie sprechen – ....
12. er schläft – ....
13. du schreibst – ....

14. er empfiehlt – ....
15. ihr spielt – ....
16. er verdient – ....
17. ich reise – ....
18. sie essen – ....
19. wir beginnen – ....
20. du trinkst – ....
21. sie schließen – ....
22. wir kaufen – ....
23. sie helfen – ....
24. ihr wünscht – ....
25. ich spiele – ....
26. wir kommen zurück – ....

91 Verbinde die Fragen mit den passenden Antworten:

1. ¿Qué lenguas hablas?
2. ¿Qué tarta me recomiendas?
3. ¿Prefieres té o café?
4. ¿Cuánto cuesta esta blusa?
5. ¿Quieres ir al cine conmigo?
6. ¿Prefieres viajar en avión o en tren?
7. ¿Juegas al tenis?
8. ¿Cuántas personas en el mundo hablan español?
9. ¿Quieres comer algo?
10. ¿Dónde viven tus padres?

a. Café, por favor.
b. Sí, ¿qué película quieres ver?
c. Prefiero el avión.
d. Unos 400 millones.
e. Te recomiendo la tarta de chocolate.
f. No, nada, gracias.
g. Inglés y un poco de alemán.
h. Viven en Valencia.
i. No, prefiero el golf.
j. 35 euros, señora.

11. KAPITEL: Verben mit Vokalwechsel – *Verbos con cambio de vocal*

Abgesehen von den diphthongierenden Verben gibt es auch solche, die in den stammbetonten Formen den Vokal *e* zu *i* verändern. Es handelt sich ausschließlich um Verben der dritten Konjugation, also mit der Nennform auf -*ir*. Zu beachten ist auch, dass es bei Verben auf -*guir* oder -*gir* orthografische Veränderungen gibt, die sich aus der Veränderung der Endungsvokale ergeben

e → i		
pedir – bitten	*seguir* – folgen	*corregir* – verbessern
pido	*sigo*	*corrijo*
pides	*sigues*	*corriges*
pide	*sigue*	*corrige*
pedimos	*seguimos*	*corregimos*
pedís	*seguís*	*corregís*
piden	*siguen*	*corrigen*

Weitere wichtige Verben mit dieser Veränderung sind: *despedir(se), elegir, impedir, medir, reír, repetir, servir, sonreír, vestir(se)*

92 **Ergänze im Raster die fehlenden Formen:**

Infinitivo	yo	tú	él/ella/usted	nosotros/-as	vosotros/-as	ellos/-as/ustedes
	repito					
		ríes				
			sirve			
				seguimos		
					elegís	
						sonríen

93 **Gib jemandem die Richtung an, in die er/sie gehen muss. Achte darauf, ob die Anrede per Du oder in der Höflichkeitsform erfolgt:**

1. Geradeaus gehen – *seguir todo recto*

2. Links abbiegen – *girar a la izquierda*

3. Rechts abbiegen – *girar a la derecha*

1. A: ¿Perdona, sabes, si hay una parada de autobús por aquí?

   B: Sí, hay una muy cerca. ....

   A: Muchas gracias.

2. A: ¿Perdona, sabes dónde está el Hotel Sol?

   B: Sí, es muy fácil. ....

   A: Gracias.

3. A: ¿Perdone, señora, el Hospital Princesa?

   B: .... , está al final de esta calle.

   A: Muy amable, gracias.

   B: De nada.

94 **Wozu dienen diese Objekte? Schreib auch die deutsche Bedeutung der Objekte daneben!**

> **Modelo:** *sacapuntas – afilar lápices* ► Un sacapuntas sirve para afilar lápices. / Bleistiftspitzer

1. lápiz – escribir ► ....

2. i-Pod – escuchar música ► ....

3. móvil – escribir mensajes cortos ► ....

4. mando a distancia – encender la tele ► ....

5. microondas – cocinar ► ....

6. lavadora – lavar la ropa ► ....

7. impresora – imprimir hojas ► ....

8. cámara digital – sacar fotos ► ....

9. mapa – buscar el camino ► ....

10. cuaderno – tomar notas ► ....

95 **Setze die Verbformen ein:**

1. ¿Perdone, dónde hay una farmacia por aquí? – Es muy fácil. (*Seguir*) .... usted todo recto y después toma la segunda calle a la izquierda.

2. Nuestra profesora (*corregir*) .... todas las tareas.

3. Mis amigos y yo nos (*reír*) .... mucho en clase.

4. Mi sobrina de seis meses es muy maja. Siempre me (*sonreír*) ....

5. En cada clase de español (*repetir, nosotros*) .... el vocabulario y la gramática.

6. Michael le (*pedir*) .... muchos favores a Nuria.

7. Estos bolígrafos son muy malos. No (*servir*) .... para nada.

8. Si (*seguir, tú*) .... esta calle, llegas directamente al hotel.

9. Este chico es muy alto, (*medir*) .... casi dos metros.

10. En los países pobres muchos niños (*pedir*) .... en la calle.

96 **Bring die Wörter in die richtige Reihenfolge:**

1. sigues / y / recto / todo / giras / derecha / la / a

....

2. para / difíciles / sirven / diccionarios / los / buscar / palabras

....

3. casa / corrijo / examen / en / de / mi / español

....

4. a / izquierda / primera / toma / la / usted / la / calle / recto / sigue / y

....

5. profesor / gramática / la / repite / el

....

12. KAPITEL: Unregelmäßige Verben – *Verbos irregulares*

Viele der am häufigsten gebrauchten Verben sind unregelmäßig, du solltest sie dir besonders gut einprägen:

ser sein	*estar* sein, sich befinden	*tener* haben	*hacer* machen, tun	*ir* gehen, fahren	*venir* kommen
soy	estoy	**tengo**	**hago**	voy	**vengo**
eres	estás	tienes	haces	vas	vienes
es	está	tiene	hace	va	viene
somos	estamos	tenemos	hacemos	vamos	venimos
sois	estáis	tenéis	hacéis	vais	venís
son	están	tienen	hacen	van	vienen

salir weggehen	*saber* wissen, können	*poner* setzen, stellen	*dar* geben	*ver* sehen
salgo	**sé**	**pongo**	doy	veo
sales	sabes	pones	das	ves
sale	sabe	pone	da	ve
salimos	sabemos	ponemos	damos	vemos
salís	sabéis	ponéis	dais	veis
salen	saben	ponen	dan	ven

decir sagen	*traer* bringen	*caer* fallen	*oír* hören
digo	**traigo**	**caigo**	oigo
dices	traes	caes	oyes
dice	trae	cae	oye
decimos	traemos	caemos	oímos
decís	traéis	caéis	oís
dicen	traen	caen	oyen

97 **Bilde die Formen folgender regelmäßiger und unregelmäßiger Verben:**

1. yo

    ....
    saber   hacer   poder   poner   decir

2. tú

    ....
    ser   ir   venir   vender   salir

3. él, ella, usted

    ....
    traer   leer   tener   dar   decir

4. nosotros, nosotras

    ....
    oír   estar   hacer   jugar   ser

5. vosotros, vosotras

    ....
    ver   venir   vivir   vender   ir

6. ellos, -as, ustedes

    ....
    decir   dar   caer   estar   saber

98 Ergänze folgendes Gespräch und wähle dabei zwischen der entsprechenden Form von
tener, *ser* oder *hacer*:

1. A: ¿Cuántos años .... (*tú*)? – B: Yo .... 17 y mi hermana
   .... 19 años.

2. A: ¿De dónde .... (*vosotras*)? – B: .... de Salzburgo, de Austria.

3. A: ¿Y qué .... (*vosotras*)? – B: Yo .... estudiante y mi hermana
   .... empleada en una gran empresa.

4. A: ¿................................ (*tú*) más hermanos? – B: Sí, ... un hermano mayor, él
   .... ya 25 años.

5. A: ¿Y qué ....? – B: Él .... programador en la empresa Siemens.

6. A: ¿Cómo .... tu hermano? – B: Bueno, él .... muy alto, ... el
   pelo castaño y .... muy delgado porque .... mucho deporte. ....
   los ojos grises y .... muy gracioso a veces.

7. A: ¡Qué interesante! ¿................................ (*vosotras*) hambre? ¿Vamos a tomar algo? – B: Sí, buena idea, vamos
   a algún bar.

99 Was sagst du in folgenden Situationen?

1. Sage, dass deine Tante klein ist und kurze graue Haare hat. ....

2. Frage Paloma, was sie beruflich macht. ....

3. Frage Nuria, ob sie Geschwister hat. ....

4. Sage, dass deine Freundin groß und blond ist und blaue Augen hat.

   ....

5. Sage, dass dein Lehrer ein wenig dick ist, dass er einen Bart hat und eine Brille trägt.

   ....

6. Sage, dass es in Deutschland im Winter sehr kalt ist. ....

7. Sage, dass deine Cousine 17 Jahre alt ist und lange dunkle Haare hat.

   ....

8. Frage Nuria, ob sie durstig ist. ....

9. Sage, dass Paloma sehr hübsch und sehr elegant ist. ....

10. Frage Paloma, was sie am Nachmittag macht. ....

100 *Tener que* + Infinitiv bedeutet „müssen". Bilde aus den folgenden Angaben ganze Sätze:

> **Modelo:** *Juan – poner la mesa* ▶ Juan tiene que poner la mesa.
> *Juan – no poner la mesa* ▶ Juan no tiene que poner la mesa.

1. Yo – estudiar mucho ▶ ....

2. Mis padres – no trabajar los sábados ▶ ....

3. Tú – dormir un poco más ▶ ....

4. Nosotros – visitar a los abuelos el domingo ▶ ....

5. ¿Vosotros – leer este libro? ▶ ....

6. Mis amigos – ayudar a sus padres en el jardín ▶ ....

7. Yo – cocinar para mi hermana menor ▶ ....

8. Nuestro profesor – corregir muchos exámenes ▶ ....

9. Los políticos – viajar mucho ▶ ....

10. Los alumnos – hacer los deberes ▶ ....

11. Tú – hacer más deporte ▶ ....

12. Nosotros – no ir a la escuela la semana que viene ▶ ....

13. Yo – no pagar la cuenta ▶ ....

14. Ellos – comprar un coche ▶ ....

15. Yo – no salir esta tarde ▶ ....

101 Setze die Verbformen ein:

1. ¿Cómo (*ir, tú*) .... a la escuela? – Normalmente (*ir, yo*) .... a pie, pero hoy

   (*tomar, yo*) .... el autobús, es que (*llover*) .... mucho.

2. Camarero, ¿me (*traer*) .... un vaso de agua, por favor?

3. ¿Qué le (*poner, yo*) ...., señora? – (*Querer, yo*) .... medio kilo de gambas, por favor.

4. ¿Cuánto (*costar*) .... esas lámparas? – La grande (*costar*) .... 150 euros y la pequeña 95.

5. Perdone, ¿(*tener, usted*) .... hora? – Sí, (*ser*) .... las siete menos veinte.

6. ¿A qué hora (*venir*) .... los invitados? – Juan y Diego (*venir*) .... a las nueve y media,

   pero Paloma (*llegar*) .... un poco más tarde.

7. ¿Tú (*saber*) .... dónde (*estar*) .... el Hotel Palace? – Lo (*sentir, yo*)

   ...., pero no lo (*saber, yo*) ...., es que no (*ser, yo*) .... de aquí.

8. ¿Qué (*hacer, tú*) .... los fines de semana? – Los sábados (*salir, yo*) .... con algunos

   amigos. Entonces (*ir, nosotros*) .... al cine o (*tomar, nosotros*) .... algo y después

   (*ir, nosotros*) .... a una discoteca y (*bailar, nosotros*) .... hasta altas horas de la

   madrugada. Los domingos (*dormir, yo*) .... hasta las doce de la mañana y por la tarde (*visitar, yo*)

   .... a unos amigos o me (*dar, yo*) .... un paseo en el parque.

9. ¿Adónde (*ir, vosotros*) .... de vacaciones este año? – Todavía no (*tener, nosotros*) ....

   planes, pero (*creer, yo*) .... que no (*hacer, nosotros*) .... ningún viaje largo.

10. ¿(*Tener, usted*) .... sellos? – No, los sellos sólo los (*vender*) .... los estancos.

11. En mi tiempo libre yo (*ver*) .... mucho la tele y (*jugar*) .... vídeojuegos. A veces mi

    hermano y yo también (*jugar*) .... al tenis o al badminton.

12. Mi profesora (*decir*) .... siempre que el español no (*ser*) .... muy difícil, pero que

    (*tener, yo*) .... que aprender regularmente el vocabulario y los verbos.

13. ¿Cuántas lenguas se (*hablar*) .... en el Perú? – Se (*hablar*) .... tres lenguas, el

    castellano, el quechua y el aymara.

14. ¿No (*estar, tú*) .... bien? – No, (*creer, yo*) .... que (*tener, yo*)

    .... la gripe, me (*doler*) .... mucho la cabeza y me (*doler*)

    .... los ojos también. Además (*tener, yo*) .... mucho frío.

15. Este fin de semana mis amigos y yo (*querer*) .... ir a la playa. ¿Nos (*querer, tú*)

    .... acompañar?

102 Bilde Sätze aus den gegebenen Elementen. Artikel und Präpositionen sind zu ergänzen:

Modelo: *Carlos y yo / salir / fin de semana.* ▶ **Carlos y yo salimos el fin de semana.**

1. Yo / no / tener / coche ▶ ....

2. Nuria / querer / aprender / alemán ▶ ....

3. ¿Cuánto / costar / camisa verde? ▶ ....

4. Yo / hacer / compra / supermercado ▶ ....

5. Mi novio / tener que / ir / médico / hoy ▶ ....

6. ¿Vosotros / venir / nuestra fiesta? ▶ ....

7. Las clases / empezar / las ocho ▶ ....

8. ¿Nosotros / ir / tomar / algo? ▶ ....

9. Mis compañeros / no / estudiar / mucho ▶ ....

10. Yo / no / ser / suiza / ser / alemana ▶ ....

11. Mi hermano / tener / pelo / largo / y / rubio ▶ ....

12. Nuestro gato / ser / muy / vago ▶ ....

13. Yo / no / poder / comer / más ▶ ....

14. ¿Me / traer / usted / más pan? ▶ ....

15. ¿Tú / abrir / otra / botella / vino? ▶ ....

16. Te / invitar / yo / café ▶ ....

17. Hoy / hacer / mucho / calor ▶ ....

18. La niña / tener / ojos / azules ▶ ....

19. Ser / yo / mexicana / pero / vivir / Madrid ▶ ....

20. Mi novio / ser / profesor / y / trabajar / instituto ▶ ....

103 Beantworte die Fragen mit Hilfe der Angaben in der Klammer:

1. ¿De dónde es Michael? (Alemania) ▶ ....

2. ¿Qué hace Carlos? (camarero) ▶ ....

3. ¿Dónde vive la hermana de Paloma? (en México) ▶ ....

4. ¿Qué hace Michael en España? (aprender español) ▶ ....

5. ¿Qué haces? (la tarea de español) ▶ ....

6. ¿Dónde vives? (en Austria) ▶ ....

7. ¿A qué hora empieza la película? (a las nueve) ▶ ....

104 **Verfasse mit Hilfe der Angaben auf dem Fragebogen einen Text über Ana Sánchez:**

Nombre: Ana Sánchez Fernández
Nacionalidad: española
Hermanos: tres
Profesión: secretaria
Color de pelo: castaño
Aficiones: tenis, ver la televisión
Coche: sí, un SEAT

Estado civil: soltera
Domicilio: calle San Fernando, 34, Madrid
Lugar de trabajo: Oficina de Turismo, Madrid
Color de ojos: marrón
Idiomas: español, inglés, italiano
Animales domésticos: un perro y dos gatos

Ana Sánchez Fernández es española. ....

....

....

....

....

....

....

105 **Übersetze folgende Verbformen:**

1. ich gehe aus ▶ ....
2. du kommst zurück ▶ ....
3. wir gehen ▶ ....
4. sie wollen ▶ ....
5. er kann ▶ ....
6. ich bringe ▶ ....
7. sie geben ▶ ....
8. es beginnt ▶ ....
9. ich weiß ▶ ....
10. ihr kommt ▶ ....
11. wir sehen ▶ ....

12. du spielst ▶ ....
13. sie haben ▶ ....
14. wir schreiben ▶ ....
15. ich glaube ▶ ....
16. du machst ▶ ....
17. ich komme ▶ ....
18. ich sage ▶ ....
19. wir sprechen ▶ ....
20. er fragt ▶ ....
21. sie stellen ▶ ....
22. ich höre ▶ ....

106 **Setze die passende Form von *tocar* oder *jugar* ein:**

1. ¿Tú .... al fútbol? – No, prefiero .... al baloncesto.

2. Los hijos de Mariana .... muy bien el piano, el mayor incluso quiere ser pianista.

3. En su tiempo libre mi novio .... la trompeta, pero como no practica mucho, no ....
   muy bien.

4. En muchos bares en España la gente .... al dominó.

5. Mis compañeros de clase y yo .... a las cartas durante los recreos.

6. Los domingos siempre (yo) .... con mis sobrinos en el jardín.

7. ¿Tú .... algún instrumento? – Sólo (yo) .... un poco la guitarra.

8. Este niño es un genio, ya .... al ajedrez con los mayores y gana casi siempre.

107 Ergänze die fehlenden Verben in folgendem Dialog:

En la frutería:

V: Buenos días. ¿Qué ....?

C: Hola, ¿ .... manzanas verdes?

V: Sí, ¿cuántas ....?

C: Póngame dos kilos, por favor.

V: Sí, ... muy buenas y jugosas. ¿........................... algo más?

C: ¿............................. plátanos?

V: Sí, claro, ¿cuáles ...., estos grandes o los pequeños?

C: Cinco grandes, por favor.

V: Aquí .... ¿Algo más?

C: No, gracias. ¿Cuánto .... en total?

V: .... tres euros con veinte.

108 Frage nach den hervorgehobenen Satzteilen:

1. Paloma y yo somos **de Toledo.** ► ....
2. Le digo todo **a mi profesor.** ► ....
3. Le enviamos **un mensaje corto** a Luis. ► ....
4. Salimos **a las ocho.** ► ....
5. Vemos **muchos documentales** en la tele. ► ....
6. Volvemos **mañana por la tarde.** ► ....
7. Vengo **de la escuela Sampere.** ► ....
8. Sé de memoria **esta canción.** ► ....
9. El tren llega **a las nueve.** ► ....
10. Tengo **dos** hermanas. ► ....

109 Ordne die Wörter zu Sätzen:

1. estudiar / español / quiero / Madrid / en

   ....

2. ¿a / estación / cómo / se / la / va?

   ....

3. ¿hacer / me / un / puedes / favor?

   ....

4. ¿pone / kilo / me / medio / tomates / de / maduros?

   ....

5. tiene / Ana / pelo / el / corto / rizado / y

   ....

6. tío / mi / gordo / es / poco / y / alto / un

   ....

7. con / juego / al / hermano / el / en / fútbol / jardín / mi

   ....

8. casa / cerca / mi / está / grande / de / parque / un

   ....

9. ¿bancos / cierran / qué / hora / a / los?

   ....

10. fin / salgo / mis / con / este / semana / amigos / este / de

   ....

110 **Detective Gafas erzählt von sich und seiner Familie. Kreuze an, ob die unten stehenden Sätze wahr (V) oder falsch (F) sind:**

Hola, soy el detective Gafas. Mi nombre es Eusebio – muy feo, ¿no? Yo soy de Salamanca, una ciudad universitaria muy bonita que está al noroeste de Madrid. Mi oficina está en Madrid y normalmente trabajo allí, pero, claro, con mi profesión tengo que viajar mucho. A veces sigo a las personas, a las que tengo que observar, como al señor Amoroso, por ejemplo. Entonces voy a otras ciudades o a otros países.

Estoy divorciado y tengo dos hijos. Mi hijo mayor se llama Antonio y tiene 19 años, él estudia arquitectura en Salamanca y tiene ya novia, Isabel, que estudia filosofía. Mi hija se llama Maite y tiene 15 años, ella va a un colegio aquí en Madrid. Es muy graciosa y guapa, tiene el pelo largo y liso, es bastante baja y tiene los ojos verdes – y no lleva gafas. Todos los fines de semana sale con sus amigos. A veces me visita en la oficina, pero no la veo mucho.

Mi profesión es muy interesante y tengo muchos clientes, aunque no gano mucho dinero. Mi secretaria, Andrea, es de origen alemán, pero habla perfectamente español. Ella es muy trabajadora y muy inteligente. Me ayuda mucho, no sé qué haría sin ella. Me recuerda muchas cosas y a veces incluso observa a personas cuando yo no tengo tiempo. Además es muy buena fotógrafa. De momento tengo un nuevo caso y pronto voy a Barcelona para buscar información. Creo que voy en tren porque odio los aviones, sólo voy en avión si no hay otra posibilidad.

Así que en total estoy muy contento – nunca sé qué es lo que me trae un nuevo día.

	V	F
1. Salamanca es una ciudad universitaria al noreste de Madrid.		
2. La oficina del detective Gafas está en Salamanca.		
3. El detective tiene que viajar mucho.		
4. El hijo mayor del detective Gafas estudia filosofía.		
5. La novia de Antonio se llama Isabel.		
6. La hija del detective Gafas es alumna en un colegio en Madrid.		
7. Maite ayuda a su padre en la oficina.		
8. El detective Gafas es muy rico porque tiene muchos clientes.		
9. Andrea no habla muy bien español porque es alemana.		
10. El detective Gafas prefiere viajar en avión porque es muy rápido.		

111 **Suche die Gegensatzpaare:**

empezar – cerrar – ~~buscar~~ – ir – salir – hablar – dar – reír – encender – ganar – olvidar – subir – preguntar –

sacar – comprar – recibir

1. encontrar – **buscar**

2. contestar – ....

3. abrir – ....

4. recordar – ....

5. terminar – ....

6. meter – ....

7. callar – ....

8. perder – ....

9. bajar – ....

10. volver – ....

11. vender – ....

12. llorar – ....

13. enviar – ....

14. entrar – ....

15. tomar – ....

16. apagar – ....

112 **Füge jetzt einige der Verben aus der vorigen Übung in der passenden Form ein:**

1. Tengo que (*suchen*) .... mi pasaporte, es que no lo (*finden, ich*) .... y la semana que viene (*fahren, wir*) .... de vacaciones.

2. ¿Y cuándo (*zurückkommen, ihr*) .... – El quince de agosto.

3. El candidato (*antworten, er*) .... a todo lo que le (*fragen, sie*) .... la profesora.

4. Si me (*schicken, du*) .... el paquete hoy, lo (*erhalten, ich*) .... mañana.

5. El niño (*weinen, es*) .... si (*verlieren, es*) .... un juego, por eso lo dejamos (*gewinnen*) .... siempre.

6. ¿Te (*kaufen, du*) .... un nuevo ordenador portátil? – Sí, y quiero (*verkaufen*) .... el viejo a un estudiante.

7. ¿Por qué no (*einschalten, du*) .... la luz? Ya no veo casi nada.

8. ¿No quieres (*abschalten*) .... la radio? No me gusta esta música.

9. Mi abuelo ya está un poco perdido, es que lo (*vergessen, er*) .... todo y no (*sich erinnern, er*) .... ni los nombres de sus nietos.

10. Para estar en forma siempre (*hinaufgehen, ich*) .... y (*hinuntergehen, ich*) .... las escaleras en vez de tomar el ascensor.

11. ¿A qué hora (*öffnen, es*) .... la tienda? – (*Öffnen, es*) .... a las nueve y (*schließen, es*) .... a las tres de la tarde.

12. ¿Cuándo (*beginnen, du*) .... a trabajar? – Normalmente (*beginnen, ich*) .... a las ocho y (*aufhören, ich*) .... a las cuatro de la tarde.

13. Perdón, ¿puedo (*eintreten*) .... un momentito? – Lo siento, no tengo tiempo porque estoy a punto de (*weggehen*) ....

14. La niña de mi amiga siempre está de buen humor y se (*lachen, sie*) .... mucho.

15. ¿Me (*geben, du*) .... un pañuelo, por favor? – Claro que sí, puedes (*nehmen*) .... todo el paquete.

16. ¿Puedes (*hineinstecken*) .... esta caja de mazapanes en tu mochila? – Sí, un momento, antes tengo que (*herausnehmen*) .... mi cámara.

13. KAPITEL: Verben auf *-ocer, -ucir*

Diese Zeitwörter weisen in der 1. Person Einzahl eine Veränderung von *c ▸ zc* auf.

conocer – kennen	*ofrecer* – anbieten	*conducir* – fahren
cono**zco**	ofre**zco**	condu**zco**
conoces	ofreces	conduces
conoce	ofrece	conduce
conocemos	ofrecemos	conducimos
conocéis	ofrecéis	conducís
conocen	ofrecen	conducen
Weitere wichtige Verben mit dieser Veränderung sind: *agradecer, crecer, nacer, obedecer, parecer, permanecer, pertenecer, reconocer; producir, traducir*		

113 Ergänze im Raster die fehlenden Formen:

Infinitivo	yo	tú	él/ella/usted	nosotros/-as	vosotros/-as	ellos/-as/ustedes
	produzco					
		conoces				
			crece			
				ofrecemos		
					obedecéis	
						conducen

114 Setze die Verbformen ein:

1. ¿(*Conocer, vosotros*) .... Madrid? – Yo sí (*conocer*) .... un poco la ciudad, pero
   mi amiga no la (*conocer*) .... nada.

2. Tú (*hablar*) .... portugués, ¿verdad? ¿Me (*traducir, tú*) .... este artículo, por favor?

3. Yo no (*conducir*) .... mucho, pero mi mujer (*conducir*) .... muy bien.

4. Os (*agradecer, yo*) .... mucho vuestra invitación, pero no (*poder, yo*) .... ir
   porque pronto (*tener, yo*) .... un examen muy importante.

5. El Hotel Rey (*ofrecer*) .... una habitación doble con desayuno por sólo 70 euros, me (*parecer*)
   .... una oferta muy buena, ¿no? Lo que pasa es que no (*conocer, yo*) .... el hotel y
   no (*saber, yo*) .... si las habitaciones (*ser*) .... bonitas y tranquilas.

6. Mi sobrino (*ser*) .... muy travieso, no (*obedecer*) .... nunca a sus padres ni a sus
   profesores.

7. El número de turistas en España (*crecer*) .... casi cada año. Muchos ya (*saber*) ....
   que España (*ofrecer*) .... más que sólo sol y playa.

8. Todavía no (*conocer, yo*) .... a tu primo Carlos. ¿Qué (*hacer, él*) ....? – Él
   (*trabajar*) .... de técnico en una empresa que (*producir*) .... discos compactos
   y accesorios del ordenador. Me (*parecer*) .... que Carlos (*conocer*) .... todos los
   programas de ordenador que existen.

115 Unterscheide zwischen *conocer, saber* und *poder*:

1. ¿............................. (*tú*) dónde está el Hotel Rey? – Pues, lo siento, no lo ...., no
   .... este hotel.

2. ¿Ya .... usted a mi novia? – No, todavía no, encantado en .... la.

3. ¿............................. (*tú*) ayudarme un momento? – Claro que sí, ya voy.

4. Mi tía tiene una letra horrible, no .... (*yo*) leer esta postal.

5. En Austria casi toda la gente .... leer y escribir.

6. Todavía no .... la nueva película de Alejandro Amenábar, ¿vamos al cine esta tarde para verla? – Ay,
   esta tarde no ...., ¿quizá mañana, si tienes tiempo? – Sí, muy bien, entonces mañana a las seis.

7. ¿Tú .... tocar el piano? – No, no .... tocar ningún instrumento, es una lástima.

8. ¿Vamos a la playa con tus sobrinos? – Sí, buena idea, pero el menor todavía no .... nadar.

9. No .... (*nosotros*) Viena todavía, por eso queremos pasar un fin de semana allí para visitar
   algunos de los monumentos más famosos.

10. ¡Qué rica la comida! Pero ahora no .... (*yo*) comer nada más, gracias.

11. Yo no .... cómo se dice "cuadro" en alemán, ¿lo .... tú? – Creo que se dice "Bild", pero si quieres, ... (*yo*) mirar en un diccionario.

12. ¿Ya .... (*vosotros*) el nuevo restaurante italiano en la calle de Velázquez? – Sí, yo lo ...., la comida es muy buena, pero el servicio es un poco lento.

13. Carmen, ¿tú .... a qué hora empieza la conferencia? – Sí, empieza a las nueve de la mañana, pero yo no .... ir porque tengo que dar clase a esas horas.

14. ¿.............................. (*vosotros*) cómo es la situación política en Ecuador? – No .... (*nosotros*) nada nuevo, pero .... (*tú*) preguntar a José que acaba de volver de allí.

15. Yo no .... esquiar, pero mi prima sí, cada año va a esquiar a Suiza.

116 Wähle die richtige Verbform:

1. Todavía no **conoco / conozco** la exposición en el Museo del Prado. ¿**Puedes / podes** acompañarme esta tarde para visitarla?
2. Esta empresa **produce / produze** alfombras muy bonitas.
3. No **sabo / sé** a qué hora **empieza / empeza** la ópera.
4. No **tieno / tengo** animales domésticos.
5. A veces **traduco / traduzco** algunos poemas de una autora chilena.
6. Te **agradezcemos / agradecemos** mucho tu ayuda.
7. ¿A qué hora **cerran / cierran** las tiendas en Austria?
8. Te **recomiendo / recomendo** comer en el restaurante *Sacher*. **Tiene / tene** una tarta fantástica.
9. Aquí **ole / huele** muy bien.
10. Hoy **volvemos / vuelvemos** a casa, el avión sale a las seis de la tarde.
11. En España **llove / llueve** muy poco en verano.
12. ¿Tú **jugas / juegas** al ajedrez?
13. No **conduzco / conduzco** cuando **neva / nieva** mucho.
14. Los domingos **dormimos / duermimos** hasta las doce.

14. KAPITEL: Abschließende Übungen zu allen Verben

117 Ordne folgende Verben den Nomen zu, die aus derselben Wortfamilie kommen:

> llegada – salida – entrada – risa – recomendación – comida – bebida – conocimiento –
> vuelta – ida – pensamiento – dolor – ~~ayuda~~ – sabor – lectura – mirada – oído – vista –
> juego – lluvia – traducción – oferta

1. ayudar ► ayuda
2. recomendar ► ....
3. mirar ► ....
4. ofrecer ► ....
5. llegar ► ....
6. pensar ► ....
7. comer ► ....
8. volver ► ....
9. ver ► ....
10. llover ► ....
11. ir ► ....

12. saber ► ....
13. beber ► ....
14. entrar ► ....
15. jugar ► ....
16. traducir ► ....
17. conocer ► ....
18. doler ► ....
19. salir ► ....
20. oír ► ....
21. reír ► ....
22. leer ► ....

118 Setze die Verbformen ein:

1. En clase (*leer, nosotros*) .... textos y a veces (*escuchar, nosotros*) .... canciones latinoamericanas.

2. En España la gente (*desayunar*) .... poco y (*comer*) .... bastante tarde. En general los españoles (*dormir*) .... muy poco porque (*salir*) .... por la noche.

3. A: ¿(*Poder, tú*) .... ir a la farmacia, por favor? Es que (*necesitar, yo*) .... unas aspirinas.

   B: Sí, claro que (*poder, yo*) .... pasar por la farmacia. ¿A qué hora (*cerrar*) ....

   A: Creo que a las seis, si (*ir, tú*) .... ahora mismo, (*llegar, tú*) .... a tiempo.

4. A: Este año (*querer, yo*) .... viajar a Perú. Un amigo y yo (*ir*) .... a ir en avión a Cuzco y después (*querer, nosotros*) .... seguir el Camino Inca.

   B: ¿Y qué (*decir*) .... tus padres? ¿No (*ser*) .... un viaje peligroso?

   A: Sí, mis padres (*estar*) .... un poco preocupados, pero no (*tener*) .... nada en contra.

5. A: Buenos días, ¿(*tener, ustedes*) .... una habitación doble?

   B: Lo (*sentir, yo*) ...., no (*tener, yo*) .... ninguna doble, sólo dos habitaciones individuales.

   A: ¿Y cuánto (*costar*) .... la noche?

   B: (*Querer, ustedes*) .... la habitación con ducha y con desayuno, ¿verdad? Entonces (*costar*) .... 45 euros por noche.

6. A: Buenos días, señorita, ¿qué le (*poner, yo*) ....?

   B: Quería 250 gramos de jamón serrano y 200 gramos de chorizo, por favor.

   A: (*Tener, nosotros*) .... también este jamón de bellota, que (*ser*) .... buenísimo, ¿(*querer, usted*) .... probarlo?

   B: Mhm, muy bueno. Pues (*tomar, yo*) .... 150 gramos también.

7. En mi tiempo libre (*ver, yo*) .... mucho la tele y (*jugar, yo*) .... al tenis. Los domingos (*visitar, yo*) .... a mis abuelos y les (*ayudar, yo*) .... un poco en el jardín.

8. A: ¿Cuántos años (*tener, tú*) ....?

   B: Yo (*tener*) .... 17 años y mi hermano mayor (*tener*) .... 20.

9. A: ¿Quién (*ser*) .... esta chica tan guapa?

   B: No la (*conocer, yo*) ....

10. A: ¿(*Saber, tú*) .... cómo (*ir, yo*) .... al Museo de Cera?

    B: No lo (*saber, yo*) ...., pero (*poder, tú*) .... preguntar a mi madre.

---

119 Lies diese Postkarte aufmerksam durch und kreuze an, ob die unten stehenden Sätze wahr (V) oder falsch (F) sind:

Querida Nuria:

Estamos en Viena, la capital de Austria. Es fantástico. Vivimos en una pensión pequeña y tranquila en el centro de la ciudad.

Nos sirven un desayuno muy abundante, con los mejores pasteles vieneses. Cada día visitamos algún museo o algún monumento interesante, como la Catedral, el Museo de Bellas Artes o el palacio de Schönbrunn. Se puede ir en metro o en tranvía a casi todos los sitios, pero también vamos mucho a pie y disfrutamos de las calles antiguas y de las tiendas elegantes del centro. Aquí las tiendas cierran muy pronto, ya a las seis y media todo está cerrado.

Hace bastante buen tiempo y mucho sol, sólo hoy llueve un poco y hace un poco de fresco.

Queremos hacer todavía una excursión en barco por el Danubio, dicen que el paisaje es maravilloso.

La gente es muy amable, pero casi nadie habla español, ¡y ya sabes lo mal que hablamos inglés!

Nos quedamos tres días más, hasta el miércoles, entonces volvemos a Madrid.

Un fuerte abrazo,

Paloma y Diego

	V	F
1. Paloma y Diego están en Viena.		
2. Viven en un hotel grande en el centro.		
3. El desayuno es muy pobre.		
4. Visitan muchos monumentos.		
5. No van mucho a pie porque se puede llegar a todos los sitios en metro.		
6. Las tiendas están abiertas hasta muy tarde.		
7. Llueve casi cada día.		
8. Quieren hacer una excursión en barco.		
9. La comunicación es muy fácil porque mucha gente habla español.		
10. Vuelven a Madrid el martes.		

120 Was sagst du in folgenden Situationen?

1. Sage, dass du heute Nachmittag noch für eine Prüfung lernen musst.

....

2. Sage, dass du das Stadtzentrum sehen möchtest.

....

3. Sage, dass du in einer kleinen Stadt wohnst.

....

4. Frage Nuria, ob sie mit dir ins Kino gehen möchte.

....

5. Sage, dass du Toledo noch nicht kennst.

....

6. Frage den Rezeptionisten, ob er ein Einbettzimmer mit Dusche hat.

....

7. Frage Nuria nach ihrem Alter.

....

8. Frage Nuria, welche Haustiere sie hat.

....

9. Frage Blanca, ob sie Geschwister hat.

....

10. Sage dem Kellner, dass du noch eine Coca-Cola möchtest.

....

11. Sage in der Trafik, dass du fünf Briefmarken möchtest.

....

12. Sage, dass du kein Auto hast.

....

13. Sage, dass du in deiner Freizeit Bücher liest, fernsiehst und Videospiele spielst.

....

14. Frage Carlos, ob er Fußball spielt.

....

15. Erkläre einem Passanten, wo eine Apotheke ist: Er muss geradeaus gehen und die zweite Straße rechts nehmen.

....

15. KAPITEL: Rückbezügliche Verben – *Verbos reflexivos*

Wie im Deutschen gibt es auch im Spanischen **rückbezügliche** (reflexive) **Zeitwörter**, zB: **sich** waschen – *lavarse*. Das **rückbezügliche Fürwort** wird in der **Nennform** (sowie auch im *gerundio* und in der **bejahten Befehlsform**) **angehängt**, in den **abgewandelten Verbformen** steht es unmittelbar **vor dem Zeitwort**. Auch unter den reflexiven Verben gibt es solche mit Vokalveränderungen:

Infinitiv	*lavarse* sich waschen	*sentarse* sich setzen	*dormirse* einschlafen	*vestirse* sich ankleiden
yo	**me** lavo	**me** siento	**me** duermo	**me** visto
tú	**te** lavas	**te** sientas	**te** duermes	**te** vistes
él/ella/usted	**se** lava	**se** sienta	**se** duerme	**se** viste
nosotros, -as	**nos** lavamos	**nos** sentamos	**nos** dormimos	**nos** vestimos
vosotros, -as	**os** laváis	**os** sentáis	**os** dormís	**os** vestís
ellos, -as/ustedes	**se** lavan	**se** sientan	**se** duermen	**se** visten

Einige weitere häufig gebrauchte reflexive Verben:

aburrirse	sich langweilen	*ducharse*	(sich) duschen
acordarse (o ▶ ue)	sich erinnern	*encontrarse (o ▶ ue)*	sich treffen
acostarse (o ▶ ue)	sich hinlegen	*irse*	weggehen
afeitarse	sich rasieren	*levantarse*	aufstehen
bañarse	(sich) baden	*llamarse*	heißen
casarse	heiraten	*moverse (o ▶ ue)*	sich bewegen
despedirse (e ▶ i)	sich verabschieden	*peinarse*	sich kämmen
despertarse (e ▶ ie)	aufwachen	*reírse (e ▶ i)*	lachen
divertirse (e ▶ ie)	Spaß haben	*sentirse (e ▶ ie)*	sich fühlen

Steht ein reflexives Verb in der **Nennform** (zB nach einem Modalverb), muss man auf die Übereinstimmung von Pronomen und Personalform achten. Das **Pronomen wird an die Nennform angehängt** oder **vor die abgewandelte Verbform gestellt**:

*No quiero sentar**me**. / No **me** quiero sentar.* Ich möchte mich nicht setzen.
*Tien**es** que levantar**te**. / **Te** tien**es** que levantar.* Du musst aufstehen.

Achte auf die Unterschiede zwischen Spanisch und Deutsch:

Nur im Spanischen reflexiv sind zB:

ahogarse	ertrinken	*callarse*	schweigen	*irse*	weggehen
arrepentirse	bereuen	*darse cuenta*	bemerken	*levantarse*	aufstehen
caerse	fallen	*despertarse*	aufwachen	*llamarse*	heißen

marcharse	weggehen
quedarse	bleiben
reírse	lachen

Nur im Deutschen reflexiv sind zB:

descansar	sich ausruhen	*ocurrir*	sich ereignen
empeorar	sich verschlechtern	*recordar*	sich erinnern
mejorar	sich verbessern	*suceder*	sich ereignen

121 **Setze die entsprechenden Reflexivpronomen zu den Verben:**

1. .... duchas
2. .... lavamos
3. .... visto
4. .... despedís
5. .... levanto
6. .... callan
7. .... sientas
8. .... llamo
9. .... ríes
10. .... despertamos
11. .... llamáis
12. .... peinas

13. .... duermen
14. .... acuesta
15. .... levantas
16. .... afeita
17. .... sentimos
18. .... mueven
19. .... duchamos
20. .... vais
21. .... aburro
22. .... bañas
23. .... acuerda
24. .... lavo

122 **Ergänze im Raster die fehlenden Formen:**

Infinitivo	yo	tú	él/ella/usted	nosotros/-as	vosotros/-as	ellos/-as/ ustedes
	me llamo					
		te mueves				
			se despide			
				nos casamos		
					os reís	
						se levantan

123 Setze die Formen der rückbezüglichen Verben ein:

1. Normalmente (*levantarse, yo*) .... a las seis y media.

2. Después de nadar en el mar siempre (*ducharse, nosotros*) .... con agua dulce.

3. Si no (*moverse, tú*) .... un poco más, no vas a adelgazar.

4. ¿Ya sabes? Juan y Concha (*casarse*) .... en el mes de mayo.

5. ¿Cómo (*llamarse, tú*) ....? – (*Llamarse, yo*) .... Michael, ¿y tú?

6. Mi abuelo siempre (*dormirse*) .... cuando ve la televisión.

7. ¿A qué hora (*acostarse, vosotros*) ....? – Normalmente (*acostarse, nosotros*)
.... a las diez y media, pero los viernes y los sábados yo (*acostarse*) ....
más tarde porque salgo con mis amigos.

8. ¿No (*sentirse, tú*) .... bien? – No, creo que tengo un poco de fiebre.

9. Los campesinos (*despertarse*) .... con el sol.

10. Si no (*vestirse, tú*) .... ahora, vas a llegar tarde.

11. Ya es muy tarde, (*despedirse, nosotros*) .... y (*irse, nosotros*) .... a casa.

12. Tengo muchos hobbies, yo nunca (*aburrirse*) ....

13. Los hijos de Elena (*llamarse*) .... Pedro y Rafael.

14. Antes de comer siempre (*lavarse, yo*) .... las manos.

15. ¿Ya (*marcharse, tú*) ....? – Sí, tengo que volver a casa.

16. Si no (*callarse, vosotros*) .... vais a tener problemas con el jefe.

17. Las clases son muy divertidas, (*reírse, nosotros*) .... mucho con nuestra profesora.

18. Los jóvenes (*divertirse*) .... mucho en la discoteca.

19. Este fin de semana (*quedarse, yo*) .... en casa porque tengo que estudiar.

20. En la escuela no (*moverse, nosotros*) .... mucho porque tenemos muy pocas clases de deporte.

21. Yo normalmente (*ducharse*) .... con agua fría.

22. ¿Por qué no (*sentarse, vosotros*) .... en el sofá?

23. (*Divertirse, nosotros*) .... mucho con nuestro perro, es muy alegre.

124 Setze rückbezügliche Fürwörter dort ein, wo sie nötig sind:

1. .... despierto a las seis, a las seis y media .... levanto, después .... ducho y .... visto y
después .... desayuno, normalmente .... tomo café con leche y un croasán.

2. Este año .... viajamos a Mallorca, allí .... conocemos un pueblo pequeño donde hay pocos turistas.
.... quedamos una semana en el pueblo y después .... vamos para unos días a Palma.

3. Quiero lavar .... los dientes después de comer.

4. ¿Cómo .... llama tu hermano? – .... llama Pablo y .... trabaja en una agencia de viajes.

5. ¿No .... comes nada? – No, gracias, no .... tengo hambre.

6. No quiero sentar .... en el taburete, ... prefiero sentar .... allí, en aquella mesa libre.

7. ¿Qué .... van a tomar, señores? – Yo .... tomo el menú del día y para la señora traiga unas gambas a la
plancha, por favor.

8. .... siento muy cansado, ... creo que voy a acostar ....

9. ¿............ conoces a esta señora? – Sí, creo que es profesora de inglés, pero no .... acuerdo de su nombre.

10. ¿Ya .... sabes cuándo .... casas? – Sí, la boda será el 15 de agosto.

125 Viele rückbezügliche Verben können dir helfen, über deinen Tagesablauf zu sprechen. Wenn du die Verben aus dem Kästchen richtig in den Text einsetzt und in das Kreuzworträtsel einträgst, siehst du, von welchem Wochentag hier die Rede ist:

desayunar – despertarse – levantarse – quedarse – salir – tomar – vestirse

Ese día no (**1.**) .... antes de las doce. Normalmente (**2.**) .... todavía un rato en la cama y media hora después (**3.**) ...., voy al baño para ducharme y (**4.**) ....

Entonces (**5.**) .... un café y una tostada con mantequilla y mermelada y leo el periódico. A la una más o menos (**6.**) .... de casa para darme un paseo en la ciudad. A veces quedo con unos amigos y

(**7.**) .... juntos un aperitivo en un bar antes de comer. Por la tarde me doy un paseo o visito a mis padres. Es el día de la semana que más me gusta.

126 Korrigiere – wo nötig – in folgenden Sätzen die rückbezüglichen Fürwörter:

Modelo: *Tengo que levantarse.* ► Tengo que levant**arme**.

1. Vamos a despedirse. ► ....

2. Quiero acostarse pronto. ► ....

3. Mi hermano todavía no tiene que afeitarse. ► ....

4. Tenemos que ducharse. ► ....

5. ¿Queréis sentarse? ► ....

6. Tienes que moverse más. ► ....

7. Tengo que peinarse. ► ....

8. Los niños deben lavarse los dientes. ► ....

9. Queremos divertirse esta noche. ► ....

10. ¿Ya tenéis que marcharse? ► ....

11. Todavía no quiero levantarse. ► ....

12. No puedes sentarse aquí. ► ....

127 Was sagst du in folgenden Situationen?

1. Sage, dass du normalerweise um 7 Uhr aufstehst.

....

2. Frage Nuria, wann sie schlafen geht.

....

3. Frage Paloma, ob sie sich die Hände waschen will.

....

4. Sage, dass du dich duschen willst.

....

5. Frage Carlos, ob er sich setzen will.

....

6. Frage Paloma und Nuria, ob sie sich an das Geburtstagsfest von Michael erinnern.

....

7. Sage, dass du dich gut unterhältst.

....

8. Sage, dass du dich verabschieden möchtest.

....

9. Sage, dass du nach Hause gehen musst.

....

10. Sage, dass du am Sonntag um 11 Uhr schlafen gehst.

....

11. Frage, ob du dich setzen darfst.

....

12. Sage, dass du dich vor dem Frühstück ankleidest.

....

13. Sage, dass dein bester Freund im Juni heiratet.

....

128 Vervollständige den Tagesablauf mit den Verben, die in alphabetischer Reihenfolge im Kästchen stehen:

abre – charlamos – conozco – entienden – leen – levantarnos – me acuesto – me ducho – me levanto – me llamo – me visto – salgo – termino – tomamos – trabaja – trabajo – ven – veo – vienen – voy – vuelve – vuelvo

Hola, (1.) .... Carlos, soy un buen amigo de Nuria y Paloma. Ya sabéis que soy camarero y que (2.) .... en el Bar El Gusto. Los camareros tenemos que (3.) .... bastante pronto, por ejemplo mi bar (4.) .... ya a las seis y media. Así que (5.) .... a las cinco de la mañana, (6.) ...., (7.) .... y (8.) .... en metro a la Plaza Santa Bárbara que es donde está el bar. Claro que desayuno allí, con mis compañeros, normalmente (9.) .... un café con leche y algunos croasanes recién hechos. Antes de las siete ya (10.) .... las primeras personas para desayunar, casi toda la gente (11.) .... en las oficinas alrededor de la plaza. Yo (12.) .... a casi todo el mundo y (13.) .... un poco de cosas cotidianas. Algunos (14.) .... el periódico o (15.) .... la tele. A mediodía también hay mucho trabajo, entonces (16.) .... la gente para tomar algunas tapas. Por la tarde sobre todo tenemos turistas extranjeros, a veces es muy divertido con ellos, si no (17.) .... español. Yo (18.) .... a las cuatro de la tarde y (19.) .... a casa para descansar un poco. Por la noche a veces (20.) .... con amigos o simplemente (21.) .... la tele. (22.) .... normalmente a eso de las once.

129 Ergänze die Fragen in folgendem Interview über den Tagesablauf eines spanischen Schülers:

A: Hola. ¿...?

Carlitos: Me llamo Carlos Sánchez Nadal.

A: ¿..?

Carlitos: Tengo 14 años.

A: ¿..?

Carlitos: En mi colegio las clases empiezan a las ocho y media.

A: ¿..?

Carlitos: Me levanto a las siete.

A: ¿..?

Carlitos: Salgo de casa a las ocho menos cuarto.

A: ¿..?

Carlitos: Voy en metro.

A: ¿..?

Carlitos: Normalmente las clases terminan a las seis, pero tenemos una pausa al mediodía.

A: ¿..?

Carlitos: Por la tarde hago mis deberes y también juego con mis amigos. Después de la cena suelo ver la tele.

A: ¿..?

Carlitos: A eso de las once o a las once y media.

A: Gracias, Carlos, hasta luego.

16. KAPITEL: Die Verlaufsform – *El gerundio*

Zur Bildung des *gerundio* wird bei den regelmäßigen Zeitwörtern an den Stamm die Endung
-ando bzw. **-iendo** angehängt:

	Infinitiv	*Gerundio*
Verben auf *-ar*	*trabajar*	*trabaj**ando***
Verben auf *-er*	*beber*	*beb**iendo***
Verben auf *-ir*	*vivir*	*viv**iendo***

Ausnahmen:

Infinitiv	*Gerundio*
caer	*cayendo*
dar	*dando*
decir	*diciendo*
dormir	*durmiendo*
leer	*leyendo*
ir	*yendo*
morir	*muriendo*
oír	*oyendo*
poder	*pudiendo*
ser	*siendo*
traer	*trayendo*
venir	*viniendo*
ver	*viendo*

Im *gerundio* gibt es **keinen Diphthong**, aber **alle Verben auf -ir**,
die im Präsens einen **Vokalwechsel** (*e ▶ i, e ▶ ie*) aufweisen, haben im
gerundio ein **-i-** im Stamm: *sentir ▶ sintiendo, seguir ▶ siguiendo*.
Bei Verben auf **-uir** wird das **-i-** zu **-y-**: *construir ▶ construyendo*.
Bei rückbezüglichen Zeitwörtern wird das Fürwort angehängt oder steht vor
der abgewandelten Verbform:
Estoy lavándome / me estoy lavando. Ich wasche mich gerade.

Das *gerundio* wird häufig in Zusammenhang mit **estar** verwendet.
Estar + gerundio bedeutet: **gerade dabei sein, etwas zu tun.**

Estoy leyendo un libro interesante. ▶
Ich lese gerade ein interessantes Buch.

130 Bilde das *gerundio* von folgenden Verben:

1. escuchar ► ....
2. comer ► ....
3. escribir ► ....
4. viajar ► ....
5. mirar ► ....
6. aprender ► ....
7. estudiar ► ....
8. visitar ► ....
9. jugar ► ....
10. dormir ► ....
11. comprender ► ....
12. creer ► ....
13. limpiar ► ....
14. ver ► ....
15. llegar ► ....
16. hacer ► ....
17. seguir ► ....

18. servir ► ....
19. tomar ► ....
20. desear ► ....
21. dejar ► ....
22. vender ► ....
23. comprar ► ....
24. morir ► ....
25. traer ► ....
26. llevar ► ....
27. vestir ► ....
28. terminar ► ....
29. bailar ► ....
30. volver ► ....
31. pedir ► ....
32. sentir ► ....
33. empezar ► ....
34. andar ► ....

131 Wandle folgende Sätze in die Struktur *estar + gerundio* um:

Modelo: *Leemos un libro.* ► Estamos leyendo un libro.

1. Michael aprende español. ► ....
2. Los niños ya duermen. ► ....
3. Carlitos juega al fútbol. ► ....
4. El autobús para Becerril ya sale de la estación. ► ....
5. Allí construyen un nuevo puente. ► ....
6. Los alumnos navegan por la red. ► ....
7. Mis padres trabajan en el jardín. ► ....
8. Carlos sirve las bebidas a los clientes. ► ....
9. Mis amigas y yo tomamos café en una terraza. ► ....
10. Javier se ducha. ► ....
11. La gente toma el sol en la playa. ► ....
12. Los invitados ya vienen. ► ....
13. Escribimos correos electrónicos a nuestros amigos. ► ....
14. Carlos y Paloma bailan. ► ....
15. ¿Qué te pasa? Tú fumas un cigarrillo tras otro. ► ....
16. Yo me visto para la entrevista laboral. ► ....
17. ¿Qué hacéis? ► ....
18. Los turistas sacan muchas fotos. ► ....
19. Rápido, la película ya empieza. ► ....
20. Nuria piensa en su novio. ► ....
21. Nos reímos mucho con nuestros amigos. ► ....

132 **Die erste Frage am Handy lautet für gewöhnlich: Was machst du gerade?**
Ergänze folgende Telefongespräche:

1. A: Dígame.
   B: Hola, Juana, soy Carmen. ¿Qué tal? ¿..................................?
   A: Yo (*Essen zubereiten*) .... ¿Y tú?
   B: Pues, Paloma y yo (*Kaffee trinken*) .... y (*von dir sprechen*)
   .... Por eso te llamo. Tienes tiempo para quedar esta tarde?
   A: Sí, genial, ...

2. A: Dígame.
   B: Buenos días, señor González. Le llamo por un problema en la oficina.
   A: De momento no tengo tiempo, es que (*gerade mit einem Kunden sprechen*)
   .... Le llamaré en media hora.
   B: De acuerdo, hasta luego.

3. A: Diga.
   B: Hola, Javier, soy yo, Paco. ¿Cómo estás?
   A: Hombre, Paco, cuánto tiempo sin verte... ¿Dónde estás?
   B: Por eso te llamo, mi familia y yo (*verbringen gerade ein Wochenende*) ....
   en Valencia, y como no está muy lejos, he pensado que podemos vernos hoy o mañana.
   A: Genial, claro que sí, pero hoy no puedo, es que (*meine Mutter besuchen*) ....,
   pero mañana, sí.
   B: Perfecto, entonces mañana ...

4. A: Diga.
   B: Hola, soy María, ¿puedo hablar con Ramón, por favor?
   A: Ah, María, no, lo siento, Ramón de momento no puede ponerse, es que (*gerade duschen*)
   .... ¿Puedes llamar en quince minutos?
   B: ¿En quince minutos? No, estoy en el colegio, las clases (*beginnen gerade*) ....
   Vuelvo a llamar en una hora, más o menos.

5. A: Dígame.
   B: Hola, ¿eres tú, Conchita? ¿Puedo hablar con tu mamá?
   A: No, mi mami (*macht gerade Einkäufe*) ....
   B: Ah, ¿y tu padre?
   A: Papi (*sieht gerade fern*) ....
   B: ¿Me lo pasas, por favor?
   A: Sí, un momento ...

133 **Lies folgenden Ausschnitt aus einer Radioreportage über die Bar El Gusto, in der Carlos arbeitet, und beantworte die Fragen:**

¡Buenos días, queridos radioyentes!
Hoy les estamos informando desde el Bar El Gusto, uno de los típicos bares en el corazón de Madrid. Es lunes y son las siete y media de la mañana y mucha gente ya está tomando café, algunos están leyendo el periódico y parece que algunos están preparándose para el día porque están revisando papeles o estudiando alguna cosa. Una chica rubia incluso está escribiendo algo en su bloc de notas mientras está desayunando. La mayoría de los jóvenes está escuchando música, todo el mundo tiene su i-Pod puesto. Muchos también están hablando por su teléfono móvil, es que hay un ruido tremendo, me pregunto por qué todo el mundo está gritando tanto.
La tele está puesta, claro, y estamos viendo el resumen de los partidos de fútbol de ayer.
Dos camareros están corriendo de una mesa a otra y uno está sirviendo en la barra. Es el momento más estresante del día, todo el mundo está con prisas. Bueno, ahora vamos a acercarnos más e intentaré hacer algunas breves entrevistas ...

1. ¿Qué día de la semana es? –
   ....

2. ¿Qué está haciendo la gente? –
   ....

3. ¿Cómo se están preparando para el día? –
   ....

4. ¿Qué está haciendo la chica rubia? –
   ....

5. ¿Qué están haciendo los jóvenes? –
   ....

6. ¿Por qué hay tanto ruido? –
   ....

7. ¿Qué se puede ver en la tele? –
   ....

8. ¿Cuántos camareros sirven en las mesas? –
   ....

134 Was sagst du in folgenden Situationen?

1. Frage Nuria, was sie gerade macht.

....

2. Sage, dass die Kinder gerade Fußball spielen.

....

3. Sage, dass Paloma gerade Klavier spielt.

....

4. Frage Michael, was er gerade schreibt.

....

5. Frage Juana und Carmen, was sie gerade lesen.

....

6. Sage, dass dein Freund und du gerade ein Video anseht.

....

7. Sage, dass der Zug gerade ankommt.

....

8. Sage, dass Frau Molina gerade einen Kunden betreut (betreuen = *atender*).

....

9. Frage Carlos, was er gerade kocht.

....

10. Sage, dass du gerade mit einer Freundin zu Mittag isst.

....

11. Sage, dass du gerade mit einem Freund die neue Ausstellung im Museo Reina Sofía besichtigst.

....

12. Sage, dass Pablo nicht ans Telefon kommen kann, weil er noch schläft.

....

135 Korrigiere in folgenden Sätzen die Form des *gerundio* bzw. die Stellung der Pronomen:

1. El abuelo está duermiendo. ► ....

2. Estamos desayunado. ► ....

3. Mis amigos están se bañando en el mar. ► ....

4. ¿Qué estáis escuchiendo? ► ....

5. Carlos está se lavando las manos. ► ....

6. Estamos corregiendo los exámenes. ► ....

7. Estoy leendo un libro muy aburrido. ► ....

8. ¿Estáis vendo una película divertida? ► ....

9. El camarero está serviendo el menú. ► ....

10. Mis compañeros siempre están charlado en clase. ► ....

11. Mucha gente está vivando en gran pobreza. ► ....

12. Estoy comendo un plato muy rico. ► ....

13. Este chico no nos está deciendo la verdad. ► ....

14. Ana ya está vestiéndose para la boda. ► ....

15. El pobre hombre se está moriendo. ► ....

16. Mi madre está prepariendo la cena. ► ....

17. KAPITEL: Das Perfekt – *El pretérito perfecto*

Bildung: Präsens des Hilfszeitwortes *haber* + Partizip des Vollverbs:

	Person	Präsens von *haber*	*Partizip*
Ez.	1. Person	*he*	
	2. Person	*has*	
	3. Person	*ha*	*tomado comido salido*
Mz.	1. Person	*hemos*	
	2. Person	*habéis*	
	3. Person	*han*	

Im Unterschied zum deutschen Perfekt gibt es **keinen Unterschied** zwischen **sein** und **haben**:
he salido heißt: ich bin ausgegangen,
he comido heißt: ich habe gegessen.

Unregelmäßige Partizipien:

Nennform	Deutsche Bedeutung	Partizip
abrir	öffnen	*abierto*
cubrir	zudecken	*cubierto*
decir	sagen	*dicho*
escribir	schreiben	*escrito*
hacer	machen	*hecho*
ir	gehen, fahren	*ido*
morir	sterben	*muerto*
poner	stellen, legen	*puesto*
romper	zerbrechen	*roto*
ser	sein	*sido*
ver	sehen	*visto*
volver	zurückkommen	*vuelto*

Rückbezügliche Verben und Stellung von Pronomen:

Bei rückbezüglichen Verben steht das **Reflexivpronomen** einfach unmittelbar **vor dem Hilfszeitwort** *haber*.
Trenne nie das Hilfszeitwort vom Partizip!

Me he sentado. ► Ich habe **mich** gesetzt.

Auch **Pronomen im 3. und 4. Fall** stehen stets **vor** der jeweiligen Form von *haber*.

No me ha dicho la verdad. ► Er hat **mir** nicht die Wahrheit gesagt.

Anwendung:

Das *pretérito perfecto* wird vor allem dann verwendet, wenn ein Ereignis zwar vergangen ist, **der Zeitraum**, in dem das Ereignis stattgefunden hat, aber **noch in die Gegenwart hineinreicht**, vor allem nach Ausdrücken wie *hoy, esta semana, este mes, este año, ya, todavía no, hasta ahora …*

Esta semana he trabajado mucho (Diese Woche habe ich viel gearbeitet) bedeutet also, dass das Ereignis zwar wohl vorbei ist, der Sprecher/die Sprecherin das Geschehen aber in **unmittelbare Nähe zur Gegenwart** rücken will.

136 **Ordne die Partizipien ihrer Nennform zu:**

1. hecho
2. comprado
3. visto
4. venido
5. bebido
6. roto
7. vendido
8. muerto
9. vuelto

a. morir
b. venir
c. vender
d. ver
e. comprar
f. volver
g. hacer
h. romper
i. beber

137 Setze folgende Verbformen ins Perfekt:

1. hago ▶ ....
2. juegan ▶ ....
3. entiendes ▶ ....
4. sigue ▶ ....
5. compramos ▶ ....
6. volvéis ▶ ....
7. duerme ▶ ....
8. conozco ▶ ....
9. ves ▶ ....
10. pongo ▶ ....
11. llueve ▶ ....
12. vamos ▶ ....
13. tomas ▶ ....
14. es ▶ ....
15. cierra ▶ ....

16. olvido ▶ ....
17. escuchamos ▶ ....
18. sube ▶ ....
19. empiezan ▶ ....
20. viene ▶ ....
21. visito ▶ ....
22. encontráis ▶ ....
23. sirve ▶ ....
24. hacéis ▶ ....
25. dicen ▶ ....
26. celebramos ▶ ....
27. comes ▶ ....
28. pierdo ▶ ....
29. tengo ▶ ....
30. pueden ▶ ....

138 Der kleine Carlitos ist auch nicht gerade ein Musterschüler – allerdings ist er sehr erfinderisch, was seine Entschuldigungen angeht. Setze die Verben im Perfekt ein und ordne die Ausreden zu:

1. Lo siento, es que (*olvidar, yo*) .... el libro.

2. Perdone por el retraso, es que (*perder, yo*) .... el autobús.

3. Disculpe, señorita, pero esta mañana (*dormirse, yo*) ....

4. Lo siento mucho, pero hoy no (*oír, yo*) .... el despertador.

5. Perdón por llegar tarde, pero esta mañana mi moto no (*arrancar*) ....

6. Lo siento muchísimo, pero mi madre no me (*despertar*) .... a tiempo.

7. Ay, ay, llego tarde porque (*tener, yo*) .... un accidente con la bici.

8. No se lo va a creer, pero no tengo la tarea porque mi gato (*romper*) .... el libro.

9. Disculpe, pero no (*poder, yo*) .... estudiar porque (*sentirse, yo*) .... muy mal.

10. Perdón, no (*hacer, yo*) .... los deberes, es que lo (*olvidar, yo*) ....

a. Nicht geweckt worden

b. Katze hat das Buch zerrissen

c. Hausübungen vergessen

d. Buch vergessen

e. Sich nicht wohl gefühlt

f. Den Bus versäumt

g. Den Wecker nicht gehört

h. Verschlafen

i. Einen Unfall gehabt

j. Moped nicht angesprungen

139 **Und wie steht es mit deinen Ausreden? Was sagst du im Spanischunterricht in folgenden Situationen?**

1. Entschuldige dich, weil du deine Mappe vergessen hast.

....

2. Sage, dass du die Hausübung nicht gemacht hast.

....

3. Sage, dass du den Zug versäumt hast.

....

4. Entschuldige dich, weil du deine Bücher vergessen hast.

....

5. Sage, dass es einen Verkehrsstau (= *un atasco*) gegeben hat.

....

6. Sage, dass du nichts gelernt hast, weil dein Hamster gestorben ist.

....

7. Sage, dass du die Übungszettel nicht bekommen hast.

....

8. Sage, dass du einen Unfall mit dem Moped hattest.

....

140 **Setze die Verben im Perfekt ein:**

1. Reinhard está muy contento porque (*comprar, él*) .... un coche de segunda mano.

2. ¿Todavía no (*arreglar, tú*) .... tu habitación? ¡Qué desorden! – Lo siento, mamá, pero no (*tener, yo*) .... tiempo.

3. ¿(*Llamar*) .... alguien? – No, señor, no (*registrar, nosotros*) .... ninguna llamada para usted.

4. ¿Ya sabes que en la Plaza Mayor (*abrir*) .... una cafetería vienesa? – Ah, estupendo, entonces vamos allí mañana para probar las tartas.

5. ¿Por qué tiene el tren tanto retraso? – El revisor (*decir*) .... que (*haber*) .... un accidente.

6. ¿Puede repetir, por favor? Es que no (*entender, yo*) .... nada por el ruido.

7. ¿(*Reservar, tú*) .... una mesa en el restaurante? – Sí, (*llamar, yo*) .... y (*reservar, yo*) .... una mesa para las nueve y media.

8. ¿Ya (*preparar, tú*) .... todo para la fiesta de cumpleaños? – Sí, más o menos, pero todavía no (*hacer*) .... la tarta.

9. Siento llegar tarde, es que (*salir, yo*) .... bastante tarde de la oficina.

10. ¿Te (*gustar*) .... la película? – Bueno, no mucho, (*ser*) .... bastante aburrida.

11. ¿A qué hora (*levantarse, vosotros*) .... hoy?

12. Estoy muy cansada, es que (*trabajar, yo*) .... mucho esta semana.

13. ¿Ya (*probar, tú*) .... la tarta? Está riquísima.

14. ¿Sabes que hace poco (*morirse*) .... la abuela de Ramón?

15. Los niños ya (*acostarse*) ....

16. Hoy Miguel y yo (*jugar*) .... un partido de tenis muy duro.

17. ¿Ya (*elegir*) ...., señora? – Sí, creo que voy a tomar el menú.

18. No me lo puedo creer - ¿otra vez (*perder, tú*) .... las llaves?

19. ¿Quién (*ganar*) .... el partido? – Creo que (*ganar*) .... Alemania, como siempre.

20. ¿Ya (*desayunar, vosotros*) ....? – No, si quieres, tomamos un café juntos.

21. Nuria no me (*decir*) .... nada de su accidente.

22. ¿Es verdad que Ramón y Maite (*divorciarse*) ....?

23. ¿Dónde (*poner, tú*) .... el vino? No lo encuentro. – Lo (*meter, yo*) .... en el frigorífico.

24. ¿Nunca (*estar, tú*) .... en Latinoamérica? – No, pero un día quiero ir a Perú.

25. ¿Ya (*ver, vosotros*) .... la exposición de Dalí? – No, no la (*visitar, nosotros*) .... todavía.

26. ¿Cómo (*conocer, tú*) .... a tu novio?

27. ¿Ya (*leer, tú*) .... el nuevo libro de Isabel Allende?

28. Yo no (*tener*) .... nunca un animal doméstico.

29. ¿Todavía no (*ir, vosotros*) .... al zoo con los niños? – No, pero es una buena idea.

30. Últimamente (*subir*) .... mucho los precios de la gasolina.

31. ¿(*Olvidar, tú*) .... la reunión? – No, no la (*olvidar, yo*) ...., pero no (*poder, yo*) .... ir.

32. Nosotros nunca (*estar*) .... en un balneario.

33. No (*comprender, nosotros*) .... el problema.

34. Todavía no (*hablar, yo*) .... con mis padres por lo de la casa.

35. ¿Ya (*encontrar, tú*) .... tus gafas?

141 **Die Mutter von Carlitos sorgt für Ordnung. Am Abend fragt sie ihn und die restliche Familie, was alles erledigt wurde. Beantworte die Fragen mit Ja oder Nein und verwende dabei *ya* oder *todavía no* und ersetze das Objekt durch ein Pronomen:**

Modelo: *¿Has apagado el ordenador?* ▶ Sí, ya lo he apagado. / No, todavía no lo he apagado.

1. ¿Has limpiado los cristales? – No, ...

2. ¿Has pasado la aspiradora? – Sí, ...

3. ¿Habéis hecho los deberes? – No, ...

4. ¿Has preparado la comida? – Sí, ...

5. ¿Habéis comido la tarta? – Sí, ...

6. ¿Has comprado el vino? – No, ...

7. ¿Habéis sacado la basura? – No, ...

8. ¿Has encontrado la información en la red? – Sí, ...

9. ¿Has escrito el correo electrónico? – No, ...

10. ¿Has planchado las camisas? – No, ...

11. ¿Habéis lavado la ropa? – Sí, ...

12. ¿Has llamado a la abuela? – Sí, ...

13. ¿Habéis comprado la verdura? – Sí, ...

14. ¿Has recogido tu habitación? – No, ...

15. ¿Habéis puesto la mesa? – No, ...

16. ¿Has regado las plantas? – Sí, ...

142 **Ergänze folgende Ansichtskarte aus Peru sinngemäß im Perfekt und verwende dazu die Verben im Kästchen:**

conocer – contar – llegar – probar – ver – visitar

Hola amigos,

por fin (1.) .... (nosotros) a Lima, que es una ciudad muy interesante.

(2.) .... (nosotros) el Museo de Oro donde (3.) .... muchas máscaras de oro

de las culturas indígenas.

La comida aquí es buena, pero muy diferente de la de España – imaginaos que yo (4.) .... el cuy

que es el plato nacional. (5.) .... (nosotros) a unos estudiantes muy simpáticos que nos enseñan

muchas cosas. Ellos nos (6.) .... que aquí en Lima casi nunca llueve, pero que tampoco hace sol.

Bueno, mañana vamos a salir para Arequipa.

Recibid un fuerte abrazo de

Juana y Rafael

143 **Nuria erhält eine weitere Ansichtskarte von Paloma und Diego. Sage, ob die untenstehenden Aussagen wahr (V) oder falsch (F) sind:**

Hola Nuria:

Aquí en Viena ya hemos visto muchísimas cosas interesantes – ya hemos visitado la Catedral y el zoo de Schönbrunn y naturalmente hemos ido también al Prater – Diego ha subido a la Noria para disfrutar de la vista panorámica, pero yo he preferido montar en las montañas rusas, ha sido muy divertido. Desafortunadamente no hemos podido ver el Museo del Belvedere porque está cerrado. Tampoco hemos conseguido entradas para la ópera.

También hemos hecho la excursión en barco. El paisaje del valle del Danubio nos ha encantado, y también hemos probado el vino joven en un "Heurigen" – ¿a que no sabes qué tipo de local es? A Diego no le gusta mucho el vino blanco, pero a mí sí que me ha gustado. Un fuerte abrazo – Paloma y Diego

	V	F
1. Paloma y Diego todavía no han visitado el zoo.		
2. Diego ha subido a todas las montañas rusas del Prater.		
3. Paloma ha disfrutado de la Noria.		
4. No han visitado el Belvedere.		
5. Han ido a la ópera.		
6. Ya han ido en barco por el Danubio.		
7. En un "Heurigen" han probado la cerveza.		
8. Diego prefiere el vino blanco.		
9. A Paloma le ha gustado el vino en el "Heurigen".		

18. KAPITEL: *Hay – estar*

Hay ist die unpersönliche Form des Hilfszeitwortes **haber** und ist unveränderlich. Meist kann es im Deutschen mit **„es gibt"** wiedergegeben werden. *Hay* ist die Gegenwartsform, die Formen der anderen Zeiten sind die der 3. Person Einzahl des Verbs *haber*. Auf *hay* folgt immer ein Objekt, in der Einzahl oder Mehrzahl.

Estar wird in der jeweiligen Personalform des Zeitwortes verwendet, das Subjekt bestimmt die Verbform. *Estar* entspricht dem deutschen „sein" bzw. „sich befinden" oder „liegen". Im Unterschied zu *hay* drückt *estar* aus, **wo sich eine konkrete Sache oder Person befindet**. Auch das **persönliche Befinden** wird durch *estar* ausgedrückt.

No estoy muy bien. – Es geht mir nicht gut.

Hay	Estar
Drückt das **Vorhandensein einer Sache oder Person** aus:	Drückt aus, **wo sich eine konkrete Sache oder Person befindet:**
Mit dem Objekt nach *hay* steht • unbestimmter/kein Artikel • Nomen im Plural ohne Artikel • Zahlwort • unbestimmtes Fürwort	**Mit dem Subjekt vor *estar*** steht • bestimmter Artikel • Eigenname • Städte-, Ländername • Subjektpronomen
En mi dormitorio hay una cama y un escritorio. In meinem Zimmer sind / gibt es ein Bett und einen Schreibtisch. ***En la calle Mayor hay un restaurante argentino.*** In der Hauptstraße gibt es ein argentinisches Restaurant. ***En el restaurante hay poca gente.*** Im Restaurant sind wenig Leute. ***En España hay varias ciudades grandes.*** In Spanien gibt es mehrere große Städte.	***El escritorio está delante de la ventana.*** Der Schreibtisch steht vor dem Fenster. ***El restaurante "El Gaucho" está en la calle Mayor.*** Das Restaurant „El Gaucho" ist in der Hauptstraße. ***Nuria y Michael están en el restaurante.*** Nuria und Michael sind im Restaurant. ***Sevilla está en el sur de España.*** Sevilla liegt im Süden Spaniens.

Falls du etwas beschreiben willst, sind folgende Ortsangaben wichtig:

a la derecha de – rechts von
a la izquierda de – links von
al lado de – neben
debajo de – unter
delante de – vor

detrás de – hinter
dentro de – in (innerhalb von)
encima de / sobre / en – auf
enfrente de – gegenüber von
entre – zwischen

144 **Setze die entsprechende Form von *estar* ein:**

1. Hola, Nuria, ¿cómo .... (*tú*)? – Gracias, ... (*yo*) muy bien.

2. Nosotros .... en Viena para aprender alemán.

3. El volcán Popocatépetl .... en México.

4. ¿Dónde .... (*tú*)? – De momento .... (*yo*) todavía en la oficina. ¿Puedes llamarme más tarde?

5. Por la mañana no .... (*nosotros*) en casa.

6. ¿................................... (*vosotros*) bien? – Sí, gracias, regular.

7. ¿Dónde .... los niños? – Creo que .... en el jardín.

8. Perdone, ¿sabe dónde .... el Hotel Alfonso XIII? – Claro que sí, ... a cinco minutos de aquí, en el centro.

9. Mi bicicleta .... rota.

10. Hoy .... (*yo*) muy cansado.

11. Los Andes .... en Latinoamérica.

12. Mi madre no .... en casa.

145 **Setze *hay* oder *está/están* ein:**

1. En mi habitación .... muchas plantas.

2. La piscina .... en la planta baja.

3. Mi casa .... en el centro del pueblo.

4. En mi casa .... cinco dormitorios.

5. El hotel Santa Cruz .... en la calle de Velázquez.

6. En la mesa de Juan .... muchos libros y algunas hojas.

7. En mi mochila .... dos botellas de agua.

8. El coche y la moto .... en el garaje.

9. Mi gato .... debajo del armario.

10. En el mercado siempre .... mucha gente.

11. En Madrid .... muchos bares y restaurantes.

12. El restaurante "Botín" .... cerca de la Plaza Mayor.

13. En la nevera .... vino y cerveza.

14. ¿Dónde .... el Palacio Real?

15. En mi jardín .... algunos árboles y muchas flores.

16. Tus gafas de sol no .... en el coche.

17. En la Costa del Sol .... muchos turistas.

18. Ecuador .... al norte de Perú.

19. En las ciudades grandes .... más criminalidad que en un pueblo.

20. ¿Dónde .... Michael y Nuria? – Creo que .... en la piscina.

146 **Bring die Wörter in die richtige Reihenfolge:**

1. en / hay / la / muchas / Costa / Sol / playas / del / bonitas

....

2. cine / Princesa / el / en / de / el / centro / está / la / ciudad

....

3. la / hay / en / mesa / un / grande / florero

....

4. la / delante / ventana / de / una / hay / mesa / pequeña

....

5. restaurante / el / "Miau" / enfrente / la / de / está / Catedral

....

6. mi / está / debajo / mochila / de / silla / la

....

7. mis / no / en / casa / amigos / están

....

8. muchos / en / hay / mi / bolso / libros

....

147 Was gibt es in folgenden Geschäften? Ordne die Artikel richtig zu und schreibe vollständige Sätze:

fresas – carne – plantas – pantalones – manzanas – jamón – sardinas – pan – flores – tabaco – sellos – tomates – bolígrafos – camisetas – atún – zapatos – lechuga – limones – gambas – cuadernos – magdalenas – tartas – sandalias – café – naranjas – sobres – patatas – botas – chorizo

1. En una frutería ....
2. En una charcutería ....
3. En una floristería ....
4. En una tienda de ropas ....
5. En una pescadería ....
6. En una panadería ....
7. En un estanco ....
8. En una verdulería ....
9. En una papelería ....
10. En una zapatería ....
11. En una cafetería ....

148 Was sagst du in folgenden Situationen?

1. Sage, dass es in deiner Stadt nicht viele Geschäfte gibt.

....

2. Frage, wo es in der Nähe ein Postamt gibt.

....

3. Frage, wo sich der Bahnhof befindet.

....

4. Sage, dass in deinem Zimmer ein Computer steht.

....

5. Sage, dass es in einer Papierhandlung keine Briefmarken gibt.

....

6. Frage, ob es eine Apotheke in der Nähe gibt.

....

7. Sage, dass deine Schule nicht weit von deinem Haus ist.

....

8. Frage, ob es im Hotel ein Schwimmbad gibt.

....

9. Frage an der Rezeption, wo sich das Restaurant befindet.

....

10. Frage, wo es einen Supermarkt gibt.

....

11. Frage in einer Bar, wo sich die Toiletten befinden.

....

12. Sage, dass Salzburg in Österreich liegt.

....

19. KAPITEL: *Ser – estar*

Beide Verben entsprechen dem deutschen „sein". Grundsätzlich gibt **ser** eine Definition bzw. „angeborene" Eigenschaft an, **estar** hingegen eine Ortsangabe oder einen Zustand, der vorübergehend und von außen beeinflussbar ist.

Ser	*Estar*
• Gibt Namen / Herkunft / Identität / Beruf an: **Mi amiga Ana es española. Ella es estudiante.** Meine Freundin Ana ist Spanierin. Sie ist Studentin.	• Gibt die geografische / örtliche Lage an: **Ana está en Austria para aprender alemán.** Ana ist in Österreich, um Deutsch zu lernen.
• Charakteristische Eigenschaften, die als unveränderlich betrachtet werden: **Ana es baja y muy guapa.** Ana ist klein und sehr hübsch.	• Von außen veränderlicher Zustand einer Sache oder Person: **Después del viaje Ana está cansada.** Nach der Reise ist Ana müde.
• Uhrzeit / Zahlen / Preise: **Ya son las diez y media.** Es ist bereits halb elf. **Son cincuenta euros en total.** Das macht 50 Euro zusammen.	• Familienstand: **Ana no está casada.** Ana ist nicht verheiratet.
• „stattfinden": **La reunión es a las cuatro en el salón de actos.** Das Treffen ist um 4 Uhr im Versammlungsraum.	• Personalisierte Angabe von Wochentagen oder Datum: **Hoy estamos a tres de marzo.** Wir haben heute den 3. März.
	• Preisangaben bei bestimmten Mengen: **Las uvas están a dos euros el kilo.** Ein Kilo Weintrauben kostet 2 Euro.

In Zusammenhang mit Adjektiven wird **estar** verwendet, um über das persönliche Wohlbefinden, die Gesundheit oder andere vorübergehende Zustände zu sprechen, zB:

Estoy bien / mal.	Es geht mir gut / schlecht.
Está bien.	Es ist in Ordnung.
Estoy cansado / triste / nervioso.	Ich bin müde / traurig / nervös.
Estoy furioso / enojado / contento.	Ich bin wütend / verärgert / zufrieden.
Ella está enferma.	Sie ist krank.
El vaso está lleno / vacío / sucio / limpio.	Das Glas ist voll / leer / schmutzig / sauber.
La puerta está abierta / cerrada.	Die Tür ist offen / geschlossen.

Beachte, dass mit den Adverbien **bien / mal** grundsätzlich **immer** nur *estar* verwendet wird!

Achte auf Bedeutungsveränderungen von Adjektiven, zB:

Ser	*Estar*
Ser abierto. Offenherzig sein.	*Estar abierto.* Geöffnet sein.
Ser aburrido. Langweilig sein.	*Estar aburrido.* Gelangweilt sein.
Ser atento. Höflich sein.	*Estar atento.* Aufmerksam sein.
Ser despierto. Aufgeweckt sein.	*Estar despierto.* Wach sein.
Ser listo. Klug sein.	*Estar listo.* Fertig sein.
Ser rico. Reich sein.	*Estar rico.* Gut schmecken.

149 Wähle zwischen *ser* oder *estar*:

1. Hola Carmen, ¿cómo **eres** / **estás**?

2. Hoy **soy** / **estoy** un poco mal, creo que tengo un resfriado.

3. El Lago Titicaca **es** / **está** en Bolivia, ¿verdad? – Bueno, una parte **es** / **está** en Bolivia y la otra en Perú.

4. Nuria **es** / **está** una chica muy simpática y abierta.

5. Mira, éstos **son** / **están** mis primos Juan Manuel y Javier. **Son** / **están** estudiantes, pero creo que no **son** / **están** muy trabajadores.

6. Nuestro hotel **es** / **está** muy cerca de la playa, me gusta mucho porque no **es** / **está** muy grande, sino pequeño e íntimo.

7. Hoy **somos** / **estamos** a seis de mayo, ¿verdad?

8. Estas fresas **son** / **están** carísimas, es que **son** / **están** de Suráfrica y **son** / **están** a 7 euros el kilo.

9. ¿Sabes dónde **es** / **está** el restaurante "La Trucha"?

10. Tengo que ir al dentista y ya **soy** / **estoy** un poco nerviosa.

11. Mi hermano **es** / **está** alto y delgado, lleva barba y bigote y tiene el pelo rizado. **Es** / **está** médico en un hospital.

12. Mis padres **son** / **están** de vacaciones en Croacia.

13. ¿Ya **sois** / **estáis** listos con los deberes?

14. El examen de español seguramente no **es** / **está** muy difícil.

15. ¡Qué cansado **soy** / **estoy**! Creo que voy a acostarme pronto.

16. ¿Hasta cuándo **son** / **están** abiertos los bancos? – Creo que cierran a las dos de la tarde.

17. Me llevo estos dos bolígrafos y cinco postales. ¿Cuánto **es** / **está** en total?

18. El novio de Concha **es** / **está** alemán y de momento **es** / **está** en Berlín para visitar a sus padres.

19. Los padres de Guillermo **son** / **están** divorciados.

20. No podemos ir a la fiesta porque nuestros dos hijos **son** / **están** enfermos, es que tienen la gripe.

150 Ergänze die Sätze mit den Adjektiven, die im Kästchen stehen. Vergiss dabei nicht, die Adjektive in Geschlecht und Zahl mit dem Subjekt übereinzustimmen!

> aburrido – alto – cansado – casado – cerrado – contento – divertido – enfermo – inteligente – listo –
>
> nervioso – pequeño – rico (2x)

1. ¡Qué viaje más duro! Estamos muy ....

2. A mediodía las tiendas están ....

3. Juan es muy .... ¿Sabes que estudia medicina y filosofía al mismo tiempo?

4. Esta paella está muy ....

5. Mis vecinos tienen una casa en Mallorca y además hacen dos viajes al año. Creo que son bastante

   ....

6. La música clásica no me gusta y para mí óperas son muy ...., prefiero los musicales.

7. Esta película es realmente muy ...., tienes que verla.

8. Los niños todavía no están .... con la comida.

9. Los alumnos tienen un examen de matemáticas hoy, por eso están ....

10. Marta todavía no está ...., pero tiene novio.

11. David es muy ...., casi dos metros.

12. Este ordenador no funciona muy bien, la verdad es que no estamos .... con esta marca.

13. Mi habitación es bastante ...., pero muy bonita.

14. Buenos días, soy Carmen Martínez. Hoy no puedo ir al trabajo, es que estoy ....

151 **Nuria hat sich ein hübsches Ferienapartment gemietet und beschreibt es in einer E-Mail an ihre Schwester Juana. Ergänze mit *hay* bzw. den Personalformen von *ser* oder *estar*.**

Hola Juana:

Imagínate, ¡ya tengo apartamento! (1.) .... en la Costa de la Luz y tiene vistas al mar.

(2.) .... muy bonito. (3.) .... dos dormitorios, una cocina pequeña, un cuarto

de baño y una terraza con muchas plantas. (4.) .... en una zona tranquila, aunque cerca

(5.) .... algunos restaurantes y bares. La playa (6.) .... a cinco minutos. En

mi dormitorio (7.) .... una cama muy cómoda, dos sillas, un armario y una cómoda con un espejo.

Delante de la cama (8.) .... un televisor grande, aunque seguramente no voy a mirar mucho

la tele. Toda la casa (9.) .... muy luminosa. La casa (10.) .... blanca, los

muebles (11.) .... de madera y muy elegantes. En la cocina (12.) .... nevera

y cocina eléctrica, así que puedo cocinar de vez en cuando. La terraza no (13.) .... muy grande,

pero (14.) .... una pequeña mesa y dos sillas, así se puede desayunar allí. Los vecinos

(15.) .... muy simpáticos también, (16.) .... una familia que siempre vive aquí

y que cuida de la casa. ¡Realmente (17.) .... *(yo)* muy contenta!

Un fuerte abrazo, Nuria

152 **Beantworte die Fragen mit Hilfe der deutschen Angaben in der Klammer:**

1. ¿Tienes vino?

   (*Sage, dass im Kühlschrank zwei Flaschen Rotwein sind.*)

   ....

2. ¿Dónde está vuestro hostal?

   (*Sage, dass es im Zentrum liegt, in der Nähe des Hauptplatzes, und dass es sehr schön ist.*)

   ....

3. ¿Puedo hablar con la señora Martínez, por favor?

   (*Sage, dass es dir leid tut, Frau Martínez ist zurzeit nicht im Büro.*)

   ....

4. ¿Te gusta el pescado?

   (*Sage, dass er sehr gut schmeckt.*)

   ....

5. ¿Quién es este señor?

   (*Sage, dass das Herr Sampere ist, der Direktor der Schule.*)

   ....

6. ¿Te gusta este libro?

   (*Sage, dass das Buch sehr interessant, aber auch ein wenig schwierig zu lesen ist.*)

   ....

7. ¿Dónde puedo comprar la carne?

   (*Sage, dass es einen Supermarkt in der Nähe gibt, er ist gegenüber vom Bahnhof.*)

   ....

8. ¿No te sientes bien?

   (*Sage, dass es dir gut geht, du bist nur ein wenig müde.*)

   ....

153 **Korrigiere in folgenden Sätzen die Verwendung von *hay, ser, estar*:**

1. Eso es todo, gracias. ¿Cuánto está?

....

2. ¿De dónde están Manolo y Pedro?

....

3. En la playa es siempre mucha gente.

....

4. Mis padres son de vacaciones en Austria.

....

5. Mis gafas de sol hay en la mochila.

....

6. Delante de la iglesia es una plaza muy bonita.

....

7. Soy enfermo desde hace algunos días.

....

8. Después de clase siempre somos muy cansados.

....

9. En nuestra oficina están muchas plantas.

....

10. Austria está un país muy pequeño en el centro de Europa.

....

11. En mi pueblo no son muchas tiendas.

....

12. Todavía no somos listos con los deberes.

....

13. Encima de mi cama está un cuadro muy grande.

....

154 **Kombiniere die gegebenen Elemente zu sinnvollen Sätzen:**

1. En este museo	están	a. muchísima gente.
2. La piscina del hotel	estamos	b. cerrados.
3. Mis amigos y yo nunca	hay	c. mañana a las nueve.
4. Las dos hermanas de Carmen	está	d. riquísima.
5. En nuestro jardín	hay	e. muchas rosas.
6. En el mercadillo de Navidad	está	f. muchos cuadros de Picasso.
7. Mis padres	hay	g. un menú muy económico.
8. Mi fiesta de cumpleaños	están	h. aburridos.
9. Los lunes, muchos museos	es	i. bastante sucia.
10. En el restaurante *Madrid Uno*	hay	j. de vacaciones en México.
11. Esta tarta	son	k. profesoras de inglés.

20. KAPITEL: Die Pronomen – *Los pronombres*

SUBJEKTPRONOMEN IM 1. FALL – WER ODER WAS?

	Singular		Plural	
1. Person	*yo*	ich	*nosotros, -as*	wir
2. Person	*tú*	du	*vosotros, -as*	ihr
	él	er	*ellos*	sie
3. Person	*ella*	sie	*ellas*	sie
	usted	Sie	*ustedes*	Sie

Im Gegensatz zum Deutschen werden die Subjektpronomen normalerweise weggelassen, da in den **Endungen** der Zeitwörter bereits die **vollständige Personalform** enthalten ist. Man nennt sie nur, wenn man sie hervorheben oder einen Kontrast verdeutlichen möchte: *Yo estudio, **él** descansa.* **Ich** lerne, **er** ruht sich aus.

155 **Ergänze die folgenden Merksätze:**

1. Cuando se utiliza **yo**, el verbo casi siempre termina en ....

2. Cuando se utiliza **tú**, el verbo termina en .... y en ....

3. Cuando se utilizan **él**, **ella** o **usted**, el verbo termina en .... y en ....

4. Cuando se utilizan **nosotros** o **nosotras**, el verbo termina en ...., en .... y en ....

5. Cuando se utilizan **vosotros** o **vosotras**, el verbo temina en ...., en .... y en ....

6. Cuando se utilizan **ellos**, **ellas** o **ustedes**, el verbo termina en .... y en ....

156 **Verbinde die Subjektpronomen mit den dazugehörigen Verben:**

a) yo   b) tú   c) él, ella, usted   d) nosotros, -as   e) vosotros, -as   f) ellos, ellas, ustedes

1. practico
2. bebes
3. cantáis
4. escribe
5. leo
6. sube
7. he puesto
8. estoy
9. coleccionan
10. vivís
11. hablas
12. viajan
13. estudiamos
14. paseamos
15. hemos hecho
16. viajan
17. juego
18. comemos
19. aprendéis
20. nado
21. como
22. escribo
23. has entendido
24. trabajamos

25. viajamos
26. bebemos
27. encontramos
28. empiezan
29. ves
30. han visto
31. habéis hecho
32. rompe
33. digo
34. has escrito
35. ponemos
36. volvéis
37. cantas
38. tengo
39. eres
40. hemos comido
41. juegan
42. van
43. voy
44. soy
45. ha sido
46. hemos roto
47. es
48. estudias

49. tomamos
50. conduzco
51. produce
52. se llaman
53. me levanto
54. bailan
55. leéis
56. siente
57. vivimos
58. estás
59. sois
60. pido
61. me visto
62. has visto
63. he abierto
64. pongo
65. abren
66. quiero
67. sirve
68. creo
69. exigen
70. movemos
71. duerme
72. repites

REFLEXIVPRONOMEN

	Singular		Plural	
1. Person	*me* ducho	mich	*nos* duchamos	uns
2. Person	*te* duchas	dich	*os* ducháis	euch
3. Person	*se* ducha	sich	*se* duchan	sich

Das rückbezügliche Fürwort wird an die Nenn- und Verlaufsform angehängt, in den abgewandelten Verbformen steht es jedoch immer unmittelbar **vor** dem Zeitwort.

157 **Im Urlaub spricht man nicht gern über die Arbeit, aber man stellt fest, dass so manche neue Bekanntschaft einen ähnlichen Tagesablauf hat. Prüfe selbst, ob du in einem solchen Gespräch immer gleich wüsstest, wie du dich ausdrücken kannst. Sollte dir etwas nicht gleich einfallen, schlag einfach auf Seite 58 ff. nach!**

1. Du willst deinen/deine Gesprächspartner/-in fragen, um wie viel Uhr er/sie aufwacht.

   ....

2. Du fragst ihn/sie, wann er/sie normalerweise aufsteht.

   ....

3. Du fragst, wann er/sie sich wäscht bzw. duscht.

   ....

4. Du willst wissen, ob er/sie sich vor dem Frühstück ankleidet.

   ....

5. Du fragst, um wie viel Uhr er/sie frühstückt.

   ....

6. Du fragst, um wie viel Uhr er/sie das Haus verlässt.

   ....

7. Du willst auch wissen, ob er/sie mit dem Bus, dem Zug oder dem eigenen Auto zur Arbeit fährt.

   ....

8. Du fragst, wann er/sie zu arbeiten beginnt bzw. wann der Unterricht beginnt.

   ....

9. Du fragst auch, wann er/sie zu Mittag isst.

   ....

10. Du willst wissen, um wie viel Uhr er/sie zu arbeiten aufhört bzw. der Unterricht endet.

    ....

11. Du fragst, wann er/sie zu Abend isst.

    ....

12. Du fragst, wann er/sie schlafen geht.

    ....

158 **In dieser *sopa de letras* verbergen sich die Werktage. Findest du sie?**

S	A	B	A	D	I	N	I
S	C	S	I	B	O	V	E
D	L	A	N	A	J	S	M
F	L	H	O	Ñ	U	U	I
A	T	U	V	O	E	N	E
J	I	E	N	S	V	I	R
U	R	Ñ	C	E	E	M	C
M	A	R	T	E	S	O	O
E	D	F	X	I	Y	D	L
V	E	R	A	N	O	S	E
E	V	I	E	R	N	E	S

1. ....

2. ....

3. ....

4. ....

5. ....

OBJEKTPRONOMEN IM 4. FALL (= DIREKTES OBJEKTPRONOMEN) – WEN ODER WAS?

		Singular	
	Nuria	**me** – mich	*invita a su fiesta de cumpleaños.*
	¿A ti	**te** – dich	*invita también?*
*¿Ves **a Carlos** hoy?*	*Sí,*	**lo (le)** – ihn	*veo por la tarde.*
*¿Compras **un regalo**?*	*Sí,*	**lo** – es	*compro.*
*¿Conoces **a su hermana**?*	*Sí,*	**la** – sie	*conozco.*
*¿Preparas **una cena de sorpresa**?*	*Sí,*	**la** – es	*preparo.*
*¿Usted **me** puede llevar a la fiesta?*	*Sí,*	**lo (le) / la** – Sie	*puedo llevar.*

		Plural	
	Nuria	**nos** – uns	*invita a su fiesta de cumpleaños.*
	¿A vosotros	**os** – euch	*invita también?*
*¿Ves **a Carlos y Blanca** hoy?*	*Sí,*	**los** – sie	*veo por la tarde.*
*¿Compras **unos regalos**?*	*Sí,*	**los** – sie	*compro.*
*¿Conoces **a sus amigas**?*	*Sí,*	**las** – sie	*conozco.*
*¿Preparas **las tapas**?*	*Sí,*	**las** – sie	*preparo.*
*¿Ustedes **nos** pueden llevar a la fiesta?*	*Sí,*	**los (les) / las** – Sie	*podemos llevar.*

- Männliche Personen im 4. Fall (ich sehe **ihn/sie**) können durch *lo/los*, aber auch durch *le/les* ersetzt werden. Für männliche Sachen verwendet man immer *lo/los*.

- Für weibliche Nomen – Personen und Sachen – verwendet man immer *la/las*.

- Wie die Reflexivpronomen werden die Objektpronomen an die **Nenn-** und **Verlaufsform** angehängt, sonst stehen sie immer direkt **vor** dem konjugierten Verb.

- Wenn ein Satz mit einem direkten Objekt (= Akkusativobjekt) beginnt, muss zusätzlich ein Pronomen gesetzt werden:

  *El móvil **lo** compro yo.* Das Handy kaufe ich.

- In verneinten Sätzen stehen die Objektpronomen zwischen *no* und dem konjugierten Verb:

  *El móvil <u>no</u> **lo** <u>compro</u> yo.* Das Handy kaufe ich nicht.

159 Der Urlaub von Don Eusebio Gafas geht zu Ende und er muss seinen Koffer packen. Wenn du die überflüssigen Buchstaben wegstreichst, entdeckst du die 12 Souvenirs für seinen Freund Buenolfato:

1. smrzronquo ....

2. tjarzpuroskern ....

3. labcamicgirzseñtas ....

4. somlabbreopfrorah ....

5. jalhamacalam ....

6. tamóctbococtres ....

7. cigüeñgatzirrillmesos ....

8. puertoallasticos ....

9. frustiejotas ....

10. plasellostigüez ....

11. foljimztosñiz ....

12. moalluchiquela ....

160 Ersetze in diesem Gespräch zwischen Don Eusebio und Andrea die unterstrichenen Wortgruppen durch die entsprechenden Objektpronomen:

1. ¿A quién llevas la botella de ron cubano? Se .... llevo a mi compañero.

2. ¿A quién llevas estas cajas de puros? Se .... llevo también a Buenolfato.

3. ¿Y a quién llevas las camisetas? Se .... llevo a mi compañero.

4. ¿Y este sombrero? Se .... regalo a mi compañero.

5. Dime, ¿a quién llevas esta hamaca tan pequeña? Se .... llevo a Buenolfato.

6. ¿Y los tres tambores? Se .... llevo a mi compañero.

7. ¿A quién llevas los cigarrillos? Se .... llevo también a Buenolfato.

8. ¿A quién llevas las toallas? Se .... llevo a mi compañero.

9. ¿A quién llevas estas frutas demasiado maduras? Se .... llevo a mi compañero.

10. ¿A quién llevas los sellos? Se .... regalo a mi compañero.

11. ¿A quién llevas las fotos? Se .... llevo a mi compañero.

12. Y esta mochila tan bonita, ¿a quién se la llevas? Se .... llevo a mi compañero.

161 Ergänze die Fragen wie im Beispiel:

> **Modelo:** *¿Has traído el periódico?* ▶ **¡Ay!, lo he olvidado.**

1. ¿Qué número de teléfono tiene Nuria? – ¡Ay!, ... he olvidado.

2. ¿Me has traído la revista? – ¡Ay!, ... he olvidado.

3. ¿Tenéis la dirección del hotel? – ¡Ay!, ... hemos olvidado.

4. ¿Ha traído usted las postales? – ¡Ay!, ... he olvidado.

5. ¿Tienen ustedes las cosas que han comprado? – ¡Ay!, ... hemos olvidado.

6. ¿Nos has traído el móvil? – ¡Ay!, ... he olvidado sobre la mesa.

162 Antworte auf die Fragen, dass du das schon gemacht hast:

> **Modelo:** *¿Has traído las revistas?* ▶ **Hombre, ya las he traído.**

1. ¿Quieres hacer la cama? – ....

2. ¿No quieres deshacer la mochila? – ....

3. ¿Quieres poner la mesa? – ....

4. ¿No quieres reservar una habitación doble? – ....

5. ¿Quieres comer un helado? – ....

6. ¿No quieres comprar estos pantalones? – ....

7. ¿No quieres alquilar esta bici? – ....

8. ¿Quieres ver esta película? – ....

9. ¿Cuándo quieres visitar a tus padres? – ....

10. ¿No quieres ver a tu amiga? – ....

11. ¿Quieres mirar las fotos de nuestras vacaciones? – ....

12. ¿No quieres invitar a todos tus amigos? – ....

13. ¿No quieres escuchar este CD? – ....

14. ¿Quieres escribir un e-mail? – ....

15. ¿No quieres hacer la compra? – ....

16. ¿No quieres sacar la basura? – ....

17. ¿Quieres conocer a mi novia? – ....

163 Du befindest dich in Spanien und bietest deiner Gastmutter an, sie könne etwas aufschreiben etc.:

> **Modelo:** *Tengo el número de teléfono de mi escuela de idiomas. (apuntar)* ► ¿Quiere usted apuntarlo?

1. Tengo las direcciones de mis compañeros de clase. (*apuntar*) – ....
2. He comprado unas postales. (*mirar*) – ....
3. He comprado un bolso en el Rastro. (*ver*) – ....
4. Tengo fotos de mi familia. (*ver*) – ....
5. Tengo un nuevo CD muy bonito. (*escuchar*) – ....
6. Conozco a una profesora muy simpática. (*conocer*) – ....
7. Tengo amigos en Bilbao. (*visitar*) – ....
8. He comprado unos pantalones nuevos. (*ver*) – ....
9. Llevo vino de Austria. (*probar*) – ....
10. He grabado un vídeo. (*copiar*) – ....
11. Llevo mi colección de vídeojuegos. (*ver*) – ....
12. He comprado chocolate suizo. (*probar*) – ....

164 Bilde Sätze und forme sie danach wie im Beispiel um:

> **Modelo:** *Comprar (tú) el móvil* ► a) Compras el móvil.   b) Lo compras.

1. Ver (*vosotros*) la película francesa
   a) ....   b) ....
2. Preparar (*yo*) la tortilla de patatas
   a) ....   b) ....
3. Hacer (*ellos*) las tareas
   a) ....   b) ....
4. Pagar (*ustedes*) la cuenta
   a) ....   b) ....
5. Hacer (*nosotros*) las camas
   a) ....   b) ....
6. Poner (*tú*) la mesa
   a) ....   b) ....
7. Beber (*él*) la cerveza
   a) ....   b) ....
8. Vender (*ella*) el ordenador
   a) ....   b) ....
9. Escuchar (*usted*) la radio
   a) ....   b) ....
10. Leer (*yo*) la última novela de Joanne K. Rowling
    a) ....   b) ....
11. Sacar (*ellas*) la foto de bodas
    a) ....   b) ....
12. Celebrar (*nosotros*) las bodas de plata
    a) ....   b) ....
13. Coser (*ella*) el vestido de bodas
    a) ....   b) ....
14. Organizar (*tú*) la fiesta de cumpleaños
    a) ....   b) ....
15. Corregir (*él*) los exámenes
    a) ....   b) ....

16. Abrir (*usted*) la ventana

a) .... b) ....

17. Cerrar (*ella*) la puerta

a) .... b) ....

18. Poner (*yo*) la tele

a) .... b) ....

19. Comprar (*ellas*) los regalos

a) .... b) ....

20. Firmar (*nosotos*) la postal

a) .... b) ....

21. Escribir (*tú*) el correo electrónico

a) .... b) ....

22. Fumar (*usted*) el puro

a) .... b) ....

23. Comer (*vosotros*) las frutas

a) .... b) ....

24. Preparar (*ustedes*) la cena

a) .... b) ....

25. Leer (*él*) el periódico

a) .... b) ....

26. Hacer (*ellos*) los ejercicios

a) .... b) ....

165 **Formuliere die Sätze so um, dass du die entsprechenden Objektpronomen an die Nenn-bzw. Verlaufsform anhängst:**

Modelo: *Juana quiere comprar **una moto nueva**.* ▶ Juana quiere comprar**la**.
*Michael está practicando **los verbos irregulares**.* ▶ Michael está practicándo**los**.

1. Ahora vamos a ver las noticias de la tele.

....

2. Mi hermana no quiere comer la sopa demasiado caliente.

....

3. Blanca está escribiendo un currículum vitae para su página web.

....

4. Nuestra madre suele comprar los frutos secos en el mercado.

....

5. A casi todos los niños les gusta practicar el surf.

....

6. Carlos está limpiando las mesas del bar.

....

7. Nosotros estamos estudiando el vocabulario nuevo.

....

8. A mis padres les encanta escuchar las canciones románticas.

....

9. Me molesta muchísimo llevar un paraguas yendo de copas.

....

10. Mis sobrinos suelen ver las películas de terror.

....

11. Estáis comiendo chocolate con churros, ¿no?

....

12. Su nieto no quiere beber la leche caliente.

....

13. Me cuesta mucho tiempo eliminar el spam de mi correo electrónico.

....

14. Michael trata de preparar una tortilla de patatas.

....

15. Carlitos está haciendo su cama.

....

16. Mañana van a hacer un examen de matemáticas.

....

166 *Objetos de la casa* – in diesem Haus verbergen sich 16 Gegenstände. Suche sie!

			T					
		Z	E	Ñ				
		A	L	L	I	S		
		M	R	U	E	O	P	L
	L	A	M	P	A	R	A	K	I
E	S	T	A	N	T	E	R	I	A	M
	O	A	R	O	D	A	V	A	L
	F		I		O		I		F
	A		O		R		D		O
	L		T		M		E		M
	O	R	D	A	U	C	O	N	B
	O	R	D	E	N	A	D	O	R
	J	O	R	D	E	M	I	L	A
	E		M		V	A		L	L
	P		E		E	L		I	A
	S		S		R	L		S	B
	E	U	A	L	A	A		E	E

1. ....

2. ....

3. ....

4. ....

5. ....

6. ....

7. ....

8. ....

9. ....

10. ....

11. ....

12. ....

13. ....

14. ....

15. ....

16. ....

167 Satzschalttafel – bilde aus den folgenden Elementen Sätze, die mit einem Akkusativobjekt beginnen:

lavadora espejo ordenador lámpara ~~mesa~~ cama tele(visor) vídeo alfombra sillón nevera armario	(no)	limpiar poner hacer encender apagar programar	yo tú él, ella, usted nosotros/-as vosotros/-as ellos/-as, ustedes

Modelo: La mesa (no) la pongo yo.

1. ....
2. ....
3. ....
4. ....
5. ....
6. ....
7. ....
8. ....
9. ....
10. ....
11. ....

168 Michael zieht in eine neue Wohnung und lädt seine Freunde zum Abendessen ein. Wo setzt er wen hin? Ordne die Tischkärtchen zu:

¿Dónde me pongo yo? Yo me pongo en un lado de la mesa. Y a Nuria la pongo a la derecha de Blanca. ¡Perfecto! Entonces estoy entre Carlos y Blanca. A mi nuevo amigo Jorge lo pongo enfrente de Nuria. Así los dos pueden conocerse mejor. Pues, así Juana está enfrente de una persona masculina y Jorge está entre Carlos y Juana. Pero si lo hago de esa manera, entonces Nuria no está a mi lado. ¿Hm? Creo que no le importa, es que nos vemos todos los días, ¿no? A ver, Juana está a la izquierda de mi amigo Jorge. Igual se enamoran uno del otro. ¡Qué gracia!

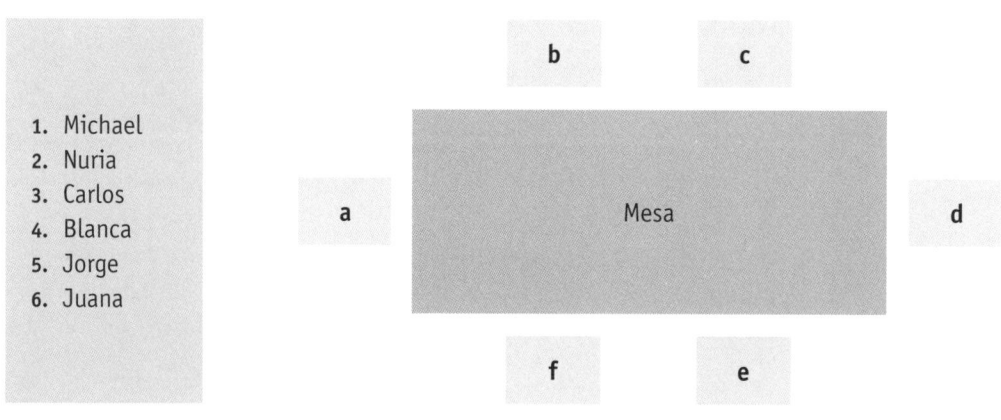

1. Michael
2. Nuria
3. Carlos
4. Blanca
5. Jorge
6. Juana

169 Lies den Rezeptausschnitt aufmerksam durch und notiere die Zutaten für eine typisch spanische *Tortilla de patatas* auf dem Einkaufszettel und kreuze dann an, ob die daneben stehenden Sätze wahr (V) oder falsch (F) sind:

Tortilla de patatas

La tortilla de patatas es uno de los símbolos mayores de la cocina española que opta por lo directo y lo sencillo. Preparar una buena tortilla de patatas es una asignatura definitiva en el arte del buen cocinar. Con los mismos ingredientes, no hay cocinero que haga una tortilla igual a otra.

En la tortilla de patatas es importante el aceite, los huevos y sobre todo la calidad de la patata. El tema de la tortilla es rico y jugoso. Precisamente la última palabra define bien a la tortilla, jugosidad[1]. Y nada más y nada menos se puede decir en su loa[2]. Cuando un orador[3] ha hablado bien se dice que ha contado cosas sabrosas y jugosas; las tortillas son algo así como el mejor orador de una buena mesa. En el siglo pasado a la tortilla de patatas se le daba un punto de tomate, en la actualidad se le acompaña de cebolla y con este ingrediente se le denomina tortilla española. Hay quien gusta de ponerle jamón y pequeños trozos de tocino[4], otros le añaden pimientos. Hay gente que dice que la tortilla española es comida vulgar, pero está ganando batalla[5] tras batalla en el mundo, y es comida en muchos países.

Para una buena tortilla española la calidad de la patata tiene mucha importancia. Buenas patatas para tortillas son aquellas de piel amarilla y carne marfileña[6]. La cebolla no tiene tanta importancia, aunque yo usaría una cebolla de las denominadas amarillas. La cebolla, aparte de sus cualidades como condimento[7], da a la tortilla más jugosidad sobre todo si se va a comer fría.

El aceite para cocer los ingredientes será abundante[8], yo uso aceite de oliva.

Los huevos, deberán ser lo más frescos posibles, ya sabéis que para saber si los huevos son más o menos frescos, se introducen en agua, y si quedan horizontales en el fondo, los podemos considerar frescos.

Ya tenemos todos los ingredientes y vuelvo a insistir, con los mismos ingredientes y un mismo cocinero, es muy difícil conseguir dos tortillas perfectamente iguales.

[1] *la jugosidad* Saftigkeit
[2] *la loa* Lob
[3] *el orador* Redner
[4] *el tocino* Speck

[5] *la batalla* Schlacht
[6] *marfileño/a* elfenbeinfarben
[7] *el condimento* Gewürz
[8] *abundante* reichlich

Lista de la compra

	V	F
1. En España la tortilla de patatas no es importante.		
2. Un buen cocinero sabe preparar una tortilla igual a otra.		
3. La calidad de las patatas tiene gran importancia.		
4. Cuando un orador ha hablado bien, siempre le dan una tortilla de patatas.		
5. La tortilla de patatas se llama también tortilla española por la cebolla que contiene.		
6. Hay que añadir tomates, jamón y trozos de tocino.		
7. En todo el mundo hay guerras respecto a la tortilla de patatas.		
8. La cebolla tiene mucha importancia.		
9. Para hacer una tortilla se usa mucho aceite de oliva.		
10. Es bastante fácil conseguir dos tortillas perfectamente iguales.		

170 **Einkäufe ohne Pronomen können sehr langwierig sein. Schreib den Text unter Verwendung der Objektpronomen neu!**

Pues, no tienes huevos. Necesitas los huevos para preparar una tortilla de patatas. Vas a preparar la tortilla de patatas para tu amigo Michael. Como vives con unos amigos en un piso compartido no puedes encontrar la bolsa de la compra. Estás seguro de que un compañero tuyo ha cogido la bolsa de la compra para llevar a casa el vino. Vais a beber el vino por la tarde. Por eso coges tu carrito de la compra y vas al supermercado. Dejas tu carrito de la compra en la caja del supermercado, así otras personas no pueden robar tu carrito de la compra. Metes tu mano en el bolsillo de tus pantalones y coges tu monedero. Abres el monedero, sacas una moneda de 50 céntimos y metes la moneda de 50 céntimos en una ranura (= Schlitz). Después sacas uno de los carros del supermercado. Llevas el carro por los pasillos del supermercado buscando los huevos. Metes una caja de doce huevos en el carro. Llevas el carro hasta la caja. Vacías el carro. Pones la caja de huevos en la cinta transportadora. La cajera coge la caja de huevos, pasa la caja de huevos por un escáner y pone la caja de huevos al final de la cinta transportadora. Entonces coges la caja de huevos y pagas la caja de huevos a la cajera. La cajera coge tu billete de diez euros, mete tu billete de diez euros en la caja, coge la vuelta de su caja y te da la vuelta. Tú coges la vuelta, metes la vuelta en tu monedero y guardas tu monedero en tus pantalones. Después coges tu carrito de la compra y vuelves a casa. En casa te das cuenta de que te faltan también las patatas. De nuevo coges tu carrito de la compra y vas al supermercado. Llegas al supermercado y ...

....

....

....

....

....

....

....

....

....

....

....

....

....

....

....

....

....

....

....

....

....

OBJEKTPRONOMEN IM 3. FALL
(= INDIREKTES OBJEKTPRONOMEN) – WEM?

	Singular	
Nuria	**me** – mir	*manda un correo electrónico.*
Nuria	**te** – dir	*da dos besos de despedida.*
Nuria	**le** – ihm	*ofrece un café con leche (**a Carlos**).*
Nuria	**le** – ihr	*presta su diccionario de alemán (**a Blanca**).*
Nuria	**le** – Ihnen	*hace este favor (**a usted**).*

Um Missverständnisse zu vermeiden oder Personen hervorzuheben, werden im 3. Fall (= Dativobjekt) häufig zusätzlich zum Objektpronomen die entsprechenden Namen bzw. die betonten Pronomen (zB *a usted*) erwähnt:
Le *doy el móvil* **a Javi** *y no a Jaime.*
Ich gebe Javi das Handy und nicht Jaime.

	Plural	
Nuria	**nos** – uns	*manda un correo electrónico.*
Nuria	**os** – euch	*da dos besos de despedida.*
Nuria	**les** – ihnen	*ofrece un café con leche (**a Carlos y a Blanca**).*
Nuria	**les** – ihnen	*presta su diccionario de alemán (**a Blanca y a Juana**).*
Nuria	**les** – Ihnen	*hace este favor (**a ustedes**).*

- Bei den Verben *ayudar* und *preguntar* musst du aufpassen:

Spanisch Direktes Objekt	Deutsch Dativobjekt
*Michael **la** ayuda.*	Michael hilft **ihr**.

Spanisch Indirektes Objekt	Deutsch Akkusativobjekt
*Paloma **le** pregunta.*	Paloma fragt **sie/ihn**.

171 **Ersetze die kursiven Nomen bzw. Namen durch das entsprechende indirekte Objektpronomen:**

1. El empleado de la agencia de viajes recomienda el restaurante *a Don Eusebio Gafas*.

....

2. Don Eusebio Gafas ha comprado un ramo de flores *a su mujer*.

....

3. Nuria va a prestar su diccionario de alemán *a sus amigas*.

....

4. La hija del detective pregunta el horario del restaurante *al recepcionista*.

....

5. Vamos a vender la casa *a nuestros vecinos*.

....

6. Nuria ofrece un trozo de tarta de chocolate *a Michael*.

....

7. Escribimos un e-mail *a nuestros padres*.

....

8. Ha prestado su coche *a Paloma y Carmen*.

....

9. José hace un favor *a su jefe*.

....

10. Los alumnos muestran sus tareas *a su profesora*.

....

11. La profesora devuelve los cuadernos *a sus alumnas*.

....

12. Dejo mis mejores libros *a mi hermano*.

....

172 **Eusebio Gafas und seine Sekretärin Andrea müssen in Cuba auf eine Bank, um einen Reisescheck einzulösen. Beantworte die Fragen:**

> **Modelo:** *¿La empleada puede cambiar el cheque de viaje al señor Gafas y a su secretaria Andrea?* ▶
> **Sí, les puede cambiar el cheque de viaje.**

1. ¿El señor Gafas firma el cheque de viaje a la empleada?

   Sí, ...

2. ¿El señor Gafas da su pasaporte a la empleada?

   No, ...

3. ¿Andrea da su pasaporte a la empleada?

   Sí, ...

4. ¿Qué devuelve la empleada a Andrea?

   .... su pasaporte.

5. ¿Qué entrega al señor Gafas?

   .... un ticket.

6. ¿La empleada entrega el dinero al señor Gafas y a su secretaria?

   No, ...

7. ¿Quién entrega el dinero al señor Gafas y a su secretaria Andrea?

   El cajero ....

8. ¿El cajero puede cambiar el billete al señor Gafas?

   Sí, ...

173 **Wie sagst du auf Spanisch, ...**

1. ... dass du ihnen ein E-Mail schreibst?

   ....

2. ... dass wir ihm unsere Handynummer geben?

   ....

3. ... dass Nuria uns heute Abend hilft.

   ....

4. ... dass du ihn morgen fragst.

   ....

5. ... dass er ihnen den Weg erklärt.

   ....

6. ... dass du ihr deine Adresse gibst.

   ....

7. ... dass er uns ein Bild malt.

   ....

8. ... dass du ihnen den Film empfiehlst.

   ....

9. ... dass wir ihnen ein Doppelzimmer reservieren.

   ....

BETONTE PRONOMENFORMEN

Betonte Objektpronomen	
a mí	*conmigo*
mir	mit mir
a ti	*contigo*
dir	mit dir
a él / ella	*consigo*
ihm / ihr	mit sich
a usted	
Ihnen	
a nosotros /nosotras	
uns	
a vosotros / vosotras	
euch	
a ellos / ellas	
ihnen	
a ustedes	
ihnen	
nach Vorwörtern wie *a, de, para, sin* etc.	

- Alle Formen sind beim direkten und indirekten Objekt gleich.

- Die betonten Objektpronomen stehen immer nach Vorwörtern (zB *de ti* – von dir).

- In Verbindung mit *con* lauten die Formen **conmigo**, **contigo** und **consigo**.

174 **In dieser Wörterkette – von rechts nach links gelesen – verbergen sich 10 Früchte. Notiere sie:**

nómilajnarananaznamnótocolemnólemonatálpaleuriceuqocirablaazerecaserf

1. ....
2. ....
3. ....
4. ....
5. ....

6. ....
7. ....
8. ....
9. ....
10. ....

175 **Carlitos liebt Eis, deshalb geht er mit all seinen Freunden zu einem Kiosk im *Parque del Buen Retiro*, um welches zu kaufen:**

Modelo: (für mich) *fresa* / (für dich) *melón* ▸ a) ¿Queréis helados? – Sí, **para mí** uno de fresa
b) ¿Y **para ti**? – **Para mí** uno de melón.

1. (*für uns*) cereza / (*für euch*) albaricoque ....

2. (*für sie*) melocotón / (*für ihn*) naranja ....

3. (*für mich*) café / (*für euch*) chocolate ....

4. (*für ihn*) limón / (*für sie – Plural*) manzana ....

5. (*für uns*) melón / (*für sie*) ciruela ....

6. (*für sie – Plural*) plátano / (*für dich*) vainilla ....

7. (*für mich*) limón / (*für Sie*) naranja ....

8. (*für uns*) chocolate / (*für Sie – Plural*) café ....

176 In einer Bar – schreib die Minidialoge:

> *Modelo:* *el mosto – la jovencita* ► a) ¿El mosto es para la jovencita? – Sí, es **para ella.**
> *las cervezas – vosotros* ► b) ¿Y las cervezas son **para vosotros?** – Sí, son **para nosotros.**

1. los helados – los chicos   a) ....
   la caña – la chica   b) ....
2. el café – usted   a) ....
   los calamares – las niñas   b) ....
3. la coca-cola – la señora   a) ....
   la infusión – Carmen   b) ....
4. los calamares – ustedes   a) ....
   las aceitunas – vosotros   b) ....

177 In spanischen Bars lernt man viele Menschen kennen. Schreib die Minidialoge:

> *Modelo:* *Juana – sus hermanas* ► a) ¿Conoces a Juana?
> b) ¿A Juana? No, **a ella** no la conozco, pero conozco a sus hermanas.

1. Carmen – su padre

   a) ....
   b) ....
2. Diego – sus amigos

   a) ....
   b) ....
3. el señor Gafas – su secretaria

   a) ....
   b) ....
4. Nuria – Michael

   a) ....
   b) ....
5. los padres de Paloma – Paloma

   a) ....
   b) ....
6. las compañeras de Antonio – el padre de Antonio

   a) ....
   b) ....

178 Nach dem Abendessen bei Michael – schreib die Minidialoge:

> *Modelo:* *Juana – en metro* ► a) ¿Vienes conmigo o con Juana?
> b) ¿Contigo o con ella? No voy con ninguno de vosotros, voy en metro.

1. Jorge – a pie   a) ....
      b) ....
2. los chicos – en taxi   a) ....
      b) ....
3. las chicas – en autobús   a) ....
      b) ....

21. KAPITEL: *Gustar* – gefallen, mögen, gern tun, gern haben, schmecken

(A mí) (A ti) (A él, ella, usted)	*me* *te* *le*	**3. P. Ez.** *gusta* *encanta*	**Infinitiv, Nomen Ez.** *estudiar español.* *la gramática española.*
		3. P. Mz.	**Nomen Mz.**
(A nosotros, -as) (A vosotros, -as) (A ellos, -as, ustedes)	*nos* *os* *les*	*gustan* *encantan*	*los españoles.*

▼	▼	▼
Indirektes **Objekt (Dativ)**	**Prädikat**	**Subjekt**
(A mí) *me*	*gusta*	*estudiar español.*
zB Mir	gefällt	Spanisch lernen.

- Die Verben **gustar** (gefallen etc.), **apetecer** (Lust haben), **encantar** (begeistern), **interesar** (interessieren), **aburrir** (langweilen) und **molestar** (stören) werden mit den **indirekten Objektpronomen** (= 3. Fall) verwendet. Diese dürfen nicht weggelassen werden:

  (A mí) **me** *gusta estudiar español.* **Nicht:** *A mí gusta estudiar español.*

- Bei **gustar** steht kein Fragewort: *¿**Te gustan** mis camisetas?* (Wie) Gefallen dir meine T-Shirts?

179 *Gusta* oder *gustan*?

1. A mis padres les .... trabajar en su granja.
2. ¿Te .... las películas de Pedro Almodóvar?
3. A Carlos le .... los cuadros de Picasso.
4. ¿Os .... estudiar español?
5. Les .... ir de compras.
6. ¿A usted le .... su trabajo?
7. A mis primos les .... muchísimo bailar el tango.
8. A mí me .... Madrid.
9. No le .... escuchar la radio.
10. ¿Os .... jugar con vídeojuegos?
11. ¿Te .... fregar los platos?
12. A todos los chicos les .... el fútbol.
13. Le .... las canciones de Ska-P.
14. Nos .... escribir e-mails.
15. No nos .... estas postales.
16. Aquellas motos no me ....
17. Ir en bicicleta les .... muchísimo.
18. Estudiar los verbos no os .... en absoluto, ¿verdad?
19. A mi novia le .... nuestros planes para las vacaciones.
20. Los fines de semana me .... ver unos programas interesantes en la tele.
21. Les .... llamar por teléfono a sus amigos.
22. ¿A vosotros os .... ese bar al otro lado de la calle?
23. ¿A ustedes les .... mis primeros videoclips en Internet?
24. A Carlos le .... subir al Pico de Mulhacén.
25. Nos .... Berlín.
26. Ir en autobús no les .... en absoluto.

180 Bringe die Wörter in die richtige Reihenfolge:

1. la / mucho / vivir / gran / les / a / gusta / ellos / en / ciudad

....

2. coche / en / a / me / ir / mí / más / gusta / que / metro / en / ir

....

3. revistas / gustan / estas / a / primo / un / mío / le

....

4. invitado / no / han / a / nos / nosotros / no / bailar / gusta / porque / nos

....

5. ¿a / vacaciones / vosotros / ir / os / gusta / de?

....

6. no / a / mis / gustan / de / Miró / cuadros / alumnos / les / los

....

181 Ergänze die fehlenden Pronomen:

1. Los padres de Nuria van a viajar en avión. .... gusta volar.

2. Oye, Carlos, ¿.................... gustan los documentales? – Sí, ... gustan mucho.

3. No .... gusta ir al cine solo, siempre voy con unos amigos míos, pero a .... no .... gustan las películas de acción.

4. ¿Conocéis el nuevo restaurante en la Plaza Mayor? – Sí, ... gusta muchísimo.

5. Señor Gafas, ¿la comida cubana .... gusta a ....? – No, no .... gusta tanto. – A mi novio y a .... no nos gusta tampoco.

6. Michael, ¿a .... gusta la ópera? – Sí, mucho, ... encanta. ¿Por qué? – Porque a .... no, no .... gusta nada y tengo dos entradas gratis.

7. Tenemos que ver la nueva exposición de arte moderno. – Bueno, pero este pintor no .... interesa mucho. .... gusta más la pintura del siglo de oro. – Pues, a .... no, prefiero lo moderno.

8. Oye, Elke, ¿por qué no compras una entrada para ver "Fuente Ovejuna"? .... encanta esa obra de teatro. – A .... no, ese tipo de teatro .... aburre. No .... gusta nada.

9. No .... gusta nada el fútbol a Michael. – Pues, a .... tampoco, prefiero el tenis.

10. A .... nos gustan estos caramelos. – A .... también, solemos comprarlos los sábados.

182 Was sagst du zu deiner spanischen Freundin in diesen Situationen?

1. Sage, dass dir die Filme von Pedro Almodóvar nicht gefallen, aber dass du Carmen Maura magst.
2. Sage, dass du lieber ins Kino gehst als ins Theater.
3. Frage sie, ob ihr dein neuer Pullover gefällt.
4. Frage sie, ob sie die Musik von Ska-P interessiert.
5. Sage, dass dich die Umweltverschmutzung (= *la contaminación*) sehr stört.
6. Frage sie, welche Charaktereigenschaften (= *rasgos de carácter*) ihr gefallen.
7. Frage, welche Farbe sie am liebsten mag.
8. Frage, welche Sache ihr gar nicht gefällt.
9. Frage, welches Buch sie am liebsten mag.

183 Andrea, die Sekretärin von Eusebio Gafas, muss für die Homepage der Detektei einen kurzen Text über sich schreiben. Da sie noch nicht sehr gut Spanisch spricht, bittet sie dich darum. Hilf ihr und formuliere einen Text mit ihren Vorgaben. Verwende die Verben *gustar, interesar, encantar, aburrir, molestar* etc.:

- Name: Andrea Hastduschongehört
- Beruf: Sekretärin
- Alter: 23 Jahre
- Familienstand: ledig
- Haarfarbe: blond
- Augenfarbe: blau
- Nationalität: Deutschland
- Wohnort: Madrid

☺	☹
• Gitarre, Klavier und Flöte spielen (*tocar la guitarra, el piano, la flauta*) • singen, kochen, Ski fahren (*esquiar*), Schlittschuh laufen (*patinar*), schwimmen, Fußball spielen, Schach spielen (*jugar al ajedrez*), Videospiele spielen, Einkäufe machen, ins Kino gehen, im Restaurant essen, Ferien, reisen	• Briefe schreiben, Bücher lesen • Kinder, Tiere, kleine Männer • Fremdsprachen

Me llamo Andrea Hastduschongehört. Soy ....

....

....

....

....

....

....

....

184 Michael hat einen Fragebogen zum Spanischlernen ausgefüllt. Lies ihn, markiere auch deine Vorlieben und vervollständige den Text:

	Michael			Yo		
	☹	☺	☺☺	☹	☺	☺☺
1. Hablar español con los compañer@s			✔			
2. Escuchar canciones		✔				
3. Leer textos		✔				
4. Escribir textos		✔				
5. Hacer ejercicios de gramática	✔					
6. Estudiar las palabras nuevas	✔					
7. Practicar la pronunciación	✔					
8. Ver vídeos, películas y la tele		✔				
9. Hacer presentaciones	✔					
10. Hablar español fuera de las clases			✔			
11. Buscar información en Internet			✔			

A Michael (no) le gusta mucho (nada) ...	A mí ...

185 Diese Übersicht fasst zusammen, wie du auf die Frage *¿Te gusta(n)?* reagieren kannst bzw. auf Vorlieben/Missfallen anderer. Lies sie aufmerksam durch. Was sagst du in den folgenden Situationen? Übersetze die Ausdrücke in den Klammern:

Sí, me encanta(n).	Ja, es/er/sie gefällt/gefallen mir sehr.
Sí, muchísimo.	Ja, sehr (gut).
Sí, mucho.	Ja, gut.
Sí, bastante.	Ja, ziemlich.
No, no mucho.	Nein, nicht sehr.
No, nada.	Nein, überhaupt nicht.
No, lo/la/los/las odio.	Nein, ich hasse es/ihn/sie.
No, no lo/la/los/las soporto.	Nein, ich ertrage es/ihn/sie nicht.

A mí no.	Mir nicht.
A mí sí.	Mir schon.
A mí tampoco.	Mir auch nicht.
A mí también.	Mir auch.

1. ¿Te gusta navegar en Internet? (*Sage, dass es dir sehr gefällt.*)

   ....

2. ¿Te gustan las óperas? (*Sage, dass du sie nicht sehr magst.*)

   ....

3. ¿Te gustan estos vídeojuegos? (*Sage, dass du sie gut findest.*)

   ....

4. A mí los cuadros de Velázquez no me gustan. (*Sage, dass sie dir schon gefallen.*)

   ....

5. ¿Te encantan las playas de la Costa Brava? (*Sage, dass du sie überhaupt nicht magst.*)

   ....

6. A mí la música de Ska-P me aburre. (*Sage, dass du sie gut findest.*)

   ....

7. ¿Te interesa el tenis? (*Sage, dass du es hasst.*)

   ....

8. Ir en autobús no me gusta nada. (*Sage, dass es dir auch nicht gefällt.*)

   ....

9. La gente que fuma me molesta muchísimo. (*Sage, dass sie dich nicht stören.*)

   ....

10. A mí no me interesa la política norteamericana. (*Sage, dass sie dich schon interessiert.*)

    ....

11. ¿Te gustan los plátanos? (*Sage, dass sie dir ziemlich schmecken.*)

    ....

186 **Nuria beschreibt Michael ihre Freunde. Kreuze an, ob die unten stehenden Sätze wahr (V) oder falsch (F) sind:**

Paloma

A Paloma le encanta cuidarse. Va al gimnasio tres veces a la semana y los fines de semana practica el tenis, da un paseo con su perro Cosa o acompaña a su marido cuando va de caza (= *Jagd*).

Para comer, a Paloma le gustan las ensaladas y todo tipo de pescado. No le gustan las comidas grasas y siempre bebe agua. A Paloma le encanta la tarta Sacher, pero tiene que controlar su peso. Es una apasionada de la cocina ecuatoriana. Su plato preferido es ceviche (= *Fischgericht*).

Carlos

Carlos desayuna fuerte todas las mañanas. Normalmente toma café con leche, pan tostado, jamón, queso y un yogur con fruta del tiempo.

A Carlos le encanta conducir, pero muchas veces coge el metro para ir al trabajo. Le gusta hablar con la gente en la calle, sobre todo con las chicas extranjeras. Cuando no tiene que trabajar, le gusta mucho ir al cine y también a conciertos de música clásica con sus amigos. Su ópera favorita es "La flauta mágica" de Mozart. Sus platos preferidos son paella y trucha a la Navarra. No le gustan las verduras ni las legumbres.

Blanca

A Blanca le gusta muchísimo divertirse, salir por la noche e ir a fiestas y reuniones familiares. Le encanta ser protagonista y participar en todos los actos.

Blanca es una gran comilona, o sea una persona a la que le gusta muchísimo comer. Le encanta la comida tradicional española, sobre todo el cochinillo (= *Spanferkel*) y la carne en general. Sin embargo, no le gusta ni la fruta ni el chocolate. Es una amante del vino tinto y del café con leche.

	V	F
1. A Blanca y a Paloma les gustan las ensaladas.		
2. A Carlos no le gusta ir en metro.		
3. A Blanca le encanta el vino tinto.		
4. A Paloma no le gustan en absoluto los dulces.		
5. Carlos sólo desayuna café con leche y tostadas.		
6. A Carlos le encanta la paella.		
7. A Blanca no le gustan las reuniones familiares.		
8. Blanca tiene que controlar su peso.		
9. A Carlos le gusta mucho la música de Mozart.		
10. Paloma hace mucho deporte.		
11. El plato preferido de Blanca es el ceviche.		
12. A Carlos y a Blanca les gusta el café con leche.		
13. A Carlos le gusta hablar con los chicos extranjeros.		
14. Al marido de Paloma le gusta la caza.		
15. El perro de Paloma se llama Diablo.		
16. Blanca es protagonista de la ópera "La flauta mágica" de Mozart.		

22. KAPITEL: Stellung der Fürwörter zueinander

ZUSAMMENTREFFEN VON ZWEI UNBETONTEN OBJEKTPRONOMEN (3. UND 4. FALL)

- Treffen zwei Objektpronomen vor einem Zeitwort zusammen, steht das **indirekte Pronomen** (= Person im 3. Fall) im Gegensatz zum Deutschen **immer vor** dem **direkten Pronomen** (= Sache im 4. Fall):

¿Te han regalado esta cámara digital? Haben sie **dir diese Digitalkamera** geschenkt?

Spanisch: *Sí,*   **me la**   *han regalado.*

3. Fall / 4. Fall / 3. Fall

Deutsch: Ja, sie haben   **sie mir**   geschenkt.

- Indirektes und direktes Pronomen dürfen nicht getrennt werden: *Te lo doy.* Ich gebe es dir.

- Folgt ein direktes Objektpronomen der 3. Person (*lo/la*, *los/las*) unmittelbar auf ein indirektes Objektpronomen der 3. Person (*le/les*), werden *le* und *les* durch *se* ersetzt:

~~*Le/les*~~ + lo/la, los/las ► se + lo/la, los/las

187 **Beantworte die Fragen, indem du die entsprechenden direkten und indirekten Objektpronomen verwendest:**

> **Modelo:** *¿Te ha hecho la maleta?* ► No, no **me la** ha hecho.

1. ¿Nos explicas ese programa? – Sí, ...
2. ¿Me dices el precio exacto? – Sí, ...
3. ¿Les recomiendas ese hotel? – No, no ....
4. ¿Me recomiendas esa película? – Sí, ...
5. ¿Te compras ese videojuego? – No, no ....
6. ¿Les has apuntado la dirección del restaurante? – Sí, ...
7. ¿Tu padre te ha dado la llave del piso? – Sí, ...
8. ¿Me enseña usted aquellos libros sobre México? – Sí, ...
9. ¿Nos trae usted las revistas? – Sí, ...
10. ¿Me buscas las llaves del coche? – No, no ....
11. ¿Me dejas tu móvil? – No, no ....
12. ¿Se han comprado ustedes ese nuevo televisor? – Sí, ...
13. ¿Nos dais vuestros números de teléfono? – Sí, ...
14. ¿Me dices la verdad? – Sí, ...
15. ¿Les regalas una tarta de chocolate? – No, no ....
16. ¿Te han vendido este ordenador? – Sí, ...
17. ¿Escribes un e-mail a tu novia? – Sí, ...
18. ¿Nos dices la hora? – Sí, ...
19. ¿Me aparca usted mi coche? – Sí, ...
20. ¿Me pones tu música favorita? – Sí, ...
21. ¿Le has dado el cable USB? – No, no ....
22. ¿Nos enseñas tu último certificado? – Sí, ...
23. ¿Me reserva usted dos habitaciones individuales? – Sí, ...
24. ¿Te ha regalado ese ramo de flores? – Sí, ...

188 Korrigiere – wenn erforderlich – die Stellung der Pronomen in diesen Sätzen:

1. Michael, ¿te gusta esta falda? – No, Nuria, no es bonita. ¿Quién ha te la regalado?

2. Entonces, ¿qué hago con ella? – No sé. ¿Se regalamos la a alguien?

3. He comprado unas camisetas. He se las dado a Carlos.

4. ¿Has devuelto las llaves del coche a tus padres? – Sí, las se he devuelto.

5. Carlos, ¿dónde está mi café con leche? – Ahora te traigo lo.

6. Blanca, ¿me puedes hacer un favor? – Hombre, claro que te lo hago.

7. Los libros los te devuelvo la semana que viene.

8. ¿Ya te has comprado el ordenador portátil? – No, me lo voy a comprar mañana.

9. ¿Sueles decirles siempre la verdad a tus padres? – Sí, la se digo siempre, te juro lo.

10. Paloma, ¿vas a enseñarle a tu jefe esos dos DVDs? – No, claro que no se voy a enseñarlos.

189 Übersetze diese Sätze ins Deutsche:

1. El equipo de Barcelona mete un gol (= *Tor schießen*) al equipo de Madrid. Se lo mete.

....

2. Enseño la foto a los niños. Se la enseño.

....

3. La madre les dice a los hijos la verdad. Se la dice.

....

4. ¿Te has comprado el sombrero? – Sí, me lo he comprado.

....

5. Nuria le compra un diccionario a Michael. Se lo compra.

....

6. El cartero (= *Briefträger*) entrega los paquetes al portero. Se los entrega.

....

7. El padre ha leído las noticias a sus hijos. Se las ha leído.

....

8. La turista sueca da una propina a Carlos. Se la da.

....

190 Verbinde:

1. La profesora **se los** reparte.
2. La madre **se lo** ha preparado.
3. La camarera **se la** sirve.
4. Nuria **se la** ha regalado.
5. Mi amigo me **los** explica.
6. Hoy **se lo** he escrito.
7. La secretaria nos **lo** ha entregado.
8. El recepcionista **se la** da.
9. **Se lo** he pedido.
10. Carmen **se lo** ha prestado.
11. **Se los** devolvemos.
12. Su padre **se las** ha dejado.

a. las llaves del coche a su hijo
b. los exámenes a sus alumnos
c. los verbos españoles
d. un e-mail a mi novia
e. el informe
f. los dos gatos a los vecinos
g. dinero a su amigo
h. un nuevo móvil a los Reyes Magos
i. una agenda a su amigo
j. la comida a sus clientes
k. la llave de la habitación a los turistas
l. el desayuno a sus hijos

DAS ANGEHÄNGTE OBJEKTPRONOMEN

- Die Pronomen stehen grundsätzlich direkt vor dem konjugierten Verb, d. h. der Personalform des Verbs.

- Die Pronomen müssen an die Nennform angehängt werden, wenn sie allein steht:

  Carlos habla con las chicas para conocerlas mejor.
  Carlos spricht mit den Mädchen, um sie besser kennenzulernen.

- Die Pronomen können angehängt werden an

  1. die Nennform, wenn davor ein Modalverb steht: *me lo puedo imaginar / puedo imaginármelo*
  2. die Verlaufsform (= *gerundio*): *lo estoy escribiendo / estoy escribiéndolo*.

191 Forme um:

> **Modelo:** *A Paloma le gusta mucho comer la tarta de Sacher.* ▶ Le gusta mucho comerla.

1. Quiero probar **una copa de vino**. – ....
2. Les interesa muchísimo practicar **el esquí**. – ....
3. Paloma tiene que controlar **su peso**. – ....
4. A la estrella de cine le gusta muchísimo firmar **autógrafos**. – ....
5. A Michael le encanta preparar **una tortilla de patatas**. – ....
6. Los chicos no pueden hacer **las maletas**. – ....
7. Los alumnos tienen que estudiar **la gramática**. – ....
8. Jorge tiene que comprar **una nueva tarjeta de memoria**. – ....
9. Blanca no debe comer **nueces** porque es alérgica a ellas. – ....
10. A mí me gusta comer **la fruta**. – ....

192 Forme um:

> **Modelo:** *Estoy leyendo una novela policíaca.* ▶ Estoy leyéndola.

1. Estamos viendo **una obra de teatro**. – ....
2. Están tomando **unas copas de vino tinto**. – ....
3. Estáis comiendo **unos bocadillos**. – ....
4. Está escribiendo **un correo electrónico**. – ....
5. Estás comprando **un libro**. – ....
6. Estamos buscando **las llaves del coche**. – ....
7. Estoy durmiendo **la siesta**. – ....
8. Estamos ayudando **a nuestros padres**. – ....
9. ¿Siguen celebrando **la fiesta de cumpleaños**? – ....
10. El profesor está explicando **los verbos a sus alumnos**. – ....
11. Carmen está llamando **a su amiga**. – ....
12. Estoy sacando **las entradas**. – ....
13. Estamos estudiando **el gerundio**. – ....
14. Sigue siendo **el protagonista**. – ....
15. Están cantando **una canción muy bonita**. – ....
16. ¿Estáis preparando **la cena**? – ....
17. Juana está practicando **el esquí**. – ....
18. Estamos escuchando **música**. – ....

193 Wähle das richtige Pronomen aus:

1. Blanca es bastante urbana. No **le** / **la** gusta salir al campo.

2. Carlos es muy abierto. **Le** / **Lo** encanta charlar y conocer a gente nueva.

3. Tu hermano suele ir de vacaciones con sus padres. ¿A ti no te gusta ir **con ellos** / **con ellas**?

4. ¿A tus hijas **les** / **las** gustan las películas románticas? – No, no **se** / **les** gustan.

5. ¿Carlos ofrece un café a esa chica? – No, **le** / **la** ofrece un mosto.

6. ¿Quién te ha regalado este ramo de flores? – Me **la** / **lo** ha regalado mi marido.

7. ¿**Nos** / **Nosotros** puedes explicar esto? – Ya **os** / **vosotros la** / **lo** he explicado mil veces.

8. ¿**Les** / **los** has dejado a tus amigos la cámara digital? – Sí, **se** / **les se** / **la** he dejado durante las vacaciones.

9. ¿**La** / **Le** has dado a tu jefa tus papeles? – Sí, ya **la** / **le** he dado mis papeles.

10. ¿Ya tienes móvil nuevo? – No, **me** / **a mí la** / **lo** compro por la tarde.

11. Señor Gafas, ¿**nos** / **a nosotros** puede presentar a su secretaria? – Sí, **les** / **se le** / **la** puedo presentar.

12. Nuria, mira esa falda, ¿**lo** / **la** quieres probar? – No, no **me** / **a mí** gusta.

13. Y **tú** / **ti**, Michael, ¿ves aquellos pantalones? ¿**Les** / **Los** quieres comprar? – Sí, **me** / **a mí** encantan, voy a comprar**los** / **ellos**.

14. A mí me gusta mucho estudiar español. ¿Y a **tú** / **ti**?

15. Señor Gafas, ¿qué **le** / **lo** parece ese maletín rojo para su ordenador portátil?

16. ¿A ustedes **les** / **los** interesa la política? – **A mí** / **Me** no y **a él** / **a le** tampoco.

17. **Ella** / **La** no sabe qué color **le** / **la** gusta.

18. Doña Andrea, aquí tengo un vestido muy elegante. ¿**Lo** / **Le** gusta?

19. El coche de Carlos **nos** / **nosotros** gusta tanto como **a ti** / **a tú**.

20. ¿Plátanos? **Los** / **Las** compro **yo** / **tú**.

21. **A nos** / **A nosotros** nos encanta España.

22. Estoy de acuerdo **con tú** / **contigo**.

23. Carlos, ¿dónde está mi café? – Espera, ahora **se** / **te se** / **lo** traigo.

24. Y nuestras tapas, ¿dónde están? – Un momento, chicos, **se** / **os les** / **las** traigo también.

25. En la Gran Vía he comprado unos zapatos. **Se** / **Le les** / **los** voy a regalar a Juana.

26. ¡Qué maletín más bonito! – Sí, **a mí** / **me la** / **lo** ha regalado Andrea.

27. ¿**Le** / **Lo** ha prestado Carmen dinero a Jorge? – Sí, pero Jorge todavía no **se** / **le se** / **lo** ha devuelto.

28. ¿Con quién vas a la ópera? ¿**Con me** / **Conmigo** o **con la** / **con ella**? – No voy **con ti** / **contigo** ni **con la** / **con ella**, voy en metro.

29. Niños, ¿**vosotros** / **os** gustan estos cuadros de Miró? – No, son horribles.

30. Hija mía, ¿has regado mis plantas? – Hombre, claro que sí, ya **los** / **las** he regado.

31. ¿Y has colgado la ropa en la terraza también? – Que sí, **la** / **lo** he colgado.

32. Camarero, ¿**me** / **a mí** puede traer dos refrescos, por favor? – En seguida, señora, **se** / **le les** / **los** llevo.

33. ¿**Se** / **Le** gusta este tipo de música? – Claro que sí, **me** / **a mí** gusta muchísimo.

34. ¿Sueles escribir postales a tu novia? – Sí, suelo escribír**selos** / **selas**.

35. Eres un chico muy soso. ¿No **te** / **a ti** apetece salir de vez en cuando?

36. ¿Me das unos cigarrillos? – No te **se** / **los** puedo dar, es que no son míos.

37. ¿Esto es para Nuria? – Sí, es **para la** / **para ella**.

194 Andrea, die Sekretärin vom Detektiv Eusebio Gafas, ist in ihren Chef verliebt. Folgenden Text hat sie in ihr Tagebuch geschrieben. Wie du weißt, spricht sie noch nicht sehr gut Spanisch. Schreib ihn neu und versuche dabei, für die zahlreichen Wortwiederholungen die entsprechenden Pronomen zu verwenden:

Querido diario:

Continuamente pienso en mi jefe Don Eusebio. Quiero a mi jefe Don Eusebio. Necesito a mi jefe Don Eusebio. Mañana voy a escribir una carta a mi jefe y le voy a dar la carta a su hijo Antonio. Antonio ve a mi jefe todos los días. Además voy a hacer una tarta de chocolate para mi jefe. Mañana por la mañana voy a dar la tarta a mi jefe. Voy a poner la tarta en su escritorio en la oficina. Así mi jefe puede probar la tarta. Entonces mi jefe me va a dar un beso en la frente, y yo, yo voy a invitar a mi jefe a cenar. Me va a llevar un enorme ramo de rosas. Voy a poner el ramo de rosas en mi mesita de noche, así puedo ver el ramo de rosas todo el tiempo. ¡Ay, como quiero a mi jefe Don Eusebio! Besos, Andrea.

Querido diario:

....

....

....

....

....

195 Wie du gesehen hast, sind die Personalpronomen sehr wichtig. Lies dir deshalb diese Übersicht noch einmal durch und präge dir die Formen ein, dann steht der richtigen Verwendung nichts mehr im Weg!

Subjekt-pronomen	Direktes Objekt-pronomen	Indirektes Objekt-pronomen	Reflexiv-pronomen	Reihenfolge im Satz	Betonte Objektpronomen	
yo ich	*me* mich	*me* mir	*me* mich	me	*a mí*	*conmigo* mit mir
tú du	*te* dich	*le* dir	*le* dich	te	*a ti*	*contigo* mit dir
él, ella er, sie	*lo (le), la* ihn, sie, es	*le* ihm, ihr	*se* sich	se	*a él, ella, usted*	*consigo* mit sich
usted Sie	*lo, la* Sie	*le* Ihnen		lo		
nosotros wir (m.) *nosotras* wir (f.)	*nos* uns	*nos* uns	*nos* uns	la nos los	*a nosotros, nosotras*	*con nosotros, nosotras* mit uns
vosotros ihr (m.) *vosotras* ihr (f.)	*os* euch	*os* euch	*os* euch	las os	*a vosotros, vosotras*	*con vosotros, vosotras* mit euch
ellos, -as sie	los (les), las sie	*les* ihnen	*se* sich	se	*a ellos, -as ustedes*	*con ellos, -as ustedes* mit ihnen, mit Ihnen
ustedes Sie	*los, las* Sie	Ihnen				
1. Fall	4. Fall	3. Fall	Rück-bezügliche Fürwörter	3. Fall vor dem 4. Fall	nach Vorwörtern wie *a, de, para, sin* etc.	

23. KAPITEL: Die Präpositionen – *Las preposiciones*

Präpositionen sind Verhältniswörter, ohne die man keine zusammenhängenden Sätze bilden kann. Sie lassen sich allerdings nicht eindeutig übersetzen, da sie je nach Verwendung unterschiedliche Bedeutungen annehmen können.

Zu den wichtigsten einfachen Präpositionen im Spanischen gehören zB:

a:	nach, in, an, zu, bis ... gibt zB Richtung, Entfernung, Uhrzeit, Akkusativobjekt bei Personen und Dativobjekt an.
Ir + a + Infinitiv gibt die nahe Zukunft an, zB: *Hoy voy a ir al cine.* – Heute werde ich ins Kino gehen.	
de:	von, aus, über ... gibt zB Herkunft, Besitz, Genitiv, Mengenangaben, Thema an.
en:	in, auf, an ... gibt Ort, Verkehrsmittel, manche Zeitangaben an.
con:	mit, bei ... gibt Begleitung und Mittel an.
sin:	ohne; gibt das Fehlen einer Person oder Sache an.
entre:	zwischen, gemeinsam, unter ... kann sich auf räumliche und zeitliche Verhältnisse sowie im übertragenen Sinn auf Personen beziehen.
por:	wegen, für, aus, durch ... gibt Ursachen, Tageszeiten, Mittel, Dank, Routen, Urheberschaft an.
para:	für, um ... zu, nach, bis ... gibt Ziel, Zweck, Termin und Bestimmung an.
sobre:	über; gibt Thema oder räumliche Verhältnisse an.
Beachte auch, dass manche Zeitwörter immer mit bestimmten Präpositionen bzw. in Redewendungen verwendet werden, zB *jugar al tenis* – Tennis spielen, *ir a pie* – zu Fuß gehen, *aprender de memoria* – auswendig lernen, *ir de vacaciones* – auf Urlaub fahren, *estar de pie* – stehen, *estar de acuerdo* – einverstanden sein, *enamorarse de* alguien – sich in jem. verlieben, *pensar en* algo – an etwas denken ... usw. *A* und *de* werden mit einem darauffolgenden männlichen Artikel zu *al / del* verschmolzen.	

- **Zeit- und Datumsangaben:**

  Für die Angabe von Datum und Wochentag wird **keine** Präposition verwendet:

  el domingo – am Sonntag
  el 5 de mayo – am 5. Mai

  Handelt es sich um längere Zeiträume (Jahr, Monat, Jahreszeit), verwendet man die Präposition *en*:

  en junio – im Juni
  en el año 2007 – im Jahr 2007

- **Uhrzeit:**

  ¿Qué hora es? – Wie spät ist es?
  Son las tres. – Es ist drei Uhr.
  Es la una – Es ist ein Uhr.
  Las clases empiezan a las nueve y media. – Der Unterricht beginnt **um halb zehn**.

  Bis zur halben Stunde werden die Minuten zur vorhergehenden Stunde dazugezählt, dann von der folgenden Stunde abgezogen!

  a las siete en punto – um punkt sieben Uhr
  a las siete y cuarto – um sieben Uhr fünfzehn
  a las siete y media – um halb acht
  a las ocho menos cuarto – um dreiviertel acht
  a las ocho menos cinco – um fünf vor acht

- **von ... – bis ...**

  de nueve *a* diez – **von** neun **bis** zehn
  Los bancos están abiertos de ocho a doce.
  Die Banken sind von acht bis zwölf geöffnet.

196 In welchen Sätzen fehlt die Präposition *a*?

1. En Madrid visitamos .... muchos museos.

2. Esta tarde visito .... mi abuela.

3. Después de clase siempre veo .... la televisión.

4. Hace ya algunas semanas que no veo .... Carmen.

5. ¿Conoces .... la nueva película con Antonio Banderas?

6. Todavía no conozco .... tu novio.

7. Casi todos mis amigos tienen .... coche.

8. ¿Tienes .... hermanos?

9. .... mis padres no les gusta viajar.

10. Tienes que preguntar .... un policía.

11. Camarero, ¿me trae .... un café cortado, por favor?

12. No quiero darle dinero .... Carlos, es que nunca lo devuelve.

13. No puedo encontrar .... mis gafas.

14. Invitamos .... todos nuestros amigos.

15. Voy .... decirle todo .... mi marido.

16. Escribimos una postal .... nuestra profesora.

197 Setze *a (al)* oder *de (del)* ein:

1. El Museo de Bellas Artes está abierto .... nueve .... seis.

2. Tengo que ir .... médico hoy.

3. ¿..................................... quién es esta mochila?

4. Esta blusa .... seda me gusta mucho.

5. Póngame dos kilos .... manzanas, por favor.

6. El padre .... Nuria vive en Valencia.

7. Ahora el AVE también circula .... Madrid .... Toledo.

8. La oficina .... señor González está en el segundo piso.

9. Hace tan buen tiempo, ¿por qué no vamos .... pie .... casa?

10. .... mi casa .... colegio son sólo diez minutos andando.

11. Estas botas .... goma no son muy cómodas.

12. La entrada .... cine está en la calle Alcalá.

13. .... la derecha .... hotel hay un pequeño restaurante italiano.

14. ¿Vamos .... comer juntos?

15. ¿..................................... dónde vienes?

16. Por la tarde mis amigos y yo jugamos .... voleibol.

198 Bring die Wörter in die richtige Reihenfolge:

1. la / por / tarde / al / jugamos / fútbol

....

2. medio / quería / fresas / de / kilo

....

3. al / voy / en / tren / colegio

....

4. conozco / no / de / novio / al / Carmen

....

5. mi / en / habitación / hay / televisor / no

....

6. el / está / museo / abierto / nueve / de / seis / a

....

7. me / no / este / vestido / seda / de / gusta

....

8. hay / cerca / la / hotel / de / estación / un / barato

....

9. no / a / voy / en / casa / hoy / comer

....

10. no / zapatos / estos / de / piel / son

....

199 Gute Vorsätze ... Bilde Sätze in der nahen Zukunft mit *ir* + *a* + Infinitiv:

Modelo: *Comer menos (yo)* ► Voy a comer menos.

1. no beber alcohol (*nosotros*) ► ....

2. estudiar más para la escuela (*yo*) ► ....

3. no jugar tantos vídeojuegos (*Pedro*) ► ....

4. comer más fruta y verdura (*yo*) ► ....

5. levantarse más pronto (*los niños*) ► ....

6. ayudarme más en casa (*tú*) ► ....

7. visitar a mis abuelos los fines de semana (*yo*) ► ....

8. ver menos la tele (*mi hermana*) ► ....

9. jugar más al tenis (*yo*) ► ....

10. cuidar de vuestros hermanos menores (*vosotros*) ► ....

200 Was sagst du in folgenden Situationen?

1. Sage, dass du heute in die Diskothek gehst.

   ....

2. Sage, dass du mit dem Bus in die Schule fährst.

   ....

3. Frage Juan, ob er Tennis spielt.

   ....

4. Sage, dass du Nurias Eltern nicht kennst.

   ....

5. Sage, dass du ein Kilo Äpfel möchtest.

   ....

6. Frage, wie viel ein halbes Kilo Sardinen kostet.

   ....

7. Bestelle einen Kaffee mit Milch.

   ....

8. Frage einen Freund, ob er am Sonntag mit dir ins Kino geht.

   ....

9. Sage, dass die Apotheke um halb acht öffnet.

   ....

10. Sage, dass viele Museen montags geschlossen sind.

    ....

11. Sage, dass das Prado-Museum von 9 bis 18 Uhr geöffnet hat

    ....

12. Sage, dass am 12. Juni Nurias Geburtstag ist.

    ....

201 Wähle die richtige Präposition:

1. Carlos está enamorado **de / en** Paloma.
2. Tenemos que aprender **de / a** memoria este poema.
3. ¿Por qué no vamos **con / en** tren?
4. **En / por** la noche no circulan muchos taxis.
5. ¿Juegas mucho **con / al** fútbol?
6. Voy **a / de** pie **a / en** la oficina.
7. No me gusta estar **a / de** pie durante tanto tiempo.
8. Llegamos **en / a** las ocho **en / a** Toledo.
9. Muchas gracias **por / para** su atención.
10. Esta blusa está hecha **con / a** mano.

202 Ergänze die geografischen Angaben spanischer Städte mit *en, al* oder *entre*. Beachte dabei, dass die Präposition *en* verwendet wird, wenn sich eine geografische Angabe auf ein Land bezieht, aber *al*, wenn sie sich auf eine andere Stadt bezieht.

1. Barcelona está .... el noreste de España.

2. Tarragona está .... sur de Barcelona.

3. Santiago de Compostela está .... el noroeste de la península.

4. Sevilla está .... Andalucía, Córdoba está .... este, Cádiz .... sur de Sevilla.

5. Aranjuez está .... Madrid y Toledo.

6. Alicante está .... sur de Valencia, ... la costa.

7. Cáceres está .... el oeste de España, ... Extremadura.

8. Segovia está .... norte de Madrid.

9. El Escorial está .... Madrid y Segovia.

10. San Sebastián está .... el norte de España, ... la costa del Atlántico.

203 Lies dir folgende Information über das *Museo de América* in Madrid durch und beantworte dann die Fragen in ganzen Sätzen:

Museo de América

Madrid, Paseo de la Castellana, 29, Metro Colón, autobús línea 165
Septiembre – mayo: Martes – viernes, 10.00–20.00, sábados y domingos, 11.00–22.00
Junio – agosto: Martes – domingo, 12.00–22.00
Precios: Adultos 12 €, menores 10–16 años 9 €, menores de 10 años gratis.

---

1. ¿Qué día está cerrado el museo?

....

2. ¿Cómo se puede llegar al museo?

....

3. ¿A qué hora cierra el museo en julio?

....

4. En invierno, ¿a qué hora abre el museo los domingos?

....

5. ¿A qué hora abre el museo en verano?

....

6. ¿Cuándo está abierto el museo los días laborales en otoño?

....

7. ¿Cuánto paga una chica de 12 años?

....

204 In folgenden Sätzen geht es um den Tagesablauf von Paloma, allerdings muss man erst die Wörter trennen, um ihn richtig lesen zu können. Schreib den Text korrekt auf:

1. Melevantoalassietemenoscuarto.

   ....

2. Alassieteymediadesayunoenelbardeallado.

   ....

3. Alasochomásomenosvoyenmetroalaoficina.

   ....

4. Empiezoatrabajaralasnueveyterminoalassiete.

   ....

5. Almediodíatenemosunapausadedoshorasparairacomer.

   ....

6. Porlatardeavecessalgoconamigosovoyalcine.

   ....

7. Losfinesdesemanasuelodescansarysihacebuentiempomedoyunpaseo.

   ....

8. Losdomingosmelevantomuytardeaesodelasdoce.

   ....

9. Sitengoquetrabajarmeacuestoalasonceymedia.

   ....

10. Lossábadosmeacuestomuytardeaesodelasdosotres.

    ....

205 Setze *a (al), con, en, de* oder *sin* ein:

1. ¿Crees que la profesora ha dicho .... serio que tenemos que hacer un examen?

2. ¿Tomas el té .... limón y azúcar? – Limón, sí, gracias, pero lo tomo .... azúcar.

3. ¿Qué estás haciendo? – .... momento nada especial, estoy leyendo el periódico.

4. ¿Habéis invitado .... la tía María? – Sí, pero como vive .... el extranjero seguro que no va .... venir.

5. Mis padres están .... vacaciones .... Italia.

6. Este año vamos .... vacaciones .... Grecia.

7. No me gusta mucho ir .... avión, prefiero ir .... tren o coche.

8. ¿Sabes que Pablo ahora sale .... Marta? Creo que está muy enamorado .... ella.

9. Si estáis .... acuerdo, reservamos dos habitaciones .... el Hotel Alfonso XIII .... Sevilla.

10. Muchos alumnos juegan .... las cartas .... las pausas.

11. ¿Has pensado .... comprar las rosas para Elena? – Sí, las he puesto .... el salón.

12. ¿Te gustaría ir .... cine esta tarde?

13. ¿...................... dónde son ustedes? – Nosotros somos .... Toluca, es una ciudad .... México.

14. ¿Qué van .... tomar? – Para mí una tostada .... mantequilla y mermelada, por favor, y para la niña chocolate .... churros.

15. Lo siento, no tengo tiempo para acompañaros, tenéis que ir .... mí.

206 **Korrigiere in folgender E-Mail den Gebrauch der Präpositionen. Alle falschen Präpositionen sind kursiv gesetzt:**

Hola amigos:

Por fin hemos llegado *en* (**1.**) Lima. Ha sido un viaje muy largo y duro. Hemos ido *en el* (**2.**) hotel *con* (**3.**) autobús. Ya hemos descansado un poco en la habitación. No hace muy buen tiempo, pero tampoco llueve, así que vamos *de* (**4.**) darnos un paseo por la ciudad. El hotel está muy cerca *a* (**5.**) la Plaza de Armas, en pleno centro *en* (**6.**) la ciudad. Pensamos *de* (**7.**) una cena por allí, en algún restaurante típico. Mañana salimos *en* (**8.**) las ocho *por* (**9.**) la mañana y empezamos nuestra vuelta por el país. Volvemos *de* (**10.**) escribiros. Un fuerte abrazo,

Lily y Felix

207 **Kombiniere die gegebenen Elemente zu sinnvollen Sätzen:**

1. Muchas gracias
2. Este año mis amigos y yo vamos
3. La novia de Miguel no vive
4. El restaurante *Los Bufones* está
5. Hoy he conocido
6. Me gustaría salir un día
7. Estas flores son
8. Acabo de leer el nuevo libro
9. Hoy ya me he levantado
10. Las clases empiezan a las nueve

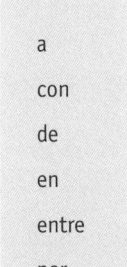

a
con
de
en
entre
por
para

a. Madrid, sino en Zaragoza.
b. la chica más maravillosa del mundo.
c. Carmen, es que hoy es su cumpleaños.
d. Mario Vargas Llosa.
e. vacaciones a Menorca.
f. la mañana.
g. las cinco y media.
h. Juan, es tan simpático.
i. el museo y el teatro.
j. tu ayuda.

208 **Setze** *por* **oder** *para* **ein:**

1. Muchas gracias .... la invitación.

2. Mañana .... la mañana tengo que ir al hospital.

3. Todavía no he comprado el vino .... la fiesta.

4. ¿Cuánto has pagado .... el vuelo?

5. El tren .... Sevilla sale a las once.

6. .... mí es mejor vivir en el campo que en la ciudad.

7. No hay muchos restaurantes .... aquí.

8. Trabajamos .... vivir y no vivimos .... trabajar.

9. ¿Queréis dar una vuelta .... la ciudad?

10. Estudio español .... poder comunicarme con la gente.

11. No lo hago .... el dinero sino .... placer.

12. Vamos a la discoteca .... divertirnos, no .... beber alcohol.

13. Nuria hace una dieta .... adelgazar.

14. Ha dejado de fumar .... su enfermedad.

15. Mira, estas flores son .... ti.

209 Was sagst du in diesen Situationen?

1. Du bedankst dich für ein Geschenk.

....

2. Sage, dass du morgen früh nach Toledo fährst.

....

3. Frage, wann der Zug nach Toledo abfährt.

....

4. Sage, dass dein Hotel in der Nähe des Bahnhofs ist.

....

5. Sage, dass du normalerweise um sechs Uhr dreißig aufstehst.

....

6. Frage, wann (um welche Uhrzeit) der Unterricht beginnt.

....

7. Sage, dass du Spanisch lernst, um mit den Leuten zu sprechen.

....

8. Sage, dass du samstags oft in die Disco gehst.

....

9. Sage, dass du Kaffee ohne Zucker nicht magst.

....

10. Sage, dass du im Winter gerne Ski fährst.

....

11. Sage, dass du am Sonntag nach Hause fahren musst.

....

12. Sage, dass du Fußball und Tennis spielst.

....

13. Sage, dass du von acht bis zehn Uhr fernsiehst.

....

14. Sage einem Freund / einer Freundin, dass du viel an ihn / sie denkst.

....

15. Frage, wohin dieser Autobus fährt.

....

16. Sage, dass du Information über die Geschichte Spaniens suchst.

....

17. Bedanke dich bei deinen Zuhörern für ihre Aufmerksamkeit.

....

210 *Palabras, palabras, palabras ...* Prüfe deinen neuen Wortschatz und ergänze die fehlenden Körperteile in dieser Mind-Map:

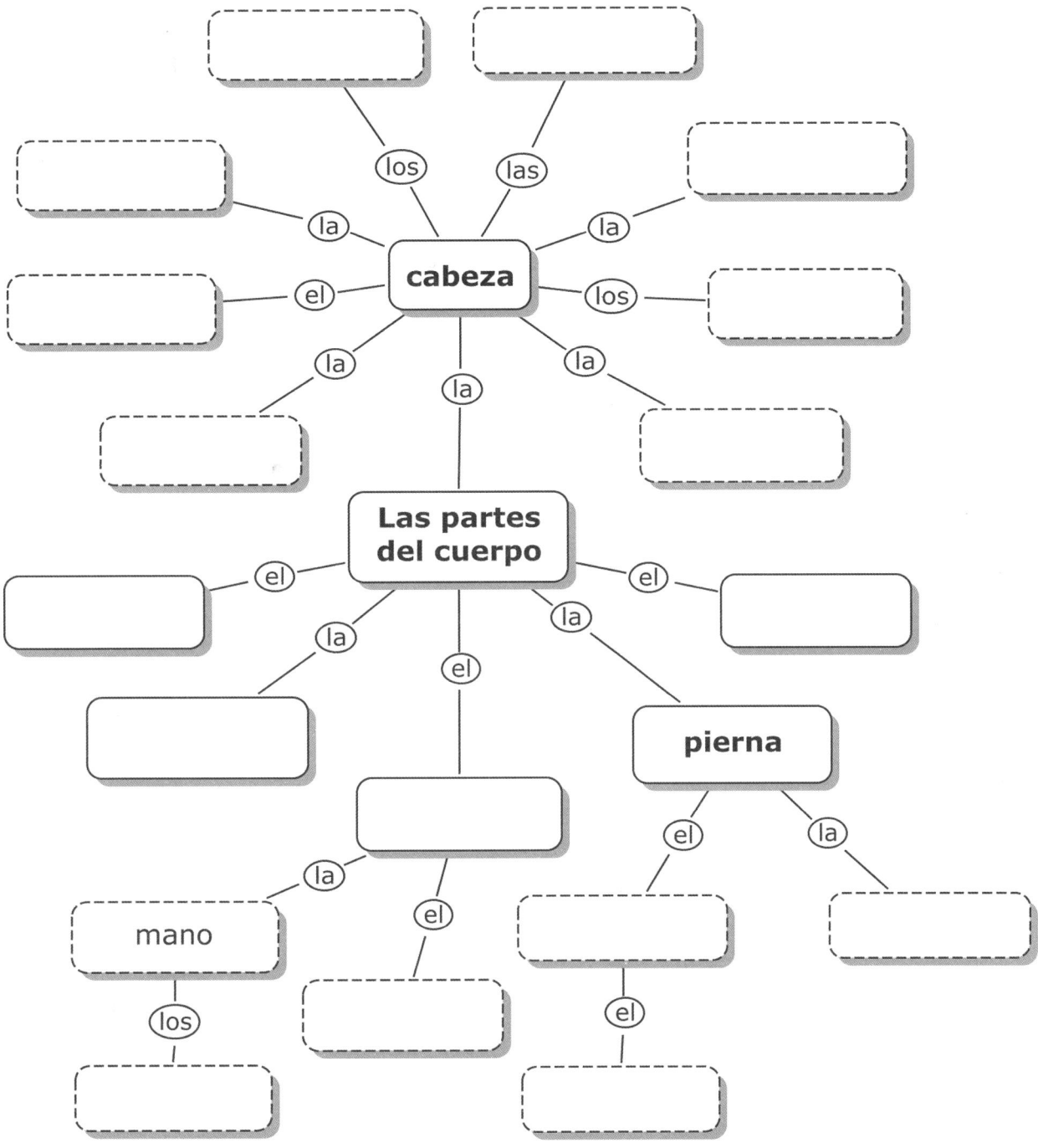

211 Notiere jeweils 8 Nomen, Adjektive und Verben, die mit dem Buchstaben C beginnen:

	Nomen	Adjektive	Verben
1.			
2.			
3.			
4.			
5.			
6.			
7.			
8.			

212 *Más palabras* ... Welche Wörter passen zu den zentralen Begriffen? Notiere alle, die dir dazu einfallen:

1.

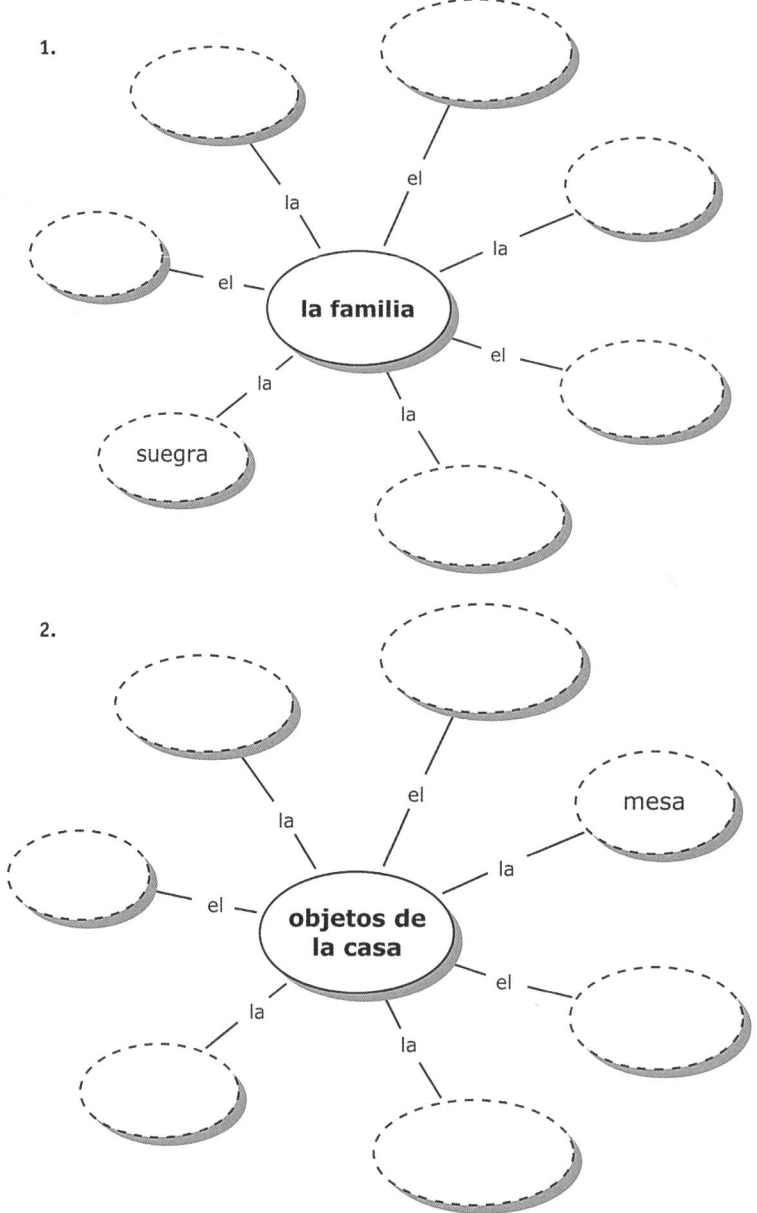

2.

213 ... *y más palabras* ... Ergänze jeweils 5 Verben auf *AR, ER* und *IR*:

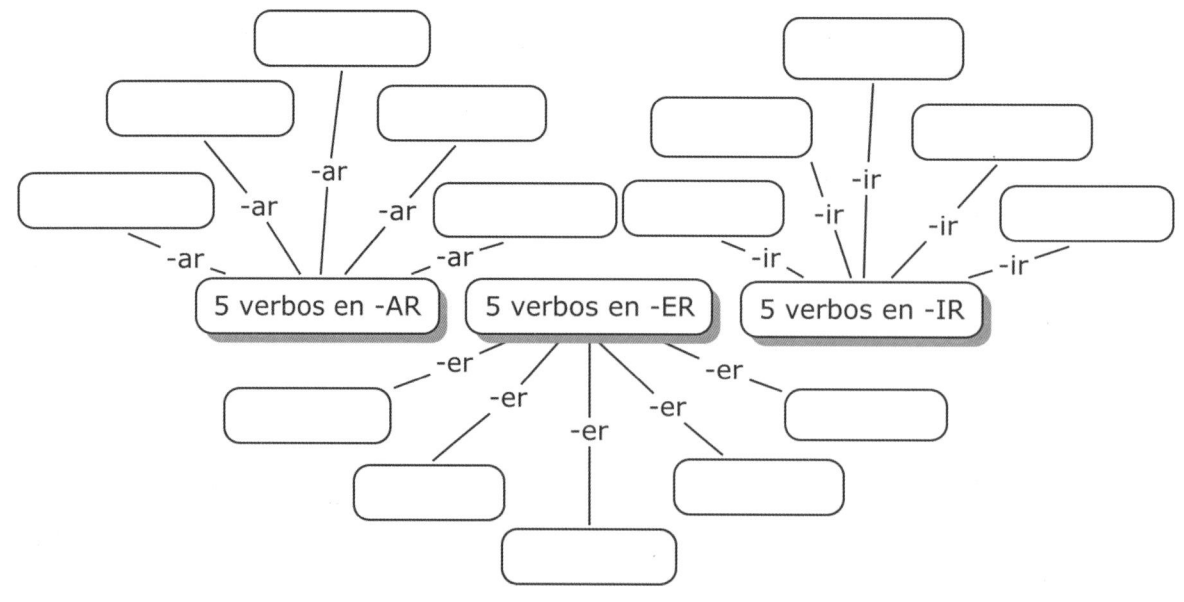